**SEBASTIAN 23
COGITO, ERGO DUMM**

SEBASTIAN 23

Cogito, ergo dumm

EINE GESCHICHTE DER DUMMHEIT

Sämtliche Angaben in diesem Werk erfolgen trotz sorgfältiger Bearbeitung ohne Gewähr.
Eine Haftung der Autoren bzw. Herausgeber und des Verlages ist ausgeschlossen.

Die Zitate im Innenteil des Buches haben wir verwendet mit freundlicher
Genehmigung von:
Bertolt Brecht, Die Dreigroschenoper, in: ders., Werke. Große kommentierte Berliner und
Frankfurter Ausgabe, Band 2: Stücke 2 © Bertolt-Brecht-Erben / Suhrkamp Verlag 1988
Matthias Eckoldt Leonardos Erbe. Die Erfindungen da Vincis – und was aus ihnen wurde
© 2019 Penguin Verlag, München, in der Verlagsgruppe Random House GmbH
Eugen Roth: Sämtliche Werke, München/Wien 1977 © Thomes Roth
Harald Specht: Geschichte(n) der Dummheit. Die sieben Sünden des menschlichen
Schwachsinns © Engelsdorfer Verlag, Leipzig 2010

1. Auflage 2020
Copyright der deutschen Erstausgabe © 2020 Benevento Verlag
bei Benevento Publishing Salzburg – München, eine Marke der
Red Bull Media House GmbH, Wals bei Salzburg

Alle Rechte vorbehalten, insbesondere das des öffentlichen Vortrags,
der Übertragung durch Rundfunk und Fernsehen sowie der Übersetzung,
auch einzelner Teile. Kein Teil des Werkes darf in irgendeiner Form
(durch Fotografie, Mikrofilm oder andere Verfahren) ohne schriftliche
Genehmigung des Verlages reproduziert oder unter Verwendung elektronischer Systeme verarbeitet, vervielfältigt oder verbreitet werden.

Medieninhaber, Verleger und Herausgeber:
Red Bull Media House GmbH
Oberst-Lepperdinger-Straße 11–15
5071 Wals bei Salzburg, Österreich

Satz: MEDIA DESIGN: RIZNER.AT
Gesetzt aus der MinionPro, Avant Garde, Chain Breaker
Umschlaggestaltung: zero-media.net, München, unter Verwendung eines Fotos
von © Henriette Becht
Printed by GGP Media GmbH, Germany
ISBN: 978-3-7109-0103-4

*»Denn für dieses Leben
ist der Mensch nicht schlau genug«*

Bertolt Brecht

Inhalt

1.	Einleitung	9
2.	Was heißt hier dumm?	13
3.	Dummheit im Wandel der Zeit	25
4.	Unheilbar dumm	35
5.	Unwissenschaft und Technik	61
6.	Krieg, Gewalt und Katzenbildchen	95
7.	Aber: Glaube	117
8.	Liebe – die größte Dummheit?	145
9.	Politik und Wirtschaft	151
10.	Kunst oder Kultur?	177
11.	Kriminell blöd	199
12.	Dumm bei der Arbeit	217
13.	Kinder und Betrunkene	231
14.	Dumme Sprache	247
15.	Alte Medien	259
16.	Virtuelle Verdummung?	267
17.	Künstliche Dummheit	287
18.	Schlaues Schlusswort	305
	Danksagung	321
	Literaturverzeichnis	325

1. Einleitung

»*Wer nur Gebildete und Vernünftige kennengelernt hat, der kennt den Menschen überhaupt nicht oder nur zur Hälfte.*«
Jean de La Bruyère

Wir leben in einer Zeit, in der ein amerikanischer Präsident den Klimawandel leugnet, Gutmensch ein Schimpfwort geworden ist und in TV-Shows Partnerwahl anhand entblößter Körperteile betrieben wird. Während auf der einen Seite der Welt Menschen verhungern, werden auf der anderen Seite Gesetze erlassen bezüglich der zulässigen Länge von Bananen. Schon durch diese wenigen Beispiele kann man ins Staunen geraten und die Frage in den Raum stellen, ob Dummheit nicht womöglich der zentrale Bestandteil unserer Kultur ist.

Aber was ist Dummheit eigentlich genau – und wenn ja, wie viele? Ist der Mensch tatsächlich dumm? Werden wir womöglich immer dümmer? Wie hat sich Dummheit im Laufe der Menschheitsgeschichte entwickelt – und wo stehen wir heute? Und wie geht es in Zukunft weiter – werden wir womöglich bald alle von einer überlegenen künstlichen Dummheit ersetzt? Das sind auf den Punkt gebracht nur einige der Leitfragen dieses Buches.

»Der Mensch nutzt nur zehn Prozent seines Gehirns«, hat Albert Einstein mal gesagt. Das würde natürlich einiges erklären. Stimmt aber nicht, denn dieses Zitat, das Einstein so oft zugeschrieben wird, stammt überhaupt nicht von ihm. Es ist davon abgesehen auch überhaupt nicht richtig. Der Mensch nutzt nämlich sein komplettes Gehirn; selbst in Ruhephasen feuern die Neuronen munter weiter. Trotzdem hält sich dieses Gerücht mit den zehn Prozent seit über hundert Jahren und war Inspiration für Filme, Lieder und den mystischen Löffelverbieger Uri Geller. Dieser meinte nämlich, Zugriff auf jene ungenutzten Hirnareale zu haben und mithilfe seines überlegenen Geistes folglich die Fähigkeit zu besitzen, das Geschirr zu krümmen. Und in den Achtzigern verbog sich ihm die halbe Menschheit zu Füßen. Ob das die Hälfte war, die Jean de La Bruyère im Eingangszitat gemeint hat?

Tatsächlich haben wir in den letzten Jahrzehnten sehr viel darüber herausgefunden, wie unser Gehirn funktioniert. Auch über Intelligenz ist schon viel geschrieben worden. Aber wie die dunkle Seite des Mondes wird die andere Seite der Medaille selten in Betracht gezogen. Und das, obwohl es so scheint, als ob die Dummheit einen großen und wachsenden Bestandteil unseres Lebens und unserer Kultur ausmacht. Gibt es tatsächlich kein Denken ohne Dummheit? Ich würde sagen, das gibt es so wenig wie Stärke ohne Schwäche. Solange ich nicht unendlich klug bin, bin ich dümmer als jemand, der unendlich klug ist. Aber wir gelten sicher auch deswegen ungern als dumm, weil Klugheit uns Sicherheit verspricht. Oder zumindest haben wir das Gefühl, sicher zu sein, weil wir ja in der Lage sind, die Welt und ihre Gefahren richtig einzuschätzen. Unser Stammhirn ist also schon evolutionär bedingt dagegen, dass wir dumm sind. Nun ist aber der Mensch ohne Dummheit undenkbar, genauso wie ein Mensch ohne Schwäche. Ist unser Stammhirn also gegen sich selbst? Ein weiterer Grund, diesem Phänomen einmal systematisch nachzugehen.

Doch bevor wir einen Blick darauf werfen, welche Dummheiten die Menschheit so angestellt hat, lohnt sich eine Untersuchung dessen, was Dummheit eigentlich bedeutet. Und klar, da kann man leicht mit dem Finger auf den venezianischen Stadtrat zeigen, dessen rechtskonservative Mehrheit aus Lega Nord und Forza Italia am 12. November 2019 ein Maßnahmenpaket zur Abwendung des Klimawandels ablehnte – und Minuten später wurde der Sitzungssaal vom steigenden Meerespegel überflutet. Derlei eindrückliche Beispiele für menschliche Dummheit aus Vergangenheit und Gegenwart finden sich viele, aber es erscheint vorab zumindest sinnvoll, sich kurz mit der Dummheitstheorie zu befassen. Wir werfen dabei auch einen Blick auf die funktionale Dummheit, emotionale Dummheit und künstliche Dummheit. Ergründen wir die Dummheit in ihrer Vielfalt. Und vergessen wir dabei nie meine eigene Dummheit als Autor. Denn ich würde mich nie trauen, ein Buch über Dummheit zu schreiben, wenn ich nicht selbst nur ein Stück Seife im Kopf hätte.

2. Was heisst hier dumm?

»Vielwisserei lehrt nicht Verstand haben.«

Heraklit

Wenn man einfache Lösungen mag, würde man wohl im *Duden* nachschlagen, was Dummheit ist, aber der *Duden* weiß das natürlich und streckt den Suchenden auf seine ganz eigene Art die Zunge raus. Dummheit wird hier definiert als »Mangel an Intelligenz«. Intelligenz hingegen wird definiert als Mangel an Dummheit. Und fertig ist die Laube. Leider stimmt das nicht, ganz so mutig ist die *Duden*-Redaktion nicht. Intelligenz ist ihr zufolge die Fähigkeit, abstrakt und vernünftig zu denken und daraus zweckvolles Handeln abzuleiten. Ich habe ehrlich gesagt nicht mal diesen Satz verstanden und bin mir daher recht sicher, dass wir alle ein bisschen dumm sind. Aber vielleicht schließe ich da auch wieder nur von mir auf andere.

Es scheint, wenn man verstehen will, was Dummheit ist, kommt es auch darauf an, was man so als Intelligenz betrachtet. Umfragen zufolge galt als intelligentester Deutscher lange Zeit niemand anderes als Günther Jauch. Das leuchtet ein, der wusste ja auch immer die Antworten auf alle Quizfragen, sogar die allerschwierigsten. Der muss ja wahnsinnig clever sein, ist logisch. Dass Herr Jauch die Fragen ja gar nicht selbst beantworten muss, sondern am Ende nur die Antworten der Kandidat*innen mit der richtigen Antwort aus der Redaktion vergleicht, spielt offenbar eine untergeordnete Rolle. Gut, okay, das hätte man auch einem mittelbegabten Huhn beibringen können, welches im Übrigen ähnlich undurchschaubar geguckt und zudem hübscheres Gefieder vorzuweisen gehabt hätte. Aber gut, das ist nicht meine Entscheidung, das müssen die Verantwortlichen bei RTL selbst wissen. Bisschen schade nur, dass mittlerweile nicht ein mittelbegabtes Huhn als intelligenteste Deutsche gilt, sondern stattdessen den misogynen Maskenball namens *Germanys Next Top Model* moderiert.

Immer wieder beeindruckt zeigen sich die Menschen auch von Kopfrechenkünstler*innen. Die gelten als überaus intelligent, wenn sie mal eben beim Frühstück zwischen Scheiblettenkäse und Mirabellenmarmelade dreistellige Zahlen im Kopf multiplizieren. Das kann ich übrigens auch, vorausgesetzt, die dreistelligen Zahlen sind 100 und 100. Da ist die Lösung einfach: 200. Wäre jedoch allein Kopfrechnen der Maßstab für Intelligenz, dann wäre bereits mein Taschenrechner eine übermenschliche künstliche Intelligenz, die uns alle unterjochen könnte: »Kniet nieder, ihr Narren, Fürst Casio X34 ist im Haus und jongliert lässig mit Zweierpotenzen!«

Glücklicherweise ist das nicht so und nur deshalb sind wir noch die überlegene Intelligenz auf diesem Planeten. Vor lauter Freude darüber nennen wir uns selbst Homo sapiens (etwa: der kluge Mensch), bis in die 1990er war sogar die Bezeichnung Homo sapiens sapiens verbreitet. Der kluge, kluge Mensch – das war unser Name. Mag sein, dass wir unser Recht als Erfinder der Sprache, alles zu benennen, da etwas zu unseren Gunsten verbogen haben: »Okay, du bist ein Huhn, du bist eine Katze und du bist ein Dorsch. So, haben jetzt alle Namen? Nein, ich selbst noch nicht? Okay, ich heiße der kluge, kluge Mensch. Hat jemand Einwände? Nein? Okay.«

Kann es da verwundern, dass niemand dumm sein will? Schließlich definieren wir nicht weniger als unsere eigene Gattung über unsere Klugheit. Und doch scheint die Dummheit unser steter Begleiter zu sein. Falls Sie heute noch nichts Dummes gemacht haben, sind Sie vielleicht einfach nicht ehrlich zu sich selbst. Schade im Grunde, dass man nur den IQ messen kann, aber nicht den Dummheitsquotienten, also quasi den SQ, wie man international abkürzen würde. So klagt Emil Kowalski in seinem hervorragenden Buch *Dummheit. Eine Erfolgsgeschichte*. Über diesen Punkt musste ich allerdings ein wenig schmunzeln. Denn den Dummheitsquotienten zu messen statt den Intelligenzquotienten ist ein wenig, wie die Dunkelheit statt der Helligkeit zu messen: »Ja, Herr Nachtigaller, wir wissen, wie hell es in diesem Raum ist. Aber die Frage bleibt: Wie dunkel ist es in diesem Raum?«

Es lohnt sich also doppelt, in diesem Buch einen genaueren Blick auf die Dummheit zu werfen. Denn die Reise geht immer auch an die Grenzen unserer Intelligenz. Und da wird es erfahrungsgemäß lustig. Ganz nebenbei finden wir vielleicht auch noch raus, ob wir den Ehrentitel Homo sapiens überhaupt verdienen oder in Zukunft eher Homo stultus heißen sollten.

***

Eine sehr naheliegende Methode, über die Intelligenz oder eben die Dummheit eines Menschen eine Aussage zu treffen, ist der IQ-Test. Der Franzose Alfred Binet erfand das Konzept von Testaufgaben in verschiedenen Schwierigkeitsstufen. Der deutsche Psychologe William Stern entwickelte 1912 aus diesem Test eine Maßeinheit: den Intelligenzquotienten, kurz IQ. Bei Leuten, die vorher gelebt haben oder einen solchen Test nie gemacht haben, kann man nur Mutmaßungen anstellen. Das gilt auch für Albert Einstein, dem ein IQ von 160 nachgesagt wird, der aber nie einen Test gemacht hat, also in Wirklichkeit überhaupt gar keinen IQ hatte. Und das, obwohl er 100 Prozent seines Gehirns nutzte. Ebenso wenig wissen wir über den IQ von Charles King, der 1927 die Präsidentschaftswahlen in Liberia mit 243 000 Stimmen Vorsprung gewann. Beeindruckende Zahlen, besonders bei nur 15 000 Wahlberechtigten im Land. Sein IQ war bestimmt mindestens fünf Milliarden. Aber dazu später mehr.

Die heute gebräuchlichen weiterentwickelten IQ-Tests gehen auf den US-Psychologen David Wechsler zurück. Wir haben uns inzwischen darauf geeinigt, dass alle zwischen 85 und 115 in der Norm liegen. Ab einem IQ von weniger als 70 spricht man von Intelligenzminderung, Minderbegabung, Schwachsinn oder Oligophrenie. »Etwa 5 Prozent der Gesamtbevölkerung weisen nach der psychologischen Definition eine Intelligenzminderung auf«, schreibt der Hirnforscher Ernst Pöppel. Der IQ-Test wird dabei übrigens regelmäßig normiert, dazu werden 30 000 bis 50 000 Probanden gemessen und ein Mittelwert gefunden, der dann als 100 definiert wird. Und es mag Sie vielleicht überraschen, dieser Mittelwert steigt stetig. Nach der Definition von Intelligenztests wird die Menschheit also scheinbar immer klüger. Spätestens dieses Phänomen, das in der Fachwelt als Flynn-Effekt bezeichnet wird, macht mich persönlich ja misstrauisch.

Vielleicht hat der Journalist Bob Fenster das Problem ganz gut eingegrenzt: »Intelligenz wird von Leuten eingeschätzt, die ein berechtigtes Interesse daran haben, Intelligenz hoch einzuschätzen. Sie ist nämlich ihr einziges Ass im Ärmel.« Vielleicht denken Sie jetzt auch: Moment mal, ist das schon alles, was sich im menschlichen Denken abspielt? Nun, machen Sie sich auf ein paar Überraschungen gefasst. Zum Beispiel, dass Ihr gerade geäußerter Gedanke eine kritische Rückfrage ist und damit ein Zeichen für eine Form von Intelligenz, die so in IQ-Tests eben nicht gemessen wird. Nicht dass IQ-Tests deswegen dumm wären. Aber womöglich sind wir nicht so doof, wie mancher IQ-Test uns nahelegen will.

Das Volk der Luo im westlichen Kenia hat in seiner Sprache DhoLuo vier verschiedene Worte für Intelligenz: Rieko, Luoro, Winjo und Paro. Dabei entspricht nur Rieko derjenigen Intelligenz, die in IQ-Tests abgefragt wird, denn mit Rieko bezeichnen die Luo kognitive Kompetenz. Wie Professor Elias Mpofu von der Universität Johannesburg erklärt, bezieht sich Paro auf eine Art kreative Intelligenz und das Durchhaltevermögen bei der Umsetzung von Ideen. Bei Luoro und Winjo handelt es sich hingegen um soziale Fähigkeiten: Die Fähigkeit, andere zu respektieren und sich um sie zu kümmern, wird Luoro genannt, in Abgrenzung dazu bezeichnet Winjo das Verständnis und die Ehrerbietung für Erwachsene, Ältere oder Autoritätsfiguren. Auch in der westlichen Psychologie wird seit geraumer Zeit die emotionale Intelligenz und die damit zusammenhängende Sozialkompetenz diskutiert. Insbesondere der amerikanische Psychologe Daniel Goleman hat 1995 mit seinem Buch *Emotional Intelligence. Why It Can Matter More Than IQ* das Thema einer breiten Öffentlichkeit bekannt gemacht. Darin prägt er auch das Gegenmodell zum IQ, nämlich den EQ, mit dem man die Emotionale Intelligenz messen kann.

Robert Sternberg, ebenfalls Psychologe, ging sogar noch einen Schritt weiter und entwickelte ein dreigeteiltes Konzept von Intelligenz: Analytische Intelligenz, Kreative Intelligenz, die bei ihm die Fähigkeit zur Auseinandersetzung mit neuen und ungewohnten Problemen ist, und Praktische Intelligenz, also die Anpassungsfähigkeit an Alltagsprobleme. Seitdem hat er sich der Erforschung und Publikation der Intelligenz und ihrer Grenzen hinter IQ und EQ gewidmet. Erfolg kann man im Leben nur haben, so seine These, wenn man eben auch Praktische und Kreative Intelligenz hat. Praktische Dummheit im Alltag ist dann vermutlich, wenn man morgens um 6:30 Uhr aufsteht, duscht, sich anzieht, Kaffee trinkt und frühstückt, zur Arbeit fährt und pünktlich um 7:59 Uhr vor der Bürotür merkt: Es ist Sonntag. Kreative Dummheit hingegen wäre es, dann seinen Kalender wegen unterlassener Hilfeleistung zu verklagen. Sie sehen, man kann auf ebenso viele Weisen dumm sein, wie man sich intelligent verhalten kann – beruhigend, oder? Die Luo würden sicher zustimmen: Um im Leben zurechtzukommen, braucht man eben mehr als nur Rieko. Und wissen Sie, wer noch zugestimmt hätte? Albert Einstein. Der hat tatsächlich mal – diesmal wirklich ehrlich – in einem Beitrag in der *The Saturday Evening Post* geschrieben: »Fantasie ist wichtiger als Wissen, denn Wissen ist begrenzt.«

Da wir hier im Buch einiges dumm nennen werden, möchte ich einen wichtigen Einwand von Emil Kowalski nicht unerwähnt lassen: »Es sei ausdrücklich betont, dass wir physiologisch oder sozial bedingte Mängel an Intelligenz nicht als ›dumm‹ verstehen wollen, also keine Demenz oder andere krankhafte kognitive Störungen, und auch nicht gesellschaftlich bedingte Wissensdefizite. Menschen, die wegen Verletzung, Krankheit oder Alter ihre geistige Beweglichkeit einbüßen oder unter sozial unwürdigen Verhältnissen leben, sind nicht dumm im Sinne unserer Überlegungen. Sie verdienen keinen unserer Sarkasmen, sondern Hilfe und Verständnis.«

Ich finde das äußerst interessant, denn Kowalskis Versuch, jegliche Form von geistigem Elitarismus zu vermeiden, klingt sehr nachsichtig und umsichtig. Seine Ausnahmen von der Regel sind jedoch so umfangreich, dass am Ende so gut wie niemand mehr dumm zu nennen wäre. Ich glaube, es ist eher andersherum: Jeder Mensch ist dumm. Wir alle brauchen Hilfe. Ganz sicher nicht immer. Aber oft genug. Und nur von dieser Basis aus können wir die Dummheiten anderer Menschen betrachten und dürfen auch darüber lachen. Man kann die ganze Sache so betrachten wie Bob Fenster: »Die Intelligenz der allermeisten Menschen reicht aus, um im Leben zurechtzukommen.« Wie wichtig kann es da sein, wenn einer schneller weiß, ob ein gelbes Quadrat eine Reihe richtig vervollständigt oder ein weißer Kreis? Man sollte sich also keinesfalls schlechter fühlen, wenn man das grüne Dreieck angekreuzt hat. Oder einen anderen deswegen geringschätzen.

Überhaupt ist es doch so: Wir denken einfach nicht immer gerne nach. Viele Leute gehen dem Denken sogar sehr aktiv aus dem Weg. Und sie nehmen einiges in Kauf, um bloß nicht ins Grübeln zu geraten. Eine Studie an der Universität von Virginia, von der Timothy Wilson 2015 in einem Beitrag für das Magazin *Science* berichtete, ergab, dass mehr als die Hälfte der getesteten Teilnehmer*innen sich tatsächlich lieber selbst kleine Elektroschocks verpassten, als für sechs bis elf Minuten still zu sitzen und nachzudenken. Aua. Was soll man dazu noch sagen? Ich schließe mich dem Hofnarren und Gelehrten David Faßmann an. Dieser schrieb schon 1729, wenn es Leuten an Erinnerungsfähigkeit und Urteilskraft fehle und sie dann auch noch keine Lust zum Studieren haben, werden sie zu »Stock-Narren, Ertz-Matzen und Lappen«. Manchmal vermisse ich das 18. Jahrhundert ein bisschen.

Aber auch, wenn heute vielleicht nicht alle Stock-Narren und Ertz-Matzen sind: Dass wir alle von Zeit zu Zeit dumme Sachen machen, lässt sich schon aus logischen Gründen gar nicht bestreiten, denn so etwas zu sagen wäre selbst eine dumme Sache. Jede*r von uns ist schon mal falschrum in eine Drehtür gelaufen, hat seinen Kaffee auf dem Autodach vergessen, obwohl man mit dem Fahrrad unterwegs war, oder aus Versehen nicht verstanden, wie genau unser politisches System funktioniert. Oder ein Kühlschrank. Weiß irgendjemand hier, wie Kühlschränke genau funktionieren? Bitte aufzeigen!

Selbst die intelligentesten Menschen machen manchmal dumme Dinge. Aber sind sie dann nicht gleichzeitig dumm und intelligent? Wie soll das möglich sein? Das liegt ganz einfach daran, dass wir Worte wie dumm oft als Beschreibung eines vermeintlich fixen Zustands verwenden: »John ist dumm.« In diesem Sinne kann man einerseits ein kognitives Defizit meinen, das sich zum Beispiel in einem deutlich unterdurchschnittlichen IQ widerspiegelt. Oder man meint, dass John chronisch unwissend ist, etwa durch mangelhafte Bildung. Diese Formen von Dummheit würde ich allgemeine Dummheit nennen und nicht statische Dummheit, denn an den meisten Einschränkungen dieser Art kann man noch etwas ändern. Ebenso kann man das Wort dumm aber auch einsetzen, um das Verhalten in einer bestimmten Situation zu beschreiben: »Als John versucht hat, sein Smartphone im Toaster aufzuladen, war das ziemlich dumm.« Und ja, bezüglich der Situation mit dem Smartphone kann man dann auch völlig zu Recht sagen, dass John dumm ist. Aber er kann im nächsten Moment schon wieder etwas sehr Intelligentes sagen und durchschimmern lassen, dass er ein Harvard-Professor ist. In diesem Sinne ist es gar nicht widersprüchlich, dass John schlau und dumm ist. Das vermeintliche Paradox rührt nur daher, dass wir in der Alltagssprache oft unpräzise sind und Ausdrücke mehrere Sachen bedeuten können. Dumm kann eben allgemein kognitiv eingeschränkt oder unwissend heißen, aber sich auch auf situative Dummheit beziehen. Diese würde ich am ehesten als Unbedachtheit klassifizieren, auch wenn das vielleicht etwas verharmlosend klingt für die Aktion, sein Smartphone im Toaster aufzuladen.

Um etwas Dummes zu machen, muss man hinter seinen eigenen Möglichkeiten zurückbleiben – ich möchte noch einmal an die Definition des *Duden* erinnern –, abstrakt und vernünftig zu denken und daraus zweckvolles Handeln abzuleiten. Situative Dummheit ist nicht-angewandte Intelligenz. Und klar, wer sich lieber Elektroschocks verpassen lässt, als mal eine Weile zu grübeln, der wirkt womöglich, als befände er sich auf einem Pfad in Richtung kompletter Nicht-Anwendung. Aber auch diese Personen können ihr Verhalten ändern, aus einer kommenden Situation etwas lernen, an einer Begegnung oder einem Erlebnis oder einem sehr schmerzhaften Elektroschock reifen, und würden vielleicht schon eine Woche später beim selben Test eine andere Entscheidung treffen. Wir sind zum Glück nicht eindimensional. Es gibt sogar für Ertz-Matzen und Stock-Narren noch Hoffnung.

Die Wissenschaftler Mats Alvesson und André Spicer schreiben völlig zu Recht, dass es zu einfach gedacht ist, wenn man Menschen, die dumme Dinge machen, einen niedrigen IQ, schlechte Erziehung oder ein verengtes Weltbild unterstellt. Auch wenn das bisweilen zutreffen mag, darf man nicht aus dem Auge verlieren, dass einige der problematischsten Dummheiten von sehr intelligenten Menschen gemacht werden. Das liegt auch daran, dass wir dazu neigen, die allgemeine und die situative Verwendung von intelligent oder dumm zu verwechseln. Denn wenn wir vergessen, dass auch Expert*innen sich gelegentlich sehr dumm anstellen, dann überlassen wir ihnen womöglich zu viel Verantwortung.

Noch mal anders beschreibt es Robert Musil in seinem Vortrag »Über die Dummheit« von 1937. Nachdem er sich lange durch die scheinbar paradoxen Verwendungen des Wortes Dummheit manövriert hat, unterscheidet er zwischen der einfachen und schlichten Dummheit, die er lange Leitung nennt, und einer anderen Dummheit, die nicht auf einem generell schwachen Verstand beruht, sondern »auf einem Verstand, der bloß im Verhältnis zu irgendetwas schwach ist, und diese ist die weitaus gefährlichere«.

Damit stellt sich die Frage, im Verhältnis zu was der Verstand denn schwach ist, wenn intelligente Menschen etwas Dummes machen. Irgendetwas muss die Menschen dazu antreiben, unbedacht zu bleiben, es muss ein stärkeres Motiv dafür geben, nicht in Ruhe zu überlegen und seinen Verstand zur Anwendung zu bringen. Das kann natürlich passieren, wenn unsere Gefühle die Kontrolle übernehmen. Wenn wir Angst oder Hass oder Gier oder Lust oder Arroganz an die Zügel lassen, dann ist es gut möglich, dass der Verstand nichts mehr zu melden hat. Oder zumindest nicht mehr viel. Ebenso gilt das für unsere Moralvorstellungen, woher auch immer wir diese gerade nehmen oder kriegen. Manchmal folgen Menschen lieber einer Sekte, einer Ideologie oder einem Anführer, als sich ihres eigenen Verstandes zu bedienen. Und jetzt verstehen Sie vielleicht auch, was Musil damit meinte, dass diese Form von Dummheit gefährlich sein kann. Wir werden sehen, dass Unbedachtheit aber eben auch überaus lustig sein kann. Und keine Sorge, wir dürfen alle getrost darüber lachen, denn wir sind in diesem Punkt alle weitgehend auf Augenhöhe. Und zwar mit einem Kieselstein.

Fassen wir unsere Erkenntnisse so weit noch mal zusammen, kann man drei Dinge unterscheiden, die wir aber alle Dummheit nennen: kognitive Beeinträchtigung, die angeboren ist, biografisch bedingte Unwissenheit und situative Dummheit, die wir zur Abgrenzung auch Unbedachtheit genannt haben. Bei letzterer überwiegt eine andere Motivation und führt dazu, dass man eben nicht von seinem Verstand Gebrauch macht. Und zwar weder von seiner rationalen Intelligenz noch von der emotionalen Intelligenz und Sozialkompetenz, weder von seiner praktischen Intelligenz noch von seiner kreativen Intelligenz. Die situative Dummheit ist locker in der Lage, alle Formen unserer Intelligenz auszuhebeln. Hinzugefügt sei noch, dass sich die drei Dummheiten übrigens explizit nicht gegenseitig ausschließen. Ein Beispiel? Ich würde sagen, bei dem Mann im nordhessischen Bad Zwesten, der ohne jede Maske oder Waffe eine Bank überfiel und auf den Hinweis der Bankangestellten, größere Auszahlungen könne man nur gegen Beleg ausgeben, bereitwillig seine Personalien angab, kam so ziemlich jede Form von Dummheit zusammen.

Im Folgenden wollen wir uns hauptsächlich auf die situative Dummheit konzentrieren. Wie schon gesagt, sie ist die lustigste Form der Dummheit, und es lässt sich sicher sagen, dass wir alle manchmal unbedacht sind: Niemand macht keine Fehler. Ganz besonders nicht diejenigen, die sich für unendlich klug halten. Und davon werden wir in diesem Buch so einige kennenlernen. Ich halte mich da an den italienischen Schriftsteller Alberto Moravia, der einmal sagte: »Dummheiten können reizend sein, Dummheit nicht.« Werfen wir trotzdem getrost einen Blick auf all jene Stock-Narren, Ertz-Matzen und Lappen der Geschichte.

3. Dummheit im Wandel der Zeit

»Ich glaube nicht an den Fortschritt,
sondern an die Beharrlichkeit
der menschlichen Dummheit.«

Oscar Wilde

Was dumm ist oder vielmehr was die Menschen dumm fanden, war nicht immer das Gleiche. Im Laufe der Menschheitsgeschichte hat sich das Verständnis von Dummheit immerzu gewandelt. Das liegt einerseits daran, dass progressive Dummköpfe fortlaufend neue Möglichkeiten gefunden haben, dumm zu sein. Andererseits wandelt sich das Verständnis von gesellschaftlich akzeptablem Denken kontinuierlich und damit auch die Definition von allem, was davon abweicht und als dumm gilt.

Waren Sie vielleicht gestern noch ein ausgesprochener Vollidiot, weil Sie behaupteten, dass alle Dinge auf der Welt im Innersten nicht aus Dreiecken bestehen, sondern aus kleinen Nubsis, die niemand sehen kann und die Sie freiweg Atome nennen? Diese Atome sind angeblich so klein, dass in einem Glas Wasser mehr Atome sind als Gläser Wasser in allen Ozeanen der Welt? Klar, wenn Sie als Erster mit so einer Idee um die Ecke kommen, hält man Sie vermutlich für dumm. Doch das mag morgen bereits komplett anders aussehen. Und übermorgen kommt jemand daher und sagt, da geht es unter den Atomen aber noch ein paar Ebenen runter zu Quarks und Quanten. Und dann kommen die Physiker*innen vom »Quantum Gravity

Research Center« und behaupten, dass die Grundstruktur des Universums aus einer vierdimensionalen quasikristallinen Struktur aus Tetraedern besteht – also letztlich Dreiecken. Klingt völlig seltsam und ausgedacht? Ist aber alles genau so passiert. Gut, nicht innerhalb eines Absatzes, sondern binnen zweieinhalbtausend Jahren, aber die Mühlen der Dummheit mahlen halt langsam.

In der griechischen Mythologie war es Prometheus, der den Menschen das Feuer der Erkenntnis brachte und sie damit zu den Herren ihrer Sinne machte. Um es mit den Worten des amerikanischen Anthropologen Paul Radin zu sagen, war es Prometheus, der die Menschen »kindisch-blöd zuvor, verständig machte und zu ihrer Sinne Herren«. In der Bibel war es eine Schlange mit einem Apfel, beziehungsweise einer anderen Frucht, denn – kleiner Fun Fact am Rande – tatsächlich wird der Apfel nirgends in der Geschichte erwähnt. Das Versprechen der Schlange jedoch war, äßen die Menschen vom Baum der Erkenntnis, »so werden eure Augen aufgetan, und werdet sein wie Gott und wissen, was gut und böse ist«. So steht es im 1. Buch Mose, 3,5. Was offensichtlich ist: In beiden Fällen waren die Götter so gar nicht damit einverstanden und straften die Menschen und die Überbringer der Erkenntnis aufs Härteste. Woraus sich entspannt schlussfolgern lässt: Eigentlich waren wir dumm geplant und wir würden im Einklang mit unseren Schöpfern leben, wenn wir schön dumm geblieben wären. Selig sind die geistig Armen. Amen.

Ganz ähnlich liest sich das im Höhlengleichnis, das Platon in seinem Buch *Politeia* darlegt. Darin sitzt die Menschheit in einer Höhle, hinter ihnen ein Feuer und vor ihnen eine Wand. Und weil ihre Köpfe fixiert sind, schauen alle nur in Richtung der Wand und sehen somit nur Schatten, auch von sich selbst. Sie alle wetteifern in der Beschreibung der Schatten und halten diese für die ganze Welt. Schließlich befreit sich jemand und erkennt plötzlich die Wahrheit über die Schatten und die Menschen und das Feuer und die Wand. Mehr noch, derjenige schafft es sogar, die Höhle zu verlassen und gelangt nach draußen an die Sonne, in die wahre Welt hinein. Die Pointe des Gleichnisses ist nun, dass derjenige keine Möglichkeit hat, wieder in die Höhle zu gehen und seine Erkenntnisse mit den anderen zu teilen. Diese würden ihn ja für verrückt halten, weil er behauptete, ihre ganze Welt sei nicht echt und es gäbe dahinter eine ganz andere, realere Welt. Wie Erasmus von Rotterdam ironisch anmerkt, ist der Weise damit übrigens ganz sicher nicht glücklicher als jene, die zufrieden damit sind, wenn sie »bloß die Schatten und Abbilder der verschiedenen Dinge sehen und bewundern«.

Niemand will die Sonne sehen. In Anbetracht der Helligkeit der realen Sonne ist das ja auch verständlich. Die Menschen, die es eben doch versuchen, stellen sich dabei übrigens manchmal äußerst dumm an. Im August 2017 gab es zum Beispiel eine solche totale Sonnenfinsternis in den USA. Die Bilder von Präsident Donald Trump gingen um die Welt, die staunend Zeuge wurde, dass er tatsächlich entgegen der Warnungen aller Fachleute ohne Schutzbrille in die Sonne schaute. Dabei hatte er eine Schutzbrille, er hielt sie nur erst mal lieber in der Hand. Andere Menschen hatten keine Schutzbrille und improvisierten auf ihre Art. Tatsächlich wurden damals mehrere Menschen ins Krankenhaus eingeliefert, die sich zur Beobachtung der Sonnenfinsternis allen Ernstes Sonnenmilch in die Augen gekippt hatten. Dann bleibe ich doch lieber in meiner Höhle und bewundere die Schatten.

Sie können sich Platons Gleichnis statt mit einer Höhle und Schatten gerne auch mit einem Sofa und einem Fernseher oder Computer vorstellen, wenn Sie mögen. Der Punkt bleibt: In unserem Naturzustand sind wir doof und haben keinen Plan von der Welt. Es braucht großen Aufwand und sogar die Bereitschaft, die meisten Menschen hinter sich zu lassen, wenn man tiefere Einsicht in die Welt erhalten möchte, um das wahre Wesen der Dinge zu erkennen. Jede*r, der/die schon mal versucht hat, ein Smartphone aus der Hand zu legen, wird das bestätigen können. Wobei, ganz ehrlich, so unter uns: Schatten sind natürlich auch real.

Sokrates, der Lehrer des Platon, war da eigentlich auch schon einen Schritt weiter. Ihm hatte das Orakel von Delphi gesagt, dass er der Weiseste aller Griechen sei. Nicht nur, weil er soeben einen gültigen Reim auf Selfie gefunden hatte, sondern weil er wusste, dass er nichts wusste. Es war dieses »Ich weiß, dass ich nichts weiß«, das ihn zum »weisen Idioten Griechenlands« machte, wie es Johann Gottfried Herder einmal ausdrückte. Die anderen sind so dumm, dass sie nicht mal wissen, dass sie dumm sind. Bis heute ein zentrales Element der höchsten Form von Dummheit. Nun waren Sokrates und Platon also auch ganz vorsichtig dabei, die Dummheit hinter sich zu lassen, und erfreulicherweise wurden auch nur 50 Prozent von ihnen zum Tode verurteilt, weil sie zu viel wussten. Das muss als echter Fortschritt gelten.

Es ist auch kein Wunder, dass die griechischen Philosophen vorsichtig waren. Einer der ersten, Thales nämlich, ist vor allem durch die Anekdote bekannt, dass er beim Studieren der Sterne in einen Brunnen fiel und von einer thrakischen Magd ausgelacht wurde. Auch in dieser Geschichte lacht diejenige, der die Erkenntnis fehlt über denjenigen, der versucht, sie zu erlangen. Hier zeigt sich auf einer sehr einfachen Ebene die Perspektivität von Dummheit: Für die Magd ist Thales ganz klar ein Dummkopf, der in die Sterne schaut und deswegen in einen Brunnen fällt. Jemand, der noch Jahrtausende später als Vorlage für einen weltbekannten Idioten namens Hans-Guck-in-die-Luft dienen würde. Für Thales hingegen ist die Magd dumm, denn sie hat kein Wissen und kein Verständnis vom Wesen der Welt. Und sie bemüht sich noch nicht mal darum. Wenigstens ist Thales nämlich nur einmal in den Brunnen gefallen und hat dann daraus gelernt, die Magd hingegen hat kurz Spaß gehabt und nimmt ansonsten nichts aus der Geschichte mit.

Analog verhält es sich mit einem der schönsten Gedanken zum Thema Diskussion: Der Gewinner jeder Debatte ist immer derjenige, der von Anfang an unrecht hatte, denn nur er ist derjenige, der etwas dazulernen kann. Man muss unrecht haben, um sich entwickeln zu können. So schreibt Aristoteles in der Nikomachischen Ethik, derjenige sei stupide, der nicht wisse, dass aus Einzelhandlungen die festen Grundhaltungen hervorgehen. Ähnlich formulierte es Albert Einstein: »Wahnsinn ist, wenn man immer wieder das Gleiche tut, aber andere Resultate erwartet.« Sie ahnen es vielleicht: Auch dieses Zitat stammt in Wirklichkeit nicht von Einstein, es wird ihm nur immer wieder zugeschrieben, in Büchern, auf Tassen, T-Shirts und Aufklebern. Wahrscheinlich gibt es irgendwo auch einen neongrünen Klodeckel mit dieser Aufschrift. Armer Einstein.

Eine Sache noch zum antiken Griechenland. Von dort stammt nämlich auch das Wort Idiot. Ein ἰδιώτης (idiotes) war jedoch zunächst einfach nur die Bezeichnung für einen einfachen Bürger im Unterschied zu Vertretern der Regierung. Erst sehr viel später wurde es als Bezeichnung für Nicht-Experten verwendet, und von dort aus rutschte die Bedeutung über Ahnungsloser bis hin zum Synonym für Dummkopf oder Minderbemittelter. Spannend, wie schon hier der Bürger mit sprachlichen Mitteln zum Depp gemacht wurde, oder?

Auch Seneca hat sich mit Dummheit befasst. Für ihn war es zum Beispiel ein Zeichen von Dummheit, wenn man seinen

Reichtum nicht wie einen Sklaven behandelte, sondern sich diesem stattdessen unterwarf. Und auch diesem Motiv der Dummheit, die sich im stumpfen Streben nach Geld äußert, ist die Menschheit bis heute treu geblieben. Es folgen im Buch noch zahlreiche Beispiele, aber Sie kennen sicher auch jemanden, der schon mal etwas Dummes getan hat, weil es Profit versprach: sich selbst.

Sind Sie der Meinung, dass das nicht stimmt? Kein Wunder: Seneca schrieb weiter, dass Weise den Sinnzusammenhang erkennen, Toren hingegen nur Meinungen haben, die übereilt gebildet sind, schwankend und ohne sicheren Erkenntnisgrund. Aber keine Sorge, Seneca hielt sich nicht für klüger als Sie: »Wenn ich mich mal an einem Narren erheitern will, dann brauche ich nicht lange zu suchen: Über mich selbst lache ich.«

Für Lukian war ebenso klar, dass Philosophen die wahren Narren sind, da sie beständig lesen und sich den Kopf mit fremden Gedanken füllen und sich so durch ihre Gelehrsamkeit von der Vernunft abführen. Bei Lukian darf man sich aber nie sicher sein, ob er das nicht satirisch meinte. Sein Beitrag zur Dummheitsforschung ist übrigens nicht zu unterschätzen, denn Lukian ist einer der antiken Schriftsteller mit dem weitreichendsten Einfluss auf die europäische Kultur. Besonders hervorheben möchte ich aus Lukians Fanclub Erasmus von Rotterdam, der nicht nur gemeinsam mit Thomas Morus eine Werksammlung Lukians herausgab, sondern »dessen spöttischen Geist er in seinem Lob der Torheit wiederaufleben lässt«, wie die Philosophin Astrid Nettling feststellt. Das *Lob der Torheit* wiederum gilt bis heute nach über 500 Jahren vielen Leuten als bestes Buch über Dummheit. Aber dazu später mehr.

Ist es nun also klug, zu erkennen, dass man dumm ist? An der Stelle springt dann die Bibel noch mal auf und ruft: »Ja!«

Und während der Rest der Welt sich noch wundert, dass ein Buch sprechen kann, zitiert sich die Bibel selbst: »Wer auf seinen eigenen Verstand vertraut, ist ein Tor / Wer in Weisheit seinen Weg geht, der wird gerettet« (Sprüche 28,26). Denn für den Gläubigen ist in dieser Sichtweise die wahre Weisheit, sich von der Gelehrsamkeit und dem Ergründen der Welt abzuwenden und auf Gott zu vertrauen.

Fast scheint es, als wären Sokrates und Gott hier auf einer Linie, aber so ganz stimmt das natürlich nicht. Denn Sokrates war stets bemüht, Erkenntnisse zu erlangen. Mehr noch: Seine Bereitschaft, dabei althergebrachte Traditionen infrage zu stellen, war es wohl, die ihm am Ende sein Ende bereitete, denn er galt den Athenern als Verführer der Jugend. Das Eingeständnis der eigenen Dummheit war für Sokrates ein Ausgangspunkt und nicht das Ziel. Von dort an wird losgedacht und alles infrage gestellt und nicht aufgehört, der Vorhang herabgelassen und Gott der Rest überlassen. Diese aktive Abwendung vom Streben nach neuer Erkenntnis erlangte jedoch einigen Einfluss. Denn, wie der Autor Werner van Treeck betont, für den Gläubigen verkehren sich gewissermaßen die Vorzeichen: Wissen und Erfahrung wird abgewertet, Glaube und Offenbarung wird aufgewertet.

Dieser Verzicht auf die Nutzung des Verstands war eine Art Keimzelle für die Gleichheit aller Menschen. Vor Gott sind alle Menschen gut, solange sie halt an ihn glauben. Man musste nichts besonders machen oder können oder sagen. Das ursprüngliche Christentum war da sehr tolerant und kannte übrigens auch kaum rituelle oder andere Vorschriften. Man denke nur daran, wie Jesus es schaffte, auch mal ein Auge zuzudrücken und keinen Stein zu werfen. Doch mit fortschreitendem Dogmatismus und der wachsenden hierarchischen Struktur der römischen Kirche änderte sich das.

Der Physiker Emil Kowalski ist der Ansicht, die in der Folge aufkommende »Behinderung der Evidenzbasierten Wissenschaft war Ursprung der Inquisition und der Verfolgung von Denkern und Forschern, die an den dogmatischen Erklärungen der Natur zweifelten«. So blieb die (westliche) Menschheit erst mal ein paar Jahrhunderte im Mittelalter stecken, bis wieder etwas Bewegung reinkam und tradierte Lehre infrage gestellt werden durfte. Bei Thomas von Aquin klang das noch vorsichtig, wenn er Neugier verurteilte, da diese zur Beschäftigung mit wenig nützlichen Dingen führe. Aber dazu mehr im Kapitel *Unwissenschaft und Technik*.

Bevor wir dazu kommen, noch einmal Thomas Hobbes: In seinem *Leviathan* wird die oben erwähnte thrakische Magd zumindest indirekt abgewertet. Menschen mit geringen Fähigkeiten, so schreibt er, »sind gezwungen, die Unvollkommenheiten anderer Menschen zu beobachten, um vor sich selbst bestehen zu können«. Vielleicht speichern Sie sich das mal zwischen, für den nächsten Anlass, wenn Schadenfreude in Ihnen keimt, Sie im Internet über »Epic fails« lachen oder jemand wegen eines Rechtschreibfehlers zurechtweisen wollen.

Bereits erwähnt habe ich ja auch das wohl berühmteste Buch über Dummheit, das *Lob der Torheit*. Geschrieben hat es Erasmus von Rotterdam, der heute vor allem auch berühmt ist als Namensgeber für ein internationales Programm, bei dem Studierende Gastsemester im Ausland verbringen und dann statt Bier ein halbes Jahr lang Cervesa trinken und herausfinden, wie es ist, in einer ganz anderen Kultur bis mittags zu schlafen und dann nicht zur Uni zu gehen. Kurz: Erasmus ist Namenspate für zigtausend Torheiten. Aber eigentlich kam er noch glimpflich davon. Leibniz war vor 350 Jahren einer der bedeutendsten Gelehrten Europas, und heute ist ein Keks nach ihm benannt. Was sagt man da? Glückwunsch? Knusper, knusper?

In *Lob der Torheit* ist es jedenfalls die Torheit selbst, die die erzählende Stimme ist und sich selbst lobt. Denn, wie sie selbst sagt: »Ich pfeife nämlich auf jene Weisen, die es gleich bodenlose Dummheit und Unverschämtheit heißen, sobald sich einer selbst lobt.« Aufschlussreich ist, wie die Torheit ihre Herkunft erklärt. Sie sei nicht die Tochter des Chaos, des Orkus oder des Saturns, nein, ihr Vater sei Pluto. Und dieser Gott des Geldes beherrsche »den Krieg, den Frieden, Armeen, Räte, Gerichte, Versammlungen, Heiraten, Verträge, Bündnisse, Gesetze, Künste, Kurzweil, Arbeit – der Atem geht mir aus – kurz alles, was die Menschen im Staat und im Hause beschäftigt«. Ah, es geht doch nichts über eine subtile, frühneuzeitliche Kapitalismuskritik, finden Sie nicht auch?

Ebenso elegant bediente sich Erasmus der antiken Mythologie, um darzulegen, was für ihn zentrale Elemente der Dummheit sind. Die Mutter der Torheit sei Neotes, die leibhaftige Jugend; gesäugt haben sie die weinselige Methe und die wilde Apädia. Ihr Gefolge sind die selbstgefällige Philautia, die schmeichelnde Kolakia, die gedächtnisschwache Lethe, die bequeme Misoponia, die freudentrunkene Hedone, die gedankenlose Anoia und die üppige Tryphe. Dazu kommen die beiden männlichen Gottheiten Kosmos, der bei keinem Gelage fehlt, und Hypnos, der Langschläfer. Mit diesem Team sieht sich die Torheit so ziemlich an der Spitze der Macht, sie nennt sich die Geberin aller Gaben. So sei es ohne Dummheit undenkbar, dass sich jemand in den Bund der Ehe begibt und Kinder geboren werden. Schließlich sei allen klar, wie gefährlich, stressig und schwierig das sei. Aber weil die Menschen eben auch dumm sind, machen sie es trotzdem.

Aber sie gibt noch viel mehr: Der Obergott Jupiter habe gefürchtet, dass die Menschen trübselig und traurig werden könnten, darum hat er »an Trieben viel mehr verabreicht als an Vernunft, ein Pfund auf ein Lot«. Das ist etwa das 39-Fache und damit der Grund, warum die Vernunft so wenig gegen die Triebe ausrichten kann, außer vielleicht, sich aus Protest heiser zu schreien. Auch eine schöne Beschreibung der Gründe für situative Dummheit. So würde es ohne die Torheit keinen Spaß geben, denn sie ist der Grund für Lachen und Scherze. Und überhaupt wäre kein soziales Miteinander denkbar, denn dazu müssen die Menschen »eben einander zuliebe bald fünf gerade sein lassen, bald zum Schmeicheln sich verstehen, bald ein Auge klug zudrücken, bald mit dem Honig der Torheit sich bei Laune erhalten«. Ist man dumm, kann man sogar die Leiden des Alterns ausblenden. Auch die Kunst wäre ohne die Torheit der Selbstgefälligkeit undenkbar, tapfere Krieger gäbe es nicht ohne die Torheit der Risikobereitschaft.

Langsam redet sich die Torheit in Wallung und behauptet schließlich, sogar die Klugen seien dumm, denn sie versuchen, mit saurer Arbeit und schlaflosen Nächten, sich einen berühmten Namen zu sichern. Dabei wüssten sie, dass Ruhm nur Schall und Rauch ist. Doch selbst Weisheit schützt vor Torheit nicht: »Der Weise nimmt seine Zuflucht zu den Büchern der Alten und lernt daraus nichts als in Worten zu kramen; der Tor packt frisch die Dinge selbst an und schlägt sich mit ihnen herum, und so erwirbt er sich das, was ich wahre Klugheit nenne.« Der Weise ist also dumm, und der Dumme ist der wahre Kluge. Ich weiß nicht, wie es Ihnen geht, aber je länger ich darüber nachdenke, umso klarer wird mir, dass ich weiß, dass ich nichts weiß.

Eine Sache noch zur Geschichte der Dummheit: Es ist klar, dass wir manches Verhalten unserer Ahnen nur aus heutiger Perspektive dumm finden. Das würde ich anachronistische Dummheit nennen. Denn aus dem jeweiligen historischen Kontext heraus war es vielleicht gar nicht dumm, sich ein nacktes Huhn auf den Kopf zu setzen. Aber auch dazu später mehr.

4. Unheilbar dumm

»Mit jemandem zu argumentieren, der die Vernunft ablehnt, ist wie die Verabreichung von Medizin an Tote.«

Thomas Paine

Man muss nicht mit Nietzsche übereinstimmen, der an einem seiner fröhlicheren Tage einmal vom Stapel ließ, dass diese Welt viele Krankheiten habe und die schlimmste hieße Mensch. Aber als sicher darf gelten, dass Menschen schon immer krank wurden. Böse Zungen sagen, dass auch dieses Buch Kopfschmerzen bereiten kann, wenn man in zu kurzer Zeit zu viel über Dummheiten liest.

Die Geschichte der Medizin jedenfalls lässt sich bis weit in die Vergangenheit zurückverfolgen. Vor fast 4000 Jahren gab es zum Beispiel den *Codex Hammurabi*, eine zwei Meter hohe Stele mit 282 in Keilschrift verfassten Gesetzen. Nicht ganz so handlich wie ein Smartphone, aber alt, alt, alt! Im *Codex Hammurabi* war zum Beispiel festgehalten, dass ein Arzt für eine erfolgreiche Operation mit einem Bronzemesser an einem Edelmann ein Honorar von zehn Silberschekeln zu erhalten habe. Das entsprach damals dem Jahresgehalt eines Handwerkers. Bevor sich jetzt die Ärzt*innen unter Ihnen in diese Zeit zurückwünschen, sollten Sie allerdings auch in Betracht ziehen, was als Strafe bei Misserfolg einer solchen Operation bestimmt wurde: das Abhacken der Hand. Ob dieses Wissen gegen ein leichtes Zittern beim Operieren geholfen haben mag?

Wenn man sich die Geschichte der Medizin bis heute anschaut, gibt es eine Konstante: Schon immer gab es Behandlungsmethoden, deren Wirksamkeit man anzweifeln darf und deren Rezepturen absurd klingen. So empfahl das *Papyrus Ebers* um 1550 vor Christus in Ägypten als Mittel gegen Kahlköpfigkeit einen Trank aus Eselhoden, einem Gemisch aus Vulva- und Penisextrakten und einer Eidechse. Ohne die Eidechse klappt das natürlich nicht. Ich weiß nicht, wie es Ihnen geht, aber auf mich wirkt das ein bisschen so, als wollte der Verfasser dieses Papyrus über Leute mit Haarausfall seinen Spott ergießen. Aber man darf davon ausgehen, dass Heiler zu anderen Zeiten in anderen Kulturen auch ganz anders getickt haben. Man denke nur an den damaligen Klistierexperten des Pharaos mit dem schönen Namen Iri, Hirte des Afters. Ich möchte aus eigener Erfahrung hinzufügen: Der gleichnamige Film aus dem Erwachsenenbereich ist nicht für jeden Geschmack gleichermaßen geeignet. Aber falls Ihnen dabei vor Schreck die Haare ausfallen, wissen Sie ja jetzt ein tolles Mittel dagegen.

Die Behandlung von Krankheiten in der Antike war natürlich nicht immer gefährlich oder anstrengend. Nehmen Sie das Asklepieion in Griechenland. Dabei handelte es sich um einen dem Asklepios geweihten Tempel, in dem die Kranken mittels des sogenannten Tempelschlafs behandelt wurden. Die Patient*innen schliefen dabei im Angesicht einer Statue des Asklepios und wurden entweder im Schlaf vom Gott selbst geheilt oder er sandte einen Traum, der von einem Priester gedeutet wurde und die Heilung beschrieb. Klingt entspannt, oder? Wobei, andererseits, wenn man bedenkt, was man manchmal für einen Schnurz zusammenträumt – vielleicht sollte man vorsichtig sein, bevor einem der Arzt rät, sich von 500 pinken Elefanten mit Madonna-Masken durch den Arc de Triomphe tragen zu lassen. Als Mittel gegen Haarausfall, selbstverständlich.

Ebenfalls im antiken Griechenland unterwegs war Hippokrates, von dem Sie gewiss schon mal gehört haben. Er lebte von 460 bis circa 370 vor Christus und war der Erste, der sich radikal von religiösen Erklärungen für Krankheiten abwandte. Über Epilepsie schrieb er zum Beispiel, sie scheine ihm »um nichts göttlicher zu sein als die übrigen, vielmehr scheinen auch die anderen Krankheiten eine natürliche Ursache zu haben, aus der jede einzelne von ihnen entsteht, eine natürliche Ursache und einen Grund scheint aber auch sie zu haben«.

Hier haben wir also wieder einen Fall von jemandem, der mit den tradierten Denkweisen brach und damit die Menschheit einen entscheidenden Schritt weiterbrachte. Andererseits ist eine andere seiner Neuerungen inzwischen auch nicht mehr der Hit, der sie mal war. Denn Hippokrates gilt gemeinsam mit seinem Schüler Polybos als Urheber der Vier-Säfte-Lehre. Das klingt ein bisschen nach Multivitaminsaft, gemeint ist aber die Humoralpathologie, die Lehre der Flüssigkeiten im Körper. Zunächst wurden den vier Elementen Feuer, Erde, Wasser und Luft die vier Eigenschaften heiß, kalt, trocken und feucht zugeordnet. Im *Corpus Hippocraticum* wurden diesen dann die vier Körpersäfte entsprochen: Blut, Schleim, gelbe Galle und Cyberpunk. Na gut, okay, der vierte Saft ist leider nicht Cyberpunk, sondern schwarze Galle.

Hippokratische Ärzte bevorzugten diätische Behandlungen vor Arzneien: »Der erste Koch war auch der erste Arzt«, heißt es da. Und es darf vermutet werden, dass es zumindest stimmt, dass man umso gesünder bleibt, je weniger altägyptisches Haarwuchsmittel man sich hinter die Gurgel kippt. Allerdings muss man hinzufügen, dass das griechische Wort *diaita* nicht nur Diät bedeutet, sondern allgemeiner auch Lebensweise. Dementsprechend war nach Hippokrates eine gute Lebensweise der Schlüssel zur Gesundheit. Beispiel aus dem *Corpus Hippocra-*

ticum gefällig? »In dieser Jahreszeit übe man auch den Beischlaf häufiger aus und zwar mehr die älteren als die jüngeren Leute«. So geht ganzheitliche Medizin: immer schön den Winter wegbumsen.

Es scheint, dass es Ganzheitlichkeit nicht nur in der traditionellen chinesischen Medizin gibt, bei der die Einbeziehung aller Lebensbereiche in die Gesundheit und Heilung von zentraler Bedeutung ist. Aber lassen Sie uns jetzt nicht zu Schlüssen springen und annehmen, es sei womöglich der Umstand, dass wir uns heutzutage hauptsächlich Burger fressend gegenseitig auf Facebook anschreien, der uns alle dumm und krank macht. Mens sana in corpore sano? Ein gesunder Geist in einem gesunden Körper? Das klingt einerseits ganzheitlich gedacht, zugleich aber auch superökospießig. Her mit Fritten und Cola, ihr Stock-Narren und Ertz-Matzen!

Dass man auch ganzheitlich ganz danebenliegen kann, bewiesen antike Ärzte, indem sie zur Heilung vieler psychischer Erkrankungen bei Frauen eine Heirat als Therapie vorschlugen. Man fragt sich, was sie zur Heilung bei offenliegender Frauenfeindlichkeit vorgeschlagen hätten. Bleiben wir aber lieber noch einen Moment bei der Vier-Säfte-Lehre. Denn nachdem Galenos diese im zweiten Jahrhundert nach Christus weiterentwickelt hatte, wurde sie bis weit ins 19. Jahrhundert hinein eine zentrale Säule der europäischen Medizin. Dieser römische Arzt und Anatom ordnete den vier Säften vier Temperamente zu: cholerisch, phlegmatisch, sanguinisch und melancholisch.

Galenos schätzte seinen Einfluss selbst so ein: »Ich habe für die Medizin so viel getan wie Trajan für das Römische Reich, als er Brücken baute und Straßen durch Italien baute. Ich und nur ich allein habe den wahren Weg der Medizin aufgetan. Zugegebenermaßen hat Hippokrates diesen Weg bereits gewiesen … er bereitete den Weg, aber ich habe ihn begehbar gemacht.« Es scheint, obwohl er selbst davon genug hatte, hat Galenos das fünfte Temperament übersehen: superprotzig. Die zugehörige Körperflüssigkeit ist übrigens Champagner.

Jedoch muss man eine Sache klar formulieren: So seltsam einem Galenos' Selbsteinschätzung vorkommen mag und so antiquiert die Säftelehre heute wirken mag: Sein methodisches Vorgehen stellte einen riesigen Fortschritt dar und prägte die Medizin über die unvorstellbar lange Zeit von mehr als eineinhalb Jahrtausenden. Zumindest in Westeuropa allerdings mit einer kleinen Unterbrechung namens Mittelalter, in der seine Schriften ein Schattendasein in den Bibliotheken einiger weniger Klöster und Domschulen fristeten.

Bevor wir jedoch darauf zu sprechen kommen, möchte ich noch den Arzt Alexandros von Tralleis erwähnen, der im 6. Jahrhundert lebte, also genau im Übergang von der Antike zum Mittelalter. Dieser hatte nämlich herausgefunden, dass Bilsenkraut nur wirksam ist, wenn man es zwischen linkem Daumen und Zeigefinger hält und der Mond im Zeichen der Fische oder des Wassermanns steht. Muss man wissen. Doch es war gewiss nicht Alexandros von Tralleis' Schuld, dass es die formelle Medizin im Mittelalter schwer hatte. Einen großen Teil der Schuld trägt hingegen die Vorherrschaft der Religion, auch wenn man dieser Behauptung entgegenhalten kann, dass ohne Mönche das medizinische Wissen der Antike im Westen ganz verloren gegangen wäre. Und Hospitäler, so rückwärtsgewandt ihre Methoden gewesen sein mögen, entstanden auch aus der Motivation christlicher Nächstenliebe.

Doch es gab eben auch Männer wie Bernhard von Clairvaux, der sagte, Ärzte aufzusuchen und Arzneien einzunehmen sei »wider die Religion und unlauter«. Ein gängiger Spottspruch des Mittelalters lautete: ubi tre physici, dui athei. Ja, man spottete in Latein, das war damals hip. Der Satz heißt übrigens übersetzt: »Unter drei Ärzten sind zwei Atheisten.« Die Haltung der Kirche war deutlich: Krankheiten und Seuchen sind Strafen des gerechten Gottes, und der Körper ist der Seele unterzuordnen. Daher hatte sich das Heilen kirchlichen Vorschriften unterzuordnen, wie etwa dem Laterankonzil von 1215, in dessen Folge Ärzte offiziell eine kirchliche Genehmigung zur Behandlung benötigten.

Im Hochmittelalter jedoch begann auch ein Umdenken in der Medizin, ganz vergleichbar mit Entwicklungen, die wir in anderen Feldern noch sehen werden. Einige Gelehrte, wie Alphanus, gingen auf Reisen nach Konstantinopel und brachten das dort erhaltene Wissen der griechischen Antike mit zurück in den Westen. Und wie dringend benötigt diese Wende war, kann man vielleicht am besten daran ablesen, wie Außenstehende den Stand der Medizin im Abendland wahrgenommen haben. So forderte ein westlicher Statthalter in Muneitra im Libanongebirge eines Tages beim dortigen Emir von Cheyzar einen Arzt für einen Notfall an. Der Emir kam der Bitte nach, jedoch war der Arzt schon nach wenigen Tagen wieder da. Darüber verwundert ließ sich der Emir schildern, was geschehen war. Der Arzt hatte einen Ritter mit einem Abszess am Bein behandelt, indem er ihm einen Salbenverband auflegte. Bald schon schwoll das entzündete Bein ab, und der Arzt war optimistisch. Zumindest bis ein westlicher Mediziner dazukam und behauptete, der arabische Arzt verstünde nichts vom Heilen. Vor den entsetzten Augen des arabischen Arztes ordnete der Franke eine Amputation des Beines durch einen anderen Ritter mit einer Axt an. Der Patient starb noch während der laienhaften Durchführung, und der völlig fassungslose arabische Arzt wurde wieder nach Hause geschickt.

Man kann es drehen und wenden, wie man will: Die Epoche, die wir als Mittelalter bezeichnen, war nicht überall auf der

Welt gleichmäßig finster. Aber in Europa war es in vielen Bereichen so zappenduster, dass man die eigene Barbarei vor lauter Idiotie nicht sehen konnte. Wobei natürlich nicht alles barbarisch anmutet, manches ist aus heutiger Sicht einfach nur skurril. Im Mittelalter glaubte man zum Beispiel, dass man die Pest mit Hühnern behandeln könne. Dazu wurden die Hinterfedern der Hühner gerupft und das Huhn sitzend auf dem Kopf getragen. So sollte das Gift aus dem Körper gezogen werden. Eventuell gab es einfach auch sonst sehr wenig zu lachen zur Zeit des Schwarzen Todes.

Woher kam diese Methode, die tatsächlich einige Jahrhunderte populär war? Nun, ihr Ursprung könnte bei Avicenna liegen, einem persischen Gelehrten und Arzt, der auch die westliche Medizin nachhaltig beeinflusste. Nur, falls Sie gerade geglaubt haben, ich wollte hier den Eindruck erzeugen, im Westen seien alle dumm gewesen und im Orient hätten alle vor lauter Erleuchtung einen Schwarm Motten als Stalker gehabt. Nein, Avicenna mag ein Universalgenie gewesen sein, aber die Sache mit dem nackten Hühnerhintern auf dem Kopf, die war wirklich albern.

Aber nicht, dass Sie jetzt glauben, damit sei irgendein Tiefpunkt erreicht gewesen und von hieran ginge es bergauf. Selbst mit dem Ende des Mittelalters wurde es kein bisschen besser. Eher im Gegenteil. Ein Beispiel gefällig? Der britische König Charles II. fühlte sich am Morgen des 2. Februar 1685 nicht wohl und war auch etwas blass um die Nase. Gemäß dem medizinischen Standard ließ man erst mal 450 Milliliter seines Bluts ab. Als das nicht direkt half, verschrieben ihm die besten Ärzte des Landes im Laufe der nächsten vier Tage sechzig weitere Behandlungen, unter anderem Steine aus einem Ziegenmagen und Schnaps aus einem Menschenschädel. Man rasierte seinen Schädel und legte heiße Eisen auf, um schlechte Energie aus seinem Gehirn zu ziehen. Andere Teile seines Körpers verbrannte man mit heißen Bechern. Man verabreichte ihm Brechmittel. Und natürlich mehrere weitere Aderlässe. Nach vier Tagen starb der König, und die Ärzte waren überrascht, dass ihre besten Methoden kein besseres Ergebnis hervorgebracht hatten. Ich möchte an dieser Stelle noch einmal hervorheben, dass der ursprüngliche Grund für diese Behandlung ein morgendliches Unwohlsein war. Vielleicht war König Charles ja einfach schwanger. Wir werden es nicht mehr herausfinden können.

Wenn Ihnen das schon zu eklig war, dann überspringen Sie einfach den folgenden Absatz. Ehrlich, vertrauen Sie mir. Sie werden von einigen wirklich unschönen Details verschont. Allerdings verpassen Sie dann auch einen wirklich unglaublichen Vorgang, der zwei der bekanntesten Komponisten der klassischen Musik verbindet.

John Taylor galt als der Starchirug seiner Zeit. Am 30. März 1750 behandelte er Johann Sebastian Bach wegen dessen Kurzsichtigkeit. Dazu – und jetzt wird's etwas eklig – macht er einen Einschnitt in dessen Augen und injizierte eine Mischung aus Taubenblut, Salz und Blei. Nach einigen Tagen wurde der Eingriff wiederholt. Bach verlor in der Folge sein Augenlicht und litt an extremen Schmerzen, vier Monate später starb er. Das hielt Taylor nicht davon ab, acht Jahre später auch Georg Friedrich Händel mit derselben Methode zu behandeln und blind zu machen. Ja, Sie haben richtig gelesen, derselbe Arzt hat mit derselben Methode erst Bach und dann Händel blind gemacht.

Doch natürlich gab es in der Medizingeschichte nicht nur Idioten, das muss klar gesagt werden. Im Gegenteil, es ist unglaublich, welch große Geister die Medizin zu ihren heutigen Möglichkeiten gebracht haben. Und man kann nur mutmaßen, dass wir noch viel weiter wären, wenn sie dabei nicht von Narren umgeben gewesen wären. Nehmen wir Ignaz Semmelweis. Er war Mitte des 19. Jahrhunderts Arzt in Wien, und ihm fiel im Krankenhaus ein deutlicher Unterschied zwischen zwei Gebärstationen auf: In der einen kam es zu deutlich weniger Todesfällen und Komplikationen bei und nach Geburten. Er bemerkte, dass in der anderen Station die Ärzte oft mit ungewaschenen Händen zu Werke gingen. Also stellte er die Theorie auf, dass es vielleicht gut wäre, wenn Ärzte sich vor der Arbeit gründlich die Hände reinigen würden. Klingt einleuchtend, oder?

Semmelweis wurde jedoch für diese Idee nicht nur ausgelacht, sondern sein Hang zur Reinlichkeit führte schließlich dazu, dass er entlassen und kurz darauf, am 30. Juli 1865, unter Vorwänden in eine Irrenanstalt gelockt und dort eingesperrt wurde. Er starb zwei Wochen später. Heute wissen wir, welch wichtigen Beitrag seine Erkenntnisse darstellten und können nur mutmaßen, wie viele Leben hätten gerettet werden können, wenn man direkt auf ihn gehört hätte. Und wir reden hier nicht über das Mittelalter, das ist gerade mal 150 Jahre her. Aber gut, da ist auch wieder Captain Hindsight im Spiel, diesmal begleitet von dem Umstand, dass es uns heute regelrecht bizarr erscheint, dass sich nicht mal die Ärzte vor der Arbeit die Hände gewaschen haben. Gott behüte, was in den damaligen Fast-Food-Restaurants los gewesen sein muss.

Noch etwas später, im Jahr 1897, reichte ein junger Mediziner namens Ernest Duchesne eine Doktorarbeit ein, die auf einer Beobachtung aus einem Pferdestall beruhte. Genauer gesagt hatte Duchesne erstaunt festgestellt, dass einige arabische Stallknechte die Sattel der Pferde in einem dunklen feuchten Raum aufbewahrten, damit sich an ihnen Schimmelpilz bilden konnte. Duchesne fragte natürlich nach, warum sie das täten, und die Stallknechte erklärten ihm, dass damit die wund gescheuerten Rücken der Pferde schneller heilten.

Was die Stallknechte durch Zufall entdeckt hatten, prüfte Duchesne im Labor an erkrankten Meerschweinchen. Nach Verabreichung einer Lösung aus den Schimmelpilzen wurden sie alle gesund: Duchesne hatte das Antibiotikum entdeckt. Er fasste seine Forschungsergebnisse zusammen und reichte sie beim Institut Pasteur in Paris als Doktorarbeit ein. Was ist denn daran dumm, fragen Sie? Nun, so weit nichts. Außer, dass das Institut die Doktorarbeit ablehnte, denn Duchesne war erst 23 Jahre alt und bis dahin ein völlig Unbekannter. Seinem Drängen auf weitere Forschung in dieser Richtung kam man ebenso wenig nach, und ihn selbst hielt in der Folge der Militärdienst von dieser Betätigung ab. Es brauchte gut dreißig Jahre und eine weitere eher zufällige Beobachtung, um der Menschheit die Vorzüge des Antibiotikums zuteilwerden zu lassen. Und damit endlich ein wirksameres Mittel gegen die Pest als ein nackter Hühnerhintern. Es war Alexander Fleming, dem bei seiner Forschung 1928 im Labor aus Versehen Schimmelpilze in eine Probe von Bakterien geraten waren. Er forschte weiter, entwickelte das Penicillin und hat damit unzähligen Menschen das Leben gerettet. Man darf nur nicht drüber nachdenken, wie viele Menschen zwischen 1897 und 1928 an bakteriellen Infektionen gestorben sind, die nicht hätten sterben müssen, wenn man damals der Jugend etwas mehr zugetraut hätte.

Eine Randnotiz sei noch hinzugefügt: Womöglich gab es schon vor tausend Jahren Medizin mit antibiotischer Wirkung. Im Jahr 2015 haben Historiker*innen und Mikrobiolog*innen gemeinsam einen Artikel veröffentlicht, der weltweit Schlagzeilen machte: *A 1000 Year Old Antimicrobial Remedy with Anti-Staphylococcal Activity*. In einer alten Handschrift hatten sie ein Rezept für eine Salbe entdeckt, das unter anderem auf Zwiebeln und Knoblauch basierte. Als sie die beschriebene

Salbe herstellten, hatte diese zumindest im Labor sogar Wirkung gegen multiresistente Bakterien. Vielleicht haben wir nicht nur die Jugend von damals unterschätzt, sondern auch das Mittelalter.

Es ist zu bezweifeln, dass das mittelalterliche Wundermittel aus Zwiebeln und Knoblauch besonders gut roch. Vermutlich wäre Wilhelm Fliess kein großer Fan davon gewesen, denn bei ihm stand die Nase gewissermaßen im Mittelpunkt – nicht nur des Gesichts. Er wurde jedoch nicht ganz so berühmt wie ein Freund von ihm. Sigmund Freud und Wilhelm Fliess standen nämlich um die Wende vom 19. zum 20. Jahrhundert in regem Austausch, denn Fliess war einer der wenigen, der schon früh offen war für Freuds revolutionäre Ideen. Allerdings entzweiten sich die beiden schon bald über die Frage, ob die Entwicklung von Neurosen psychologische oder physische Ursachen habe. Fliess vertrat den überraschenden Ansatz, dass es eine direkte Verbindung zwischen Nase und Genitalbereich gäbe. Unter anderem nahm er an, dass Coitus interruptus und Selbstbefriedigung in der Nase einen charakteristischen Fernschmerz verursachten. So erklärt sich vermutlich auch, dass Fliess annahm, man könne sexuelle Dysfunktion bei Frauen behandeln, indem man Kokain in ihren Nasen anwendet. Eine Aussage, die man wohl eher einem zwielichtigen Zuhälter zutraut als einem Psychologen. Wobei man fairerweise sagen muss, dass es damals nicht unüblich war, mit Kokain zu experimentieren. Auch Sigmund Freud wagte recht häufig den Selbstversuch und entdeckte unter anderem seine Verwendungsmöglichkeit zur lokalen Betäubung. Der Versuch, einen anderen Freund, den Physiologen Ernst Fleischl von Marxow, mithilfe von Kokain von seiner Morphiumsucht zu befreien, war hingegen weniger von Erfolg gekrönt. Von Marxow wurde rückfällig und war, aus heutiger Sicht wenig überraschend, von da an auch noch kokainsüchtig.

Dieser Fall ist nur eines der vielen Beispiele für medizinische Versuche, die man mit dem Wissen der Gegenwart betrachtet und denkt: Das hätte man doch damals auch wissen können. Aber das ist eben nicht der Fall, das ist nur wieder Captain Hindsight. Was uns heute als selbstverständlich gilt, mussten Wissenschaftler*innen über Jahrtausende herausfinden. Das gilt natürlich auch und insbesondere im Gesundheitsbereich. Mit dem fortschreitenden medizinischen Wissen der Menschheit gibt es stets neue Möglichkeiten, die Grenzen des Machbaren neu auszuloten. Die Wissenschaft läuft auf Hochtouren, und es werden neue Mittel und Therapien entwickelt. Da ist es durchaus okay und gewünscht, wenn sich manche Hypothesen als falsch herausstellen.

Doch es gibt bei aller Freude an der Experimentierlust und am Scheitern auch in der Medizingeschichte Dinge, bei denen klar ist: Das hätte nicht sein müssen. So versuchte zum Beispiel 1927 der sowjetische Wissenschaftler Ilya Iwanowitsch Iwanow ernsthaft eine neue Kreatur durch Kreuzung von Menschen und Schimpansen zu erzeugen. Das ist nicht nur aus heutiger Sicht gruselig, sondern war auch schon damals keine gute Idee. Vielleicht denken Sie jetzt: Moment mal, sind wir nicht 2020 wieder genau an der Stelle, genetisch ein Mittelding zwischen Mensch und Tier zu schaffen, genauer gesagt eine Chimäre aus Mensch und Schwein. Und ja, Sie haben natürlich recht, und auf den ersten Blick klingt das ebenso gruselig wie die Ideen von Iwanow. Allerdings steckt eine andere Idee dahinter als Iwanows Wunsch, Darwins Theorien der nahen Verwandtschaft zwischen Schimpansen und Menschen auf eine sehr befremdliche Weise zu beweisen. Heute geht es den Wissenschaftler*innen darum, Schweine genetisch so zu manipulieren, dass ihnen menschliche Organe wachsen. Diese könne man dann zur Organtransplantation nutzen, so der Gedanke. Über die Frage, ob das ethisch vertretbar ist, kann man sicherlich ein eigenes Buch schreiben und stundenlang mehr oder weniger entspannt diskutieren. Besonders entspannt, wenn man gerade nicht auf eine Spenderleber wartet.

Die Gentechnik ist ein überaus spannendes Feld und verspricht neben quasi unendlichem Diskussionsstoff für Ethikseminare in naher Zukunft die ein oder andere medizinische Revolution. Insbesondere seit der Entwicklung von CRISPR/Cas9, einer neuen Technik zur Manipulation von Genen, die eine massive Vereinfachung darstellt. CRISPR/Cas9 wird auch die Gen-Schere genannt, denn man kann mit dieser Technik quasi einzelne Abschnitte aus Gensequenzen ausschneiden und andere einsetzen, was weitaus präziser und einfacher ist als die vorher angewendeten Methoden wie etwa der Einsatz von Chemikalien und/oder Bestrahlung. Dadurch hat sich in den letzten Jahren die Entwicklung exponentiell beschleunigt und die Fantasien und Hoffnungen der Wissenschaftler*innen beflügelt. So gibt es nicht wenige, die davon ausgehen, dass wir in naher Zukunft in der Lage sein werden, Krebs zu heilen und damit eine der häufigsten Todesursachen zu besiegen.

Doch auch die Gentechnik begann mit einigen Startschwierigkeiten. Am 11. Dezember 1951 wies der Direktor des Cavendish Labors der Universität Cambridge nach einer gescheiterten Demonstration ihrer Ergebnisse zwei seiner Mitarbeiter an, ihre Forschungen mit sofortiger Wirkung einzustellen. Dabei waren Francis Crick und James Watson den Geheimnissen der DNA auf der Spur, und Watson hielt später fest, dass der Direktor ganz offensichtlich nicht einmal wusste, wofür das Kürzel DNA stand. Als sie einige Jahre später die Arbeit wiederaufnahmen, kamen sie der Struktur der DNA auf die Spur, der wohl wichtigsten biologischen Erkenntnis des 20. Jahrhunderts. Apropos DNA: Wussten Sie eigentlich, dass Menschen rund 50 Prozent ihres Erbguts mit Bananen teilen? Ich finde, dass erklärt einiges. Auch, wenn ich neuerdings ein komisches Gefühl dabei habe, in eine Banane zu beißen.

Die genetische Verwandtschaft zur Banane gilt auch für die klügsten Menschen. Und dass Klugheit nicht vor Dummheiten schützt, haben wir ja bereits gelernt. Anders kann man es kaum erklären, was 1977 einer Frau namens Tina Christopherson passierte. Bei ihr war ein IQ von 189 gemessen worden, einer der höchsten dokumentierten Werte. Doch Christopherson war von der ständigen Angst begleitet, sie könnte an Magenkrebs sterben wie zuvor ihre Mutter. Das ist natürlich eine nachvollziehbare Sorge, zumal solche Ängste sich nicht immer rational wegargumentieren lassen. Auch nicht mit einem himmelhohen IQ. Stattdessen versuchte Christopherson einen anderen Weg der Prävention: Sie trank sehr viel Wasser. Sehr, sehr viel Wasser, um genau zu sein. Es wird berichtet, dass sie teilweise bis zu fünfzehn Liter pro Tag getrunken haben soll. Nun soll man ja durchaus viel trinken, aber es ist mit Wasser wie mit allem anderen: Die Dosis macht das Gift. Und fünfzehn Liter sind definitiv zu viel. Sie führten zu einem Nierenversagen, an dem Christopherson starb. Nun konnte man schon 1977 wissen, dass das bei der Aufnahme von derartig viel Wasser passieren würde. Und in Anbetracht eines IQs von 189 hätte Christopherson das vielleicht sogar selbst klar sein müssen. Aber wenn eben eine starke Gegenmotivation wie Todesangst vorhanden ist, dann hat auch der beste Verstand das Nachsehen.

Apropos dummer Tod eines Genies: 1983 starb der berühmte Autor Tennessee Williams, als er sich nach hinten lehnte, um Nasentropfen zu nutzen und ihm dabei der Deckel des Nasensprays in den Hals fiel. Das war eher ein tragisches Missgeschick, aber trotzdem ein wirklich dummer Tod. Dabei war es eben ausgerechnet Tennessee Williams, der einen der meistzitierten

Sätze zum Thema Dummheit geprägt hat: »Jede Dummheit findet einen, der sie macht.« Uff.

Statt Plastikdeckeln sollte man definitiv lieber Gemüse zu sich nehmen, wenn man gesund leben will. Wie sagte schon der weise Gelehrte Helge Schneider? »Tu mal lieber die Möhrchen!« Darauf achtet teils sogar die Regierung, wenn es etwa um das Menü in Schulkantinen geht. Mal mit mehr, mal mit weniger guten Ideen. Unter Ronald Reagan wollte die US-Regierung beispielsweise durchsetzen, dass Ketchup im Schulessen als Gemüsebeilage gilt. Gemüse ist gesund und wichtig, aber so hätte sich viel Geld sparen lassen. Allerdings wurde nach einer großen öffentlichen Debatte Abstand von diesem Plan genommen. So können die Schüler*innen in den USA heute leider nicht sagen: Ketchup ist mein Gemüse.

Apropos Ernährung, eine kleine Anekdote am Rande: Einem belgischen Fernfahrer wurde von seinem Arzt gesagt, er ernähre sich unausgewogen und bräuchte mehr Eisen. Dass der Mann umgehend in einen Haushaltswarenladen ging und sich eine Packung Nägel kaufte und schluckte, kann man ihm da kaum vorwerfen, oder? Mit seinen inneren Verletzungen kam er sofort ins Krankenhaus. Beim nächsten Mal wird der Mann nicht noch mal was Spitzes essen, sondern lieber Löffel oder eine Pfanne. Wenn Sie einen Löffel essen wollen, sagen Sie aber bitte Uri Geller nichts davon, er liebt die Dinger.

Deshalb lieber noch mal kurz zurück zu Ronald Reagan: Berüchtigt ist auch seine Aussage, Bäume würden mehr zur Umweltverschmutzung beitragen als Autos. Das klingt erst mal, als hätte ihn die Unfähigkeit zur Lüge nicht davon abgehalten, Unsinn zu erzählen. Und richtig, bis heute werden Witze über dieses Zitat gemacht. Allerdings, und das mag Sie jetzt erschrecken, hatte Reagan gar nicht wirklich unrecht: Bäume erzeugen zum Beispiel Ozon. Klar, das ist in Bodennähe nicht übermäßig schädlich, aber es ist da. Und sicher, Bäume filtern CO_2, festigen durch ihre Wurzeln den Boden und sehen fesch aus. Aber trotzdem: Reagans Aussage ist nicht komplett aus der Luft gegriffen. Dabei hätte allen klar sein müssen, dass Ronald Reagan die Wahrheit gesagt hatte, denn, wie er einst öffentlich bekannte: »Ich bin nicht klug genug, um zu lügen.«

Auf Dauer noch ungesünder, als sich einen Sack Nägel in den Hals zu kippen, ist Kettenrauchen. Also nicht Ketten rauchen, Kettenrauchen. Das ganze Metall-Thema war da vielleicht etwas missverständlich. Vergessen Sie das mit der Kette: Rauchen ist auch so ungesund, das weiß man spätestens, seitdem mindestens drei der Darsteller des berühmten Marlboro-Manns an den Folgen des Rauchens gestorben sind. Am 28. November 2000 veröffentlichte das Tabakunternehmen Philip Morris jedoch eine Studie, die es in Tschechien hatte durchführen lassen. Darin wurde beschrieben, dass Rauchen eine positive Auswirkung auf die Wirtschaft des Landes hat. Wenn man die Kosten zur Behandlung von rauchbedingten Krankheiten und den Steuerausfall durch früh verstorbene Raucher*innen gegen das Geld, das der Staat an Renten und Altenpflege spare, aufrechne, käme man auf eine Ersparnis von 147 Millionen Dollar, so die Studie. Da Philip Morris etwa 80 Prozent des in Tschechien gerauchten Tabaks herstellte, war man offensichtlich recht stolz auf diese Zahlen und publizierte sie flächendeckend. Es klang fast, als könnte man seinen Staat aus der Krise rauchen.

Im Nachhinein versuchte der Firmensprecher Robert Kaplan zu beschwichtigen, es habe sich ja nur um »eine Wirtschaftsstudie, nicht mehr und nicht weniger« gehandelt. Vor allem wolle man nicht den Eindruck erwecken, die Gesellschaft könne einen Nutzen aus den Leiden ziehen, die das Rauchen verursache, erklärte er weiter. Wie stellte er sich das vor? »Hört mal, ihr spart eine Menge Geld, aber wir sagen euch das nicht, damit ihr denkt, das wäre zu eurem Vorteil!« Oder meinte er eher, dass es nicht die Gesellschaft sei, die in erster Linie am Leiden der Raucher*innen profitiere, sondern der Tabakkonzern Philip Morris. Andererseits muss dieser ja auch gefühlt alle halbe Stunde einen neuen Marlboro-Mann anheuern, das geht bestimmt auch ins Geld. Oder, wie die Schauspielerin Brooke Shields es mal auf den Punkt brachte: »Rauchen bringt dich um. Bist du tot, dann hast du einen sehr wichtigen Teil deines Lebens verloren.« Danke für den Hinweis, Brooke.

Eine weitere Dummheit bringen die Autoren Christian Schiffer und Christian Alt in ihrem Buch mit dem reizenden Titel *Angela Merkel ist Hitlers Tochter – im Land der Verschwörungstheorien* elegant auf den Punkt. Oft werde man in Facebook-Gruppen mit dem Hinweis konfrontiert, die eigene Mutter habe als Kind Masern gehabt und auch überlebt: »Das Problem ist nur: Wenn die eigene Mutter als Kind an den Masern gestorben ist, gibt es keine Nachkommen, die das dann auf Facebook posten können«, so Schiffer und Alt weiter.

Nicht nur, aber auch und insbesondere im Gesundheitsbereich wird offenbar gerne mit Beispielen aus dem persönlichen Umfeld argumentiert. Vermutlich kennt jede und jeder die Geschichte eines Kettenrauchers, der beinah hundert Jahre alt geworden wäre. Wenn er nicht mit 35 Jahren an Lungenkrebs gestorben wäre. Natürlich funktioniert das in beide Richtungen, und es ist nur sehr schwer möglich, auf dieser persönlichen Ebene etwas Argumentatives vorzubringen, ohne eben persönlich zu werden. Oder persönlich genommen zu werden. Also lassen wir mal eben unsere Mütter aus dem Spiel und auch den Cousin dritten Grades, der durch Handauflegen von seiner Oligophrenie geheilt wurde. Betrachten wir mal einen Moment ein paar Fakten.

Nach den Plänen der Weltgesundheitsorganisation WHO sollten die Masern bis 2020 ausgerottet sein. Die Zahl der Infektionen nimmt jedoch seit einigen Jahren wieder deutlich zu, im Jahr 2018 um mehr als 30 Prozent. Und um den Ernst der Lage zu unterstreichen, der hinter dieser »Kinderkrankheit« steckt: Im Jahr 2017 allein gab es weltweit 110 000 Tote durch Masern. Dabei war man bis vor Kurzem auf einem guten Weg: Nach Schätzungen der WHO sind allein zwischen 2000 und 2017 21,1 Millionen Tote durch flächendeckende Masern-Impfungen verhindert worden, die Infektionsrate sank tatsächlich um 80 Prozent. Was ist also passiert?

Nun, in allererster Linie veröffentlichte 1998 der Brite Andrew Wakefield in der Zeitschrift *The Lancet* einen Artikel, in dem er einen Zusammenhang zwischen der MMR-Impfung und Autismus herstellt. In der Folge sank der Impfspiegel in Großbritannien massiv. Nun muss man wissen, dass Wakefield nur zwölf Kinder untersucht hatte. Erste Untersuchungen kleiner Gruppen sind in der Wissenschaft nicht unüblich, erfordern aber, bevor sie wirklich aussagekräftig sind, die Überprüfung ihrer Ergebnisse in größeren Studien. Eine Reproduktion von Wakefields Ergebnissen ist allerdings in der Folge nicht gelungen, im Gegenteil. Studien an Zigtausenden von Kindern haben keinen Zusammenhang herstellen können, ob in Kanada, Dänemark, Japan oder anderswo. Was man jedoch herausfand, war, dass Wakefield im Vorfeld der Studie Gelder von einer Gruppe Anwälte erhalten hatte, die einige der zwölf Kinder und deren Familien vertraten und eine Klage gegen den Hersteller des Impfstoffs vorbereiteten und dafür Belege benötigten, die die Studie liefern sollte. Als das ans Licht kam, wurde die Studie komplett zurückgezogen und Wakefield 2010 die Zulassung als Arzt entzogen. Er hat seine Fehler eingesehen und lebt nun zurückgezogen in einer Hütte in den schottischen Highlands, wo er Schafe züchtet.

Ich mach nur Spaß, natürlich hat sich Wakefield nicht zurückgezogen, im Gegenteil: Er ist inzwischen eine Art Galionsfigur der Bewegung der sogenannten Impfgegner, oder, noch euphemistischer: Impfskeptiker. Zu denen gehört seit einiger Zeit auch US-Präsident Donald Trump. Wie mächtig die Bewegung nach wie vor und trotz aller Gegenbeweise ist, sieht man daran, dass Masern nach wie vor und in wachsendem Maße ein Problem sind. Ich sag das noch mal ganz langsam: Eine Studie, deren Macher bestochen wurden und deren Ergebnisse widerlegt sind, ist bis heute so einflussreich, dass sie verhindert, dass die Masern ausgerottet werden. Stattdessen sterben weiterhin zigtausend Kinder pro Jahr, darunter nicht wenige, die noch zu jung für eine Impfung waren. Allein auf der Südseeinsel Samoa, auf der lediglich 200 000 Menschen leben, starben im Herbst 2019 bei einem Masernausbruch 42 Menschen, fast alles kleine Kinder. Was für eine Katastrophe. Gerade, weil sie so vermeidbar wäre.

Insbesondere in sozialen Netzwerken wie Facebook wird jedoch weiterhin ungebremst gegen Impfungen Stimmung gemacht; Gegenredner*innen werden niedergemacht und übel beschimpft. Obwohl das übrigens nicht so sein müsste, wie das soziale Netzwerk Pinterest vorgemacht hat. Nachdem die Plattform kritisiert wurde, weil sich dort viele Impfgegner*innen tummelten, verbot sie kurzerhand die Verbreitung solcher Inhalte. Und bevor Sie jetzt »Zensur« schreien, bedenken Sie bitte, dass die WHO die Impfgegner selbst inzwischen als weltweites Gesundheitsrisiko eingestuft hat, gemeinsam mit Dingen wie Ebola, Antibiotikaresistenzen und Luftverschmutzung. Nicht die Masern oder die Impfungen, sondern die Impfgegner*innen!

Und ja, ich weiß und alle anderen wissen auch, dass Impfungen Nebenwirkungen haben können. Aber erstens sind diese sehr überschaubar, zweitens bestehen diese ganz sicher nicht in Autismus, und drittens würden zumindest Masernimpfungen bald nicht mehr nötig sein, ebenso wenig wie Impfungen gegen

Pocken: Die Menschheit könnte diese gefährliche Krankheit nämlich vergleichsweise einfach komplett besiegen. Es gäbe sie dann nicht mehr, damit wären ironischerweise auch Impfungen überflüssig. Wenn wir uns halt nur nicht so unglaublich dumm anstellen würden. Mal am Rande gefragt, selbst wenn Wakefields hanebüchene These wahr wäre: Was ist eigentlich so schlimm an Autismus, dass man lieber zigtausend Kinder sterben lässt?

Aber es gibt ganz aktuell Anlass zur Hoffnung, auch oder gerade weil die Zahlen sich weiter verschlechtern. In der ersten Hälfte 2019 sind die Masernfälle noch mal rapide angestiegen, laut WHO gab es in Europa im Vergleich zum Vorjahreszeitraum eine Verdopplung der Infektionen. Das Gesundheitsministerium plant nun, während ich diese Zeilen hier schreibe, im März 2020, also genau dann, wenn dieses Buch erscheint, die Masernimpfpflicht einzuführen. Wer weiß, vielleicht ist dieser Abschnitt also schon reif für den Papierkorb der Medizingeschichte, wenn Sie das lesen. Es wäre zu hoffen.

Wo ich mich gerade schon in Rage geredet habe: Soll ich vielleicht noch einen Absatz über Homöopathie hinterhersetzen? Unglaublich stark verdünnte Mittel, die allen Ernstes durch eine bestimmte, abgezählte und per Hand durchgeführte Schütteltechnik ihre Wirksamkeit erhalten sollen, jedoch (Überraschung!) laut Dutzenden wissenschaftlichen Studien nachweislich keine über den Placeboeffekt hinausweisende Heilwirkung haben?

Wie bitte, ich soll nicht alle Naturheilmethoden verdammen, weil Ihr Cousin dritten Grades mal durch Handauflegen von seiner Oligophrenie geheilt wurde? Was hat denn das … ne, Moment, Moment! Wissen Sie was? Vielleicht sollten Sie das Buch einfach nicht weiterlesen. Schneiden Sie alternativ eine stecknadelkopfgroße Ecke dieser Seite aus und lösen Sie diese in warmem Wasser. Die entstandene Lösung verdünnen Sie um 100 000 000 Grad, dann schütteln Sie das Ganze genau zwölfmal und pressen die erzeugte Lösung mit etwas Zucker zu einem winzigen Kügelchen. Schließlich werfen Sie dieses Kügelchen beim nächsten Vollmond in das nächstgelegene Fließgewässer und denken dabei ganz fest daran, dass Ihre Behandlungsmethoden von den Menschen der Zukunft weitaus lächerlicher gefunden werden als die altägyptischen Mittel gegen Haarausfall oder ein nacktes Huhn als Hut gegen die Pest.

Statt endlos verdünntem Wasser sollten wir vielleicht lieber mit dem Kopf schütteln – aber nicht zu sehr, damit das Huhn nicht herunterfällt! Ich freu mich schon auf die heiteren Zuschriften von Homöopathie-Fans, die schon in der Vergangenheit durch Shitstorms gegen Kritiker*innen gezeigt haben, wie gut sie vernetzt sind. Aber wissen Sie, was noch besser vernetzt ist? Die Nervenzellen im Gehirn im Kopf, den ich gerade schüttele. Obwohl es über einhundert Milliarden Zellen sind, ist jede einzelne mit jeder anderen über maximal vier Ecken verbunden. Nicht zuletzt deshalb ist unser Gehirn der komplexeste Gegenstand, den die Menschheit kennt. Nun ist unser Gehirn aber natürlich auch die Instanz in uns, die Dinge kennt, und vielleicht kann es einfach nichts Komplexeres als sich selbst erkennen. Oder was meinen Sie? Kann unser Gehirn einen Gedanken denken, der so komplex ist, dass er unser Gehirn übertrifft? Denken Sie mal darüber nach, am besten am Gehirn vorbei.

Was die Medizin sicher weiß, ist, dass bestimmte Areale im Gehirn für bestimmte Denkleistungen verantwortlich sind. Das ist schon recht früh aufgefallen, weil bei manchen Unfällen bestimmte Teile des Gehirns verletzt wurden und die überlebenden Patient*innen daraufhin bestimmte Dinge nicht mehr konnten. Und das trotz aller Vernetzung und der Tatsache, dass manche Bereiche des Gehirns unter bestimmten Umständen in der Lage sind, die Aufgaben anderer Bereiche zu übernehmen. Vielleicht haben Sie schon mal vom Broca- und Wernicke-Areal gehört. Dies sind die beiden Sprachzentren im Gehirn. Es gibt auch ein Areal im Hirn, das für die Gesichtserkennung zuständig ist, es trägt den Namen Gyrus Fusiformis. Das bei mir sehr ausgeprägte Areal, welches dumme Wortspiele liebt, heißt hingegen Fußförmiges Gyros. Es gibt allerdings auch eine sehr verbreitete Fähigkeit, für die es kein eigenes Areal im Gehirn gibt. Und das Verrückte ist, dass ich weiß, dass Sie das können, auch wenn wir uns noch nie getroffen haben. Mehr noch, ich weiß, dass Sie es jetzt gerade machen. Bevor Sie jetzt aus einem Missverständnis und aus Trotz heraus aufhören zu atmen: Das meine ich nicht. Ich rede vom Lesen.

Tatsächlich ist Schrift ja eine vergleichsweise neue Erfindung, und wenn wir lesen, passiert im Prinzip eine komische Mischung aus optischer Wahrnehmung und Sprache. Um diese Fähigkeit zu erwerben, beanspruchen wir einen Teil unseres Gehirns, der eigentlich dafür nicht vorgesehen war, insbesondere das Brodmann Areal 17. Es gibt Neurologen, wie etwa Ernst Pöppel, die meinen, dass man deshalb sagen könnte, dass Lesen uns Teile unserer Denkfähigkeit raubt und uns auf diese Art quasi ein bisschen dümmer macht. Ich halte hingegen für möglich, dass diese allzu steile These aufgestellt wurde, damit mehr Leute Herrn Pöppels Bücher lesen. Was ja einer gewissen Ironie nicht entbehrte.

Weniger heiter ist eine »Therapie«, die ein Arzt namens António Caetano de Abreu Freire Egas Moniz entwickelt hat, nachdem er erfuhr, dass Gedanken und Emotionen klar im Gehirn zu verorten sind. Das brachte ihn nämlich auf die Idee, dass man Menschen durch die absichtliche Zerstörung eines Teils des Gehirns, der auf unerwünschte Weise funktionierte, kurieren könnte. Diese Methode nennt sich Lobotomie, und sie wurde insbesondere durch den Amerikaner Walter Freeman verbreitet, der sie »verbesserte«, sodass sie ein Laie, mit lokaler Betäubung und ohne Narben am Schädel zu hinterlassen, durchführen kann. Überspringen Sie den nächsten Absatz, wenn Sie einen empfindlichen Magen haben.

Freemans Methode war es, mit einem schmalen, sehr spitzen Gegenstand durch das Auge des Patienten nach oben zu stechen, durch den dünnen Knochen an der Augenhöhle in den Schädel einzudringen und nach Gefühl weiter zu bohren, bis man eben dachte, an der richtigen Stelle zu sein. Dann zerstörte man durch ruckartige Bewegungen Teile des frontalen Kortex. Zurück blieb meist nur ein blauer Fleck – und ein apathischer Patient oder eine apathische Patientin. Diese konnten in der Regel nicht mehr wirklich viel, aber stellten damit eben auch kein Problem mehr für sich und ihre Umwelt dar. Wenn Sie meinen, das sei aber eine ziemlich grobe Methode, dann seien Sie getrost, dass das selbst Walter Freeman höchstpersönlich auch so gesehen hat: »Die Psychochirurgie erlangt ihre Erfolge dadurch, dass sie die Fantasie zerschmettert, Gefühle abstumpft, abstraktes Denken vernichtet und ein roboterähnliches, kontrollierbares Individuum schafft.« Was man so alles als Erfolg bezeichnen kann, ist schon manchmal erstaunlich. Wobei man fairerweise sagen muss, dass Moniz für seine Erfindung tatsächlich den Nobelpreis in Medizin erhielt. Eine Weile lang gab es einen regelrechten Hype um die Lobotomie, nicht zuletzt, weil Walter Freeman sie gekonnt vermarktete.

Der vielleicht dümmste Auswuchs dieser »Mode« war es, als 1967 drei Wissenschaftler in einem Leserbrief an das *Journal of the American Medical Association* schrieben, die Ursachen der damaligen Unruhen in Detroit lägen in einer »fokalen Hirnstörung«, die man operativ entfernen sollte, wenn man weitere Unruhen verhindern wollte. Gemeint waren übrigens

Proteste der Bürgerrechtsbewegung. Was die Autoren also scheinbar sagen wollten: Nicht-weiße Menschen sind eigentlich okay, aber wenn sie Krawall machen, zerstört ihre Gehirne und macht sie zu roboterähnlichen, kontrollierbaren Individuen.

Mir persönlich hilft der Gedanke nur eingeschränkt weiter, dass Lobotomie inzwischen glücklicherweise verboten ist, meinen Glauben an die Menschheit wiederzufinden. Vor allem habe ich nach diesem Kapitel irgendwie so gar keine Lust mehr, krank zu werden. Denn Gründe, nicht krank werden zu wollen, gibt es aktuell immer noch genug. Heutzutage sind die Zeitungen gut gefüllt mit Skandalen rund um angebliche Behandlungsfehler, Unfälle in Krankenhäusern oder andere Fehlleistungen von Ärzt*innen. Oft kommt es dann zu aufsehenerregenden Prozessen, denn die Mediziner*innen lassen sich scheinbar ungern Vorwürfe gefallen. Nicht zuletzt deswegen kursiert das Klischee der Halbgötter in Weiß. Nun ist es sicher so, dass Patient*innen nicht immer im Recht sind, wenn sie sich über Ärzt*innen beklagen. Und nicht alle Fehler, die tatsächlich passieren, haben dramatische Konsequenzen. Doch es ist auch klar, dass es nicht vermeidbar ist, dass manchmal gravierende Fehler vorkommen. Und es gibt eine erstaunliche Studie dazu, wie man am besten damit umgehen kann.

Moralisch betrachtet ist es recht einfach: Wer einen Fehler macht, sollte in der Lage sein, diesen zuzugeben und so den Verarbeitungsprozess auf beiden Seiten zu ermöglichen. Doch es zeigt sich, dass es womöglich auch aus finanzieller Sicht viel besser für eine Klinik ist, Fehler einzugestehen. In einem Fachartikel dazu schildern Richard Boothman und seine Kolleg*innen, wie die Universitätsklinik von Michigan ab 2001 anfing, ihren Umgang mit geschädigten Patient*innen und Vorwürfen von Behandlungsfehlern komplett neu aufzustellen. Es mag kontra-intuitiv erscheinen, aber ihr Modell namens

Offenlegung und Angebot basiert auf Eingeständnissen und Transparenz, statt auf strikter Verteidigung des eigenen Standpunkts. Es zeigte sich in der Folge, dass dadurch die Prozesskosten und auch die Schadensersatzsummen massiv gesenkt wurden. Mehr noch, es scheint, der generelle Umgang zwischen Ärzt*innen und Patient*innen hat sich deutlich verbessert.

Ich bin mir nicht sicher, ob das bei John Taylor geholfen hätte, nachdem er Johann Sebastian Bach Blei und Taubenblut ins Auge injiziert hatte. Aber einen Versuch wäre es vielleicht wert gewesen, denn wir machen alle Fehler, so viel ist klar. Dumm ist es nicht, das zuzugeben, sondern das zu bestreiten.

5. Unwissenschaft und Technik

»Der Horizont vieler Menschen ist ein Kreis mit Radius null – und das nennen sie ihren Standpunkt.«

Mag sein, dass man es nicht jedem Menschen sofort anmerkt, aber auch das Wissen der Menschheit entwickelt sich ständig weiter. Das Begreifen der Welt und die Nutzbarmachung ihrer Ressourcen gehen dabei Hand in Hand. Und an der dritten Hand geht die Dummheit. Denn Wissenserweiterung geschieht immer auch durch Überschreitung des bestehenden Konsenses. Der erste Affe, der ein Werkzeug eingesetzt hat, war umgeben von Affen, die vermutlich dachten: Der Typ spinnt!

Bevor der erste Affe erfolgreich einen Stein als Werkzeug einsetzte, um eine Nuss zu knacken, haben es vermutlich Hunderte andere Affen mit einer Banane oder einem Blatt versucht. Darum finde ich es auch so bedenklich, dass mittlerweile viele technische Neuerungen die Dummheit der Nutzer*innen miteinberechnen und von vornherein »fail safe« konstruiert sind. Wir haben schließlich gute Gründe, die Bedienungsanleitung nicht zu lesen, denn Fehler sind eben notwendige Schritte auf dem Weg zum richtigen Weg. Und nein, es ist kein Zufall, dass sich im letzten Satz ein Stilfehler befindet. Und wenn Sie jemanden sehen, der im Stadtpark mit einer Banane auf eine Kokosnuss einprügelt, seien Sie versichert: Er bringt das Wissen der Menschheit voran. Vielleicht nicht ganz so sehr wie Roger Bacon, aber immerhin.

Roger Bacon war ein mittelalterlicher Visionär und Erfinder, er lebte im 13. Jahrhundert und ersann Erfindungen wie das Mikroskop, das Teleskop, fliegende Maschinen und Dampfschiffe. Ja, Sie haben richtig gelesen, diese Dinge wurden im 13. Jahrhundert erfunden, während der Großteil der Menschheit noch damit beschäftigt war, Pest und Kreuzzüge terminlich zu koordinieren und sich nackte Hühner auf den Kopf zu setzen. Natürlich konnte Roger Bacon die meisten seiner Erfindungen technisch nicht umsetzen. Allerdings gilt er vielen als Erfinder der Brille. Falls Sie das hier lesen können, liegt das also eventuell an ihm. Falls Sie das hier nicht lesen können, GEHEN SIE ZUM AUGENARZT!

Am Rande bemerkt: Roger Bacon war bei der Erfindung der Brille inspiriert durch den im heutigen Irak geborenen Wissenschaftler Alhazen, der als Erfinder der Lupe gilt und ein weiteres exzellentes Beispiel dafür ist, wie antikes europäisches Wissen im arabischen Raum erhalten und weiterentwickelt wurde, während man hierzulande im Hochmittelalter beinahe alles vergessen, verdrängt und verbrannt hatte, was nicht der Lehre der katholischen Kirche und der damals schwer angesagten Philosophie der Scholastik entsprach.

Die Scholastik war sehr theoretisch und versuchte als Weiterentwicklung der aristotelischen Logik, Probleme zu lösen. Das hatte nur ganz am Rande mit der Welt zu tun, sondern war sehr, sehr kopflastig. Ein scholastischer Denker wie Thomas von Aquin klang in etwa so: »Ich würde nicht ewig leben, weil wir nicht ewig leben sollten, weil, wenn wir ewig leben sollten, dann würden wir ewig leben, aber wir können nicht ewig leben, weshalb ich auch nicht ewig leben würde.« Gut, okay, ich gebe zu, das ist tatsächlich nicht von Thomas von Aquin, sondern in Wahrheit ein wörtliches Zitat einer Bewerberin um den Titel der Miss Alabama 1994, kam also gut 700 Jahre zu spät. Aber viele scholastische Beweisführungen klangen nicht weniger verworren und verkopft. Der echte Thomas von Aquin war beispielsweise überzeugt, dass die Welt nicht notwendig existiere, aber dass Dinge, die nicht notwendig existieren, nicht aus sich selbst heraus existieren können, sondern nur aus einem notwendigen Wesen heraus geschaffen sein können, und dieses notwendige Wesen sei eben Gott. Das muss man jetzt nicht notwendig verstehen, aber es klingt lecker logisch.

Roger Bacon war ein früher Vertreter der Versuche der Überwindung dieses rein theoretischen Denkens und er war einer der wichtigsten Vordenker der empirischen Methode, also der Überprüfung von Hypothesen durch Versuche. Man lehnt sich nicht zu weit aus dem Fenster, wenn man Roger Bacon eine gewisse Wichtigkeit für die Wissenschaft zugesteht. Denn natürlich war sein Konzept der Erfahrungswissenschaft ein Vorgriff auf unser heutiges Verständnis, und inzwischen haben wir deshalb sogar die technischen Möglichkeiten, sämtliche seiner Visionen Realität werden zu lassen. Sogar den Ornithopter, also ein Flugzeug, dass per Flügelschlag fliegt. Das gibt es heute allerdings nur als Kinderspielzeug aus Holz, Papier und Gummi.

Doch vor 700 Jahren sah man das weniger spielerisch. Wenn man seiner Zeit so weit voraus ist wie Roger Bacon, dann reagieren die Zeitgenossen darauf erst mal skeptisch. Denken Sie an den ersten Affen, der einen Stein statt einer Banane nutzte, um eine Kokosnuss zu knacken. Nicht weniger problematisch wurde es dadurch, dass Roger Bacon recht genervt von seinen Mitmenschen war und deren mangelnder Bereitschaft, ihm Glauben zu schenken. Er hatte eine gewisse Neigung zur schroffen Kritik und das, was man heute wohl ein loses Mundwerk nennen würde. Man kann das vielleicht aus heutiger Sicht nachvollziehbar finden, aber damals machte es ihn sehr unbeliebt. So stellte man ihn früh unter strenge Beobachtung, entzog ihm seine Lehrerlaubnis und steckte ihn schließlich 1278 sogar ins Gefängnis. Vielleicht hätte Bacon, statt schroff zu sein, mal ganz sanft auf das allererste schriftlich fixierte vergleichende Experiment zur Überprüfung einer Hypothese hinweisen sollen. Das hätte den christlichen Scholastikern womöglich gefallen, denn es steht in der Bibel, genauer gesagt bei Daniel 1,1.

Die Geschichte spielt im 7. Jahrhundert vor Christus in Israel, nachdem Nebukadnezar Jerusalem erobert hatte. Daniel wurde zu Hofe geladen, doch erbat sich die Erlaubnis für sich und seine Leute, statt des Weines und der Speisen des Königs nur Gemüse und Wasser zu sich zu nehmen. Das erschien den Leuten am Hof zunächst sehr abwegig, aber man einigte sich auf ein zehntägiges Experiment mit zwei Kontrollgruppen – Daniel und seine Leute auf der einen, der Rest des Hofes auf der anderen Seite. Am Ende sahen Daniel und seine Leute gesünder aus als alle anderen am Hofe. Also erlaubte man ihnen weiterhin den Verzehr von Gemüse.

Bacon hingegen machte man 2000 Jahre später mundtot. Seine Lehren und Ideen konnte er so nicht weitergeben und geriet zunächst in Vergessenheit. Das ist dann wohl der Unterschied zwischen Bacon und Gemüse. Nur weil seine Schriften und Erfindungen erhalten blieben und später wiederentdeckt wurden, wissen wir heute noch von ihm. Was wir nicht wissen ist jedoch, wie viele Denkerinnen und Denker uns entgingen und entgehen, weil Wissenschaft, Kunst, Meinung und Rede nicht frei waren und an vielen Orten bis heute unfrei sind. Oder es eben einfach Frauen waren, die etwas Entscheidendes erforschten oder eine grandiose Idee hatten. Es kann einem ein kalter Schauer den Rücken runterlaufen, wenn man darüber nachdenkt.

Greifen wir noch einmal kurz den Aspekt auf, dass Roger Bacon bei seiner Arbeit an optischen Linsen und der Brille auf die Studien eines Wissenschaftlers namens Alhazen aus dem heutigen Irak zurückgriff. Heutzutage scheint es in gewissen Kreisen in Mode zu sein, die muslimischen Länder des Nahen Ostens in erster Linie als Quelle vieler Probleme dieser Welt abzustempeln. Als Hort der Wissenschaft und des freien Denkens, der die führenden Köpfe Europas beeinflusste, kennt man ihn eher nicht. Manche sehen gar ganz generell durch Einflüsse aus dem Ausland ihre einheimische Kultur bedroht. So heißt es im AfD-Programm von 2016 unter Punkt 7.2, »Deutsche Leitkultur statt Multikulturalismus«: »Die Alternative für Deutschland bekennt sich zur deutschen Leitkultur, die sich im Wesentlichen aus drei Quellen speist: erstens der religiösen Überlieferung des Christentums, zweitens der wissenschaftlich-humanistischen Tradition, deren antike Wurzeln in Renaissance und Aufklärung erneuert wurden, und drittens dem römischen Recht, auf dem unser Rechtsstaat fußt.«

Im weiteren Verlauf wendet sich das Programm explizit gegen kulturelle Einflüsse von außen, und wer in den letzten Jahren der AfD zugehört hat, der kann erahnen, dass damit insbesondere die Kultur der islamischen Länder des Nahen Ostens gemeint ist. Was die Frage aufwirft, wie diese wissenschaftlich-humanistische Tradition, auf dem die sogenannte »deutsche Leitkultur« basieren soll, denn jetzt genau mit dem kulturellen Einfluss aus dem Nahen Osten zusammenhängt.

Nehmen wir Sokrates, Platon und Aristoteles, diese altgriechische Boygroup, die wenige Jahrhunderte vor Christi Geburt im antiken Athen für Aufsehen sorgte. Allerdings nicht mit ihren flotten Dancemoves, sondern mit ihrer Philosophie. Ein moderner Beleg für die Relevanz von Philosophie findet sich im Internet, genauer gesagt auf Wikipedia. Aber nicht in einem Beitrag, sondern in (fast) allen. Die Artikel dort sind ja mit verlinkten Schlagwörtern versehen. Wenn man nun bei einem Artikel auf den ersten Link im Text klickt, landet man beim nächsten Artikel. Und wenn man dort wieder wahllos auf den ersten Link klickt, geht es weiter. So hüpft man von Artikel zu Artikel – bis wohin? Nun, in 97 Prozent der Fälle landet man am Ende beim Artikel über Philosophie. Kein Wunder, dass man bis heute die Hits der Boygroup der Philosophie kennt.

Wobei man dazusagen muss, dass bis ins 12. Jahrhundert in Mitteleuropa nur ein einziges Werk Platons bekannt war, der *Timaios*. Und das ist, wenn ich meine Privatmeinung mal einstreuen darf, nicht sein bestes Buch. Auch von Aristoteles wusste man im Mittelalter wenig, nur zwei logische Schriften waren überliefert und ins Lateinische übersetzt worden, das damals die Sprache der Wissenschaft war. Über Sokrates war so gut wie nichts bekannt.

Moment mal, die drei größten Philosophen des Abendlandes waren in diesem Abendland fast in Vergessenheit geraten? Aber wie wissen wir dann heute von ihnen? Nun, liebe Leser*innen, gut, dass Sie fragen, ich will es Ihnen verraten: Unter dem abbasidischen Kalif Al-Mansur wurden Mitte des 8. Jahrhunderts erstmals Bücher aus einer fremden Sprache ins Arabische übersetzt, darunter viele altgriechische Bücher von Aristoteles. Seine Nachfolger Kalif al-Mahdi und Kalif Harun al-Raschid folgten seinem Beispiel, bis ein Großteil des Werkes von Aristoteles übersetzt war und, nebenher bemerkt, unter anderem auch Euklids *Elemente*, ein zentrales Werk der Mathematik. Hunain ibn Ishaq war es dann, der im 9. Jahrhundert Platons Werke ins Arabische übersetzte. Diese Menschen sind der Grund, warum diese tragenden Säulen der westlichen Kultur bis heute erhalten sind. Denn erst ab dem 12. Jahrhundert kamen westliche Denker wie Adelard von Bath und Gerhard von Cremona darauf, all diese Schriften aus dem Arabischen ins Lateinische zu übersetzen und sie so nach Europa »zurückzubringen«. Etwa zur selben Zeit entstanden in Europa die ersten Universitäten, die erste in Bologna im Jahr 1088. An den Universitäten begeisterte man sich insbesondere für Aristoteles, denn er erfand nicht nur Worte wie Ethik und Energie, sondern angeblich auch das Wort Problem. Damit hatte er der Menschheit quasi alle ihre Probleme gebracht, zumindest wusste man vorher nicht, dass man welche hatte. Und wir alle wissen: Menschen lieben Probleme.

Nicht zuletzt deshalb gab es natürlich sofort Stress mit der Kirche. Aristoteles' Lehre von der Ewigkeit des Universums widersprach der Idee der Schöpfung durch Gott. Zudem es bei Aristoteles ausführlich um Ursache und Wirkung geht und die Sorge der Kirche war, dass zwischen Ursache und Wirkung kein Platz mehr sei für ein Eingreifen Gottes. Außerdem, wenn alles durch Ursache und Wirkung erklärt werden könne, was würde denn dann nur aus all den Wundern? Und so wurde 1210 die aristotelische Naturphilosophie an der Universität von Paris vom dortigen bischöflichen Konzil verboten. Das Verbot wurde 1231 von Papst Gregor IX., genannt der Wurstfingerpapst, bestätigt. Okay, das mit dem Wurstfingerpapst habe ich mir möglicherweise nur ausgedacht, weil ich gerade beim Schreiben sauer auf den Mann geworden bin. Geholfen haben seine finsteren Umtriebe dann zum Glück nicht mehr, nur 25 Jahre später waren all die Bücher wieder in der Bibliothek der Universität zu finden. Auf einigen steinigen Umwegen haben Aristoteles, Platon und Sokrates also ihren Weg nach Europa und bis ins heutige Deutschland gefunden.

Man kann allein anhand dieses einen Beispiels leicht sehen, dass die sogenannte »deutsche Leitkultur« ein Widerspruch in sich ist. Denn ihre zentralen Inhalte basieren zu großen Teilen auf kulturellem Einfluss von außen, der sich hier gegen sehr deutlichen anfänglichen Widerstand der Einheimischen durchgesetzt hat. Damals war es in erster Linie die Kirche, heute sind es selbst ernannte Patrioten, die verhindern wollen, dass sich die menschliche Kultur wie eh und je über alle Landesgrenzen hinaus in bunter und freier Art mischt und gegenseitig bereichert. Selbst wenn es stimmen würde, dass wir ohne Aristoteles keine Probleme hätten.

Natürlich kriegen es aber seit jeher weder Kirche noch Patrioten hin, zu verhindern, dass die Menschen sich kreuz und quer über den Globus bewegen und sich im Zweifelsfall nur eingeschränkt für Grenzen interessieren. Das gilt auch und insbesondere für die Geschichte der »Entdeckung« der Welt. Kennen Sie zum Beispiel Gunnbjörn Úlfsson und Giovanni Caboto?

Eine sehr beliebte Dummheit ist die Annahme, Kolumbus habe Amerika entdeckt. Daran ist so ziemlich alles falsch. Natürlich war Kolumbus nicht der erste Mensch auf dem amerikanischen Kontinent. Er war nicht mal der erste Europäer. Tatsächlich gab es vorher Menschen, die Amerika entdeckt haben; das geschah aber vor etwa 12 000 bis 15 000 Jahren, genauer weiß man es nicht, weil sie es damals nicht direkt auf Facebook gepostet haben. Der erste Europäer, der erwiesenermaßen um 875 auf Grönland landete und damit geografisch betrachtet auf amerikanischem Boden, hieß Gunnbjörn Úlfsson. Es ist ungewiss, ob Úlfsson auch auf dem amerikanischen Festland landete. Der erste Europäer, von dem das als gesichert gilt, war Leif Eriksson um das Jahr 1000. Das geschah also entspannte 500 Jahre vor Giovanni Caboto, der als erster Europäer der Neuzeit am 24. Juni 1497 das amerikanische Festland betrat. Richtig gelesen, es war Giovanni Caboto, nicht Kolumbus.

Es ist nämlich so, dass Kolumbus überhaupt nie auf dem amerikanischen Festland ankam, seine »Entdeckung« war erst mal am 12. Oktober 1492 die Inselgruppe der Bahamas. Dass da bereits Menschen waren, störte ihn kaum; er ging auch nicht davon aus, einen neuen Kontinent entdeckt zu haben, sondern war schlicht und ergreifend überzeugt, in Indien gelandet zu sein. Daher nannte er die Leute, die ihn und seine Mannschaft am Strand empfingen, auch Indianer. Dass er überhaupt erst losgefahren war, um in westlicher Richtung einen Weg nach Indien zu suchen, und glaubte, es an jenem Tag erreicht zu haben, lag daran, dass er sich grob verschätzt hatte, was den vermeintlichen Erdumfang anging. Um 7600 Meilen, um genau zu sein.

Amerika ist übrigens nicht nach Kolumbus benannt, wie den Fuchsigeren unter den Leser*innen schon aufgefallen sein wird. Das liegt eben daran, dass Kolumbus auch bei seinen späteren Expeditionen nie geblickt hat, dass er einen »neuen« Kontinent gefunden hatte. Bis zu seinem Tod stritt er diesbezügliche Vermutungen vehement ab. Das galt übrigens auch für Giovanni Caboto, der bei seiner zweiten Mission Richtung Westen extra einen Brief an den »König von China« mitgenommen hatte. Falls er jedoch diesen Brief dem Häuptling der Apachen überreicht hat, dürfte das allseits für milde Verwunderung gesorgt haben.

So ging der Ruhm der Benennung des Kontinents an den ansonsten etwas weniger berühmten Seefahrer und Entdecker Amerigo Vespucci. Denn dieser hatte eben die richtige Vermutung, dass es sich nicht um Asien handelte, sondern einen gänzlich anderen Kontinent. Wie hat er das geschafft? Nun, ihm war aufgefallen, dass Flora und Fauna des Landes ziemlich eigentümlich waren und so gar nicht mit dem übereinstimmten, was man über Indien wusste. Vielleicht hat ihm auch der Häuptling der Apachen heimlich verraten, dass er doch nicht der König von China ist. Bewiesen wurde die These, es handele sich bei Amerika um einen eigenen Kontinent, allerdings auch erst nach

Vespuccis Tod durch den spanischen Konquistador Vasco Núñez de Balboa, der von der Ostküste Panamas aus den Pazifischen Ozean erreichte. Es ging also Richtung Westen weiter – Kolumbus hatte nicht mal den halben Weg zurückgelegt, den er sich eigentlich vorgenommen hatte.

Nun ist es allerdings so, dass mit den Entdeckungsreisen des Kolumbus die Erforschung und Besiedlung Amerikas durch die Europäer ihren Anfang nahm, leider einhergehend mit dem Tod eines Großteils der Ureinwohner, weswegen es sich natürlich trotzdem um einen Wendepunkt der Weltgeschichte handelt. Auch oder gerade weil es sich dabei um eine fortgeschrittene und umfassende Dummheit handelte. Ich will nicht bestreiten, dass Kolumbus von einem gewissen Entdeckergeist angetrieben war, immerhin nahm er hohe Risiken auf sich und wagte etwas für ihn und seine Zeitgenossen völlig Neues. Ähnliches wird auch für den berühmten Admiral Zheng He gegolten haben, der mit seinen Expeditionen zwischen 1405 und 1433 die Einflusssphäre des chinesischen Kaiserreichs stark erweiterte. Er war mit bis zu hundert Schiffen und fast 30 000 Mann Besatzung unterwegs und kam unter anderem bis nach Arabien und Ostafrika. Nach seinem Tod jedoch beschloss der Thron, solche Expeditionen einzustellen. Sie erbrachten finanzielle Defizite, und die von Zheng He herbeigebrachte Giraffe war gewiss interessant, aber sie legte leider keine Eier aus Gold, und man wollte seine Ressourcen nicht länger in der Ferne verpulvern.

Zur selben Zeit, im Jahr 1434, also nur wenige Jahrzehnte vor Kolumbus, wagte es der portugiesische Seefahrer Gil Eanes am südmarokkanischen Kap Bojador vorbei zu segeln. Das war eine im europäischen Mittelalter eigentlich unvorstellbare Leistung, denn man vermutete, jenseits des Kaps würde die See zu brodeln beginnen und alles Leben ausgelöscht. Daher trägt es auch den Namen Kap der Angst. Und dieser Name wirkte gründlich, denn die Expedition von Gil Eanes war bereits der fünfzehnte Versuch der Portugiesen binnen zwölf Jahren. Doch die Angst vor diesem Ende der Welt trieb alle anderen Kapitäne wieder in Richtung Heimat. Gil Eanes' Mut war jedoch der erste Schritt für die Entdeckung der Seeroute ostwärts nach Indien und damit ein zentraler Grundstein für die europäische Expansion. Über die Frage, ob die Europäer es nicht besser gemacht hätten wie die Chinesen und »zu Hause geblieben« wären, ist es müßig zu streiten. Aber der Welt wäre viel Leid erspart geblieben.

In der frühen Neuzeit stellte sich nicht nur heraus, dass die Erde eine Kugel war, sondern auch ihre Position im Universum wurde im wahrsten Wortsinn verrückt. Es war der 21. Juni 1633, als Galileo Galilei öffentlich bekannte, dass er nicht mehr daran glaube, die Erde drehe sich um die Sonne, wie Kopernikus sagte. Er sagte, das sei alles ein grobes Missverständnis, er habe sich vertan, dies, das, die katholische Kirche habe selbstverständlich recht und man könne den Scheiterhaufen jetzt wieder ausmachen. Natürlich stehe die Erde still und die Sonne umkreise sie. Die Welt sei der Mittelpunkt der Welt und der Papst habe den schönsten roten Hut mit Goldkante. Wegen dieses Zugeständnisses verurteilte man Galileo »nur« zu lebenslangem Hausarrest. Womit man gewiss nicht die Erde zum Stillstand brachte, aber immerhin einen genialen Denker und Künstler.

Wir haben natürlich im Nachhinein immer leicht reden. Für die Menschen ihrer Zeit müssen Roger Bacon, Kopernikus und Galilei gewirkt haben wie Verrückte, denn ihre Ideen waren komplett anders als alles, was alle anderen sagten. Und anders als im heutigen Wissenschaftsbetrieb war es eben keinesfalls üblich, den gängigen Lehrmeinungen auch mal zu widersprechen und neue Lösungen für Probleme zu suchen. Erst Jahre, Jahrzehnte oder sogar Jahrhunderte später wurde dem Großteil der Menschheit klar, was da jeweils passiert ist. Und plötzlich wurden die gerade noch verrückten Ideen außerordentlich wertvoll. »Wir wissen, dass es die Natur des Genies ist, Idioten zwanzig Jahre später mit Ideen zu versorgen«, hat Louis Aragon dazu einmal geschrieben.

Aber glauben Sie nicht, dass es heute keine Zweifler am kopernikanischen Weltbild gibt, denn die gibt es reichlich. Und da kursieren noch ganz andere Weltbilder. Im Internet sehr beliebt sind die sogenannten Flat-Earther. Wenn man diese nicht kennt, ist man vermutlich überrascht, dass es sie gibt. Denn das sind Leute, die fest überzeugt sind, dass die Erde eine Scheibe ist. Für Flat-Earther spielt es keine Rolle, dass sich die Erdrotation mittlerweile experimentell nachweisen lässt, etwa mit einem foucaultschen Pendel. Oder, crazy genug, dass man einen gekrümmten Horizont sieht, wenn man aus einem Flugzeugfenster schaut oder gar aus dem Weltraum auf die Erde hinabblickt. Mittlerweile wissen wir im Gegensatz zu den mittelalterlichen Westeuropäern, dass die Erde nicht hinter dem Kap der Angst endet. Das alles jedoch bringt einen Flat-Earther nicht aus der Ruhe.

In einem der bekanntesten Filmbeiträge über Flat-Earther sieht man den Wissenschaftler Jeran Campanella, der seine These, die Erde sei eine Scheibe, mit einem einfachen Experiment beweisen will. Er stellt in einer Entfernung einen Laser auf und einen Empfänger, bei dem der Laserstrahl ankommen soll, wenn denn die Erde eine Scheibe ist. Der Gedanke dahinter ist, dass der Laserstrahl ja ganz gerade fliegt und daher in einer Ebene immer gleichweit vom Boden entfernt unterwegs sein müsste. Bis zum Ende der Welt. Und darüber hinaus.

Das Experiment verlief jedoch anders, als Campanella erwartet hat – der Laser verfehlte sein Ziel. Kein Grund für den selbst ernannten Wissenschaftler, nun aufzugeben und einzugestehen, dass seine Theorie von der Scheibenform der Erde falsch war. Obwohl er in Gegenwart eines Kamerateams den Beweis dagegen erbracht hatte. Nein, nun erklärte er plötzlich, es habe sich um einen Messfehler gehandelt. Dieses Phänomen nennt man kognitive Dissonanz, wir werden im Kapitel *Aber: Glaube* noch ausführlich darauf zu sprechen kommen. Erstaunlicherweise gibt übrigens immer noch Menschen, die finden, dass dieses Resultat und Campanellas Aussagen dazu zu seiner Glaubwürdigkeit beitragen. Uff.

Doch nicht nur in der Geografie, auch in der Biologie dauert es manchmal etwas länger, bis sich neue Erkenntnisse flächendeckend durchgesetzt haben. So erklärt Herman Melville in seinem berühmten Buch *Moby-Dick* äußerst ausführlich, warum Wale Fische sind. Seine Erläuterungen schrieb er jedoch rund hundert Jahre, nachdem Wale als Säugetiere eingestuft wurden. Fairerweise muss man sagen, dass manche Wale auf den ersten Blick eine gewisse Ähnlichkeit mit Fischen aufweisen, das kann man schon mal falsch zuordnen. Ich persönlich halte zum Beispiel bis heute Gras für die Haare der Erde und Hügel für die Ponys der Berge.

Jemand, der sich mit Tierarten noch etwas besser auskannte als Melville und ich, war Jean-Baptiste Pierre Antoine de Monet, Chevalier de Lamarck. Er lebte von 1744 bis 1829 und verbrachte geschätzte 50 Prozent seiner Lebenszeit damit, sich mit seinem Namen vorzustellen. Die restliche Zeit nutzte er noch besser, denn er verfasste enorm wichtige Beiträge zur Zoologie und Biologie. So war er beispielsweise der Erste, der eine ausformulierte Evolutionstheorie vorlegte. Was spielt es da groß für eine Rolle, dass diese auf mittlerweile verworfenen Annahmen beruhte?

Lamarck ging davon aus, dass die Evolution auf der Vererbung von erworbenen Fähigkeiten beruht. Überspitzt formuliert: Wenn eine Giraffe sich besonders lang streckt und ihr Hals dadurch über die Jahre länger wird, dann kriegt sie auch Kinder mit längerem Hals. Bevor Sie jetzt anfangen, an Ihrem Hals zu zuppeln oder andere Körperteile zurechtzuformen, die Sie bei Ihren Nachkommen verbessert sehen wollen: Ganz so einfach funktioniert das leider nicht. Charles Darwin, der alte Spielverderber, hat herausgefunden, dass der Prozess über Variation und natürliche Selektion funktioniert. Dann ist er auch noch hingegangen und hat zwanzig Jahre lang Beweise für diese Theorie zusammengetragen. Ein bisschen unfair war das schon, denn Lamarck konnte sich nicht mehr verteidigen, er war längst tot. Und als wollten sie seinen Theorien aus einem Ödipus-Komplex heraus trotzen, ist keins seiner acht Kinder ein berühmter Biologe oder eine wichtige Zoologin geworden. Aber sein ältester Sohn war immerhin keine Giraffe.

Was in einem Buch über Dummheit nicht fehlen darf, ist eine wirklich dumme Überleitung. Wo wir gerade von Giraffen sprachen: An welches technische Gerät erinnern Sie Hals und Kopf einer Giraffe? Richtig, natürlich an den Tonabnehmer eines Grammophons. Und damit hätten wir auch den unvermeidlichen Tagesordnungspunkt »Dumme Überleitung« abgearbeitet. Das auditive Wunderwerk namens Grammophon erfand übrigens Thomas Alpha Edison im Jahr 1877, allerdings mit einem überraschenden Hintergedanken. Seine Idee für die Nutzung des Geräts war nämlich zunächst, damit Nachrichten aufzuzeichnen und zu verschicken, damit sie jemand anderswo anhören könnte. Dazu brauchte der oder die Absender*in vermutlich nur ein Tonstudio und ein Presswerk für Vinylscheiben, und schon hatte man eine riesige runde Scheibe, die in keinen Briefumschlag passte. Daher musste man sie persönlich beim Empfänger vorbeibringen, wo das olle Ding dann auch nicht durch den Briefschlitz passte, und dann musste man klingeln.

Und spätestens, wenn man dann voreinander stand und sich schweigend die schwarze Scheibe überreichte, dämmerte es einem vielleicht: Hier läuft ironischerweise etwas nicht rund.

Erst Jahre später kristallisierte sich heraus, dass die Nutzung dieser Technologie zur Aufzeichnung und zum Abspielen von Musik weitaus mehr Interesse hervorrief. Aus heutiger Sicht wirkt das noch ein wenig lustiger, wenn man bedenkt, dass Edison im Prinzip die Sprachnachricht vorweggenommen hatte, die aktuell dabei ist, in weiten Teilen das klassische Telefonieren abzulösen. Heute spart man sich allerdings die Auslieferung der schwarzen Scheiben, man sitzt sich halt gegenüber und schickt sich gegenseitig Sprachnachrichten aufs Smartphone.

Ebenso »aus Versehen« erfunden wurde im 19. Jahrhundert hitzebeständiges Gummi. Der Chemiker Charles Goodyear hatte seinerzeit nämlich eigentlich mit seiner Frau abgemacht, dass er nicht mehr experimentieren, sondern sich einen Job suchen würde. Als sie eines Tages zu früh nach Hause kam, geriet er in Panik und wollte seine Experimente verstecken. Er sah sich um, fand keine Möglichkeit und war wohl schon kurz davor, sich seinem Schicksal zu ergeben, als sein Blick auf den Ofen fiel. Das wird schon passen, dachte er und versteckte seine Experimente darin. Was er dabei nicht bemerkt hatte, war jedoch, dass der Ofen noch warm war, und so entdeckte er unabsichtlich hitzebeständiges Gummi.

Ähnlich erging es Christian Schönbein, der ohne Absicht rauchloses Schwarzpulver erfand. Ihm waren seine Chemikalien vom Tisch gefallen, also wischte er sie mit der Schürze seiner Frau schnell weg und hängte diese dann zum Trocknen vor den Ofen. Dort explodierte die Schürze, und Herr Schönbein wird sich erst erschreckt, dann aber doch gefreut haben. Bei anderer Gelegenheit erfand jemand beim klassischen alchemistischen Versuch, aus Blei Gold zu erzeugen, mehr oder weniger aus Versehen das Porzellan. Ob er es vor Schreck fallen ließ, ist nicht überliefert.

Trotz aller Pläne, die sich der Mensch so macht, findet unsere Kreativität scheinbar oft einen Weg, der zunächst wie eine Störung wirken mag. Aber genau dieser Fehler, dieses Stolpern, bringt unabsichtlich Tolles hervor. Dieses Phänomen ist so bekannt, dass es sogar einen eigenen Namen hat, es heißt Serendipität. Benannt ist es nach den drei Prinzen von Serendip. Sie haben noch nie von Serendip gehört? Es ist der alte persische Name der Insel Sri Lanka. Die drei besagten Prinzen sind losgezogen, um einen Drachen zu erlegen. Was Prinzen eben so machen. Es scheint ein weltweit prinzentypisches Verhalten gewesen zu sein. Heutzutage werden sie höchstens mal vor ein paar blitzlichtspeiende Paparazzi geschubst. Die drei Prinzen von Serendip jedoch kamen ohne erlegten Drachen von ihrer Mission zurück, brachten aber stattdessen drei bildhübsche Prinzessinnen mit. Eine Win-win-Situation, insbesondere auch für den Drachen. Und so nennt man ungeplante positive Ergebnisse bis heute Serendipität. Ich bin ganz froh, dass diese Prinzen aus Serendip kamen und nicht aus Deutschland. Sonst hieße dieses schöne Phänomen jetzt womöglich Deutschlandität.

Apropos Deutschland, der niederländische Serendipitiologe Pek van Andel behauptet, über tausend Fälle solcher ungeplanten Errungenschaften, die sich im Nachhinein als Glücksgriff erwiesen, gesammelt zu haben. Seine Forschungen werden von der Fachwelt leider nicht ganz so ernst genommen. Vielleicht, weil man van Andel ansonsten hauptsächlich daher kennt, dass er als erster ein MRT von Menschen während des Geschlechtsverkehrs angefertigt hat. Aber mal im Ernst: Der experimentelle Charakter der Wissenschaft fordert dazu heraus, auch und insbesondere Ergebnisse zu finden, die den Hypothesen widersprechen. Auf diesem Weg erweitert sich unser Wissen umso mehr, denn wir wissen ja schon aus dem dritten Kapitel dieses Buches: In jeder Diskussion gewinnt nur der Unterlegene, denn er ist der Einzige, der etwas dazulernen kann.

Der britische Psychologe Richard Wiseman geht davon aus, dass es unsere Einstellung und Denkweise ist, die uns dabei hilft, solche Glücksgriffe zu landen: »Durch ihre Art zu denken und zu handeln steigern manche Menschen die Chance, außerordentliche Gelegenheiten in ihrem Leben zu schaffen, zu erkennen und zu ergreifen.« Ich würde noch ein bisschen weitergehen und sagen: Man muss die Fähigkeit haben, sich richtig dumm anzustellen, um außerordentliche Gelegenheiten zu schaffen und zu ergreifen. Da haben wir alle zum Glück ziemlich gute Karten.

Doch aus Versehen oder durch Ahnungslosigkeit entsteht natürlich nicht nur Serendipität, sondern gerne auch mal eine spektakuläre Fehleinschätzung. Wer uns in diesem Punkt als leuchtendes Beispiel voranging, war Dr. Dionysius Lardner. »Eisenbahnreisen mit hoher Geschwindigkeit ist unmöglich, denn die Passagiere wären unfähig zu atmen und würden allesamt ersticken«, schrieb er zum Beispiel im Jahr 1845. Während ich dieses Zitat abtippe, befinde ich mich tatsächlich gerade im ICE zwischen Wolfsburg und Berlin. Vor den Fenstern huscht die Magdeburger Börde mit atemberaubender Geschwindigkeit vorbei. Und dennoch: Ich atme. Wunder werden Wirklichkeit.

Dionysius Lardner war ein erstaunlicher Mann, der sich in seinem Leben mehrfach spektakulär täuschte und dabei wieder und wieder von ein und demselben Mann öffentlich zurechtgewiesen wurde: Isambard Kingdom Brunel. Der Mann hatte nicht nur den einzigen cooleren Namen als Dionysius Lardner, sondern gilt bis heute als einer der besten Ingenieure aller Zeiten. Er baute zum Beispiel das größte Schiff seiner

Zeit, das zugleich das erste ozeantaugliche Eisenschiff war, und er baute den ersten Tunnel unter einem navigierbaren Fließgewässer. Man kann also sagen, Isambard Kingdom Brunel hatte es drauf.

Lardner hingegen dachte, es sei unmöglich, lange Eisenbahntunnel zu bauen, weil darin die Züge unkontrolliert beschleunigen würden. Und motorisierte Schiffsreisen über 2000 Seemeilen seien ausgeschlossen, weil ein Schiff nicht genug Treibstoff mit sich führen könnte. Oder eben, dass Eisenbahnreisen über einer bestimmten Geschwindigkeit tödlich wären. Brunel widerlegte Lardners Thesen eine nach der anderen. Es ist daher davon auszugehen, dass Lardner kein führendes Mitglied im Brunel-Fanclub war. Sein Plan, sich an Brunel zu rächen, indem er ihn in einen Hochgeschwindigkeitszug setzte, scheiterte ebenfalls. Damals war der ICE noch nicht erfunden. Andererseits ist Dionysius Lardner natürlich nicht der Einzige, der sich auf rückblickend erstaunliche Art gegen den Fortschritt äußerte. Leopold Loewenfeld beschreibt in seinem Buch *Über die Dummheit*, wie ein Expertenkomitee der Universität München Ende des 19. Jahrhunderts befürchtete, die blitzschnellen Bewegungen der Bahn könnten bei Reisenden eine Gehirnerschütterung auslösen. Ihr Vorschlag? Auf beiden Seiten der Bahnstrecken sollten Holzwände errichtet werden. Gut, dass das der arme Lardner nicht mehr mitgekriegt hat.

Apropos Kopfschmerzen: Im Jahr 1910 wurde die FAAS gegründet, eine Gruppe namens Farmer's Anti Automobile Society. Diese Gruppe wollte, dass alle Automobile, die nachts auf Landstraßen unterwegs waren, jede Meile anhielten, also grob gesagt alle 1,5 Kilometer. Dann sei eine kleine Leuchtrakete zu starten und zehn Minuten zu warten, bis sicher sei, dass die Straße frei ist. Dann erst sollte man weiterfahren dürfen, aber zur Sicherheit viel hupen. Noch besser wäre, wenn bei jeder Fahrt ein Mensch vorneweglaufe und zur Warnung eine rote Fahne schwenke. Sollten einem jedoch Pferde entgegenkommen, ging der Spaß erst richtig los. Dann wollte die FAAS, dass der Autofahrer sein Auto am Straßenrand parkte und unter einer Decke versteckte, die im Idealfall wie die Umgebung gefärbt sei. Sollte das Pferd das Auto trotzdem entdecken und nicht passieren wollen, sollte es die Pflicht des Autofahrers sein, das Auto zu demontieren und die Teile im Straßengraben zu verstreuen. Erst wenn das Pferd diese Aktivität freundlich abnickte und weitertrabte, dürfte man sein Auto wieder zusammensetzen und weiterfahren. Zumindest 1,5 Kilometer, dann war es Zeit für die nächste Warnrakete. Es ist historisch nicht ganz gesichert, ob dieser Gesetzesentwurf jemals in Kraft trat. Heute gilt er jedenfalls nicht mehr. Das finde ich sehr schade, denn für mich wäre das eine sehr gute Motivation, das Reiten zu lernen.

Auch in scheinbar harmloseren Kontexten gab es übrigens Widerstand gegen neue Technik. So wehrten sich viele Menschen lange gegen Anschnallgurte in Autos. Und noch heute können Sie sich sicher sein, dass viele Leute sich nur deswegen anschnallen, damit sie keine Strafe zahlen müssen. Dass sie ohne Gurt schon bei einem kleinen Unfall ihr Leben riskieren, ist den Menschen hingegen scheinbar egal. Ich habe mal einen Taxifahrer gesehen, der hatte seinen Gurt aufgeschnitten, damit er den Stecker in den Anschluss stecken konnte, ohne wirklich angeschnallt zu sein. Denn das Piepsen des Warnlichts seines Autos nervte ihn mehr als die Aussicht auf den eigenen Tod.

Wir sehen daran, mit dem technischen Fortschritt entstanden immer auch neue Möglichkeiten für Dummheit. Aber die Entwicklung hält ja nicht an, im Gegenteil, ab dem frühen 20. Jahrhundert ging alles immer noch schneller – und bald wurde neben der Erde und dem Wasser auch der Luftraum erobert. Wenn im englischsprachigen Raum etwas sehr leicht zu verstehen ist, dann verwendet man gerne die Redewendung »This isn't rocket science«. Im Umkehrschluss bedeutet das wohl, dass Robert Goddard ein kluger Mann gewesen sein muss, denn er war tatsächlich Raketenwissenschaftler. Bekannt ist er unter anderem als Erfinder der Bazooka, einer tragbaren Panzerabwehrwaffe. Er stellte den ersten Prototyp am 6. November 1918 vor, und sofort erkannte man sein Potenzial, zumal man sich im Ersten Weltkrieg befand. Nun endete der Erste Weltkrieg jedoch exakt fünf Tage später, und damit wurde auch die Entwicklung der Bazooka nicht weiterverfolgt. Ärgerlich, wenn einem ein Kriegsende so in die Waffenentwicklerkarriere reingrätscht. Gut für alle anderen, aber was wissen die schon?

Goddard ließ sich nicht unterkriegen, sondern widmete sich anderen Projekten im Raketenbereich. Seine Vision war, eine Rakete zu entwickeln, die es bis zum Mond schaffen könnte. Dazu schuf er unter anderem als Erster ein praktikables System für Raketentests, Raketen mit flüssigem Treibstoff und er bewies, dass Raketenantriebe auch im Vakuum Schub erzeugen konnten und die Weltraumfahrt somit theoretisch möglich war. Einige Zeitgenossen sahen das eher kritisch. Am 13. Januar 1920 titelte die *New York Times* »Eine schwere Belastung der Leichtgläubigkeit« und warf Goddard vor, nicht mal das grundlegende Wissen eines Highschool-Schülers zu haben. Goddard war hart getroffen, aber erklärte später gegenüber einem Reporter: »Jede Vision ist ein Witz, bis der Erste sie umsetzt – und wenn sie einmal umgesetzt ist, wird sie Allgemeinwissen.« Ein halbes Jahrhundert später war der erste Mensch auf dem Mond, denn Goddards Theorien waren inzwischen tatsächlich Allgemeinwissen geworden. Erst dann, im Jahr 1969, entschuldigte sich die *New York Times* öffentlich bei Goddard. Dieser wäre bestimmt erfreut gewesen, allerdings war er leider schon 24 Jahre tot.

Noch weniger Fortschrittsglauben als die damalige *New York Times* hatte Charles Duell, ein amerikanischer Patentamtsleiter. Er schrieb: »Alles, was erfunden werden kann, ist bereits erfunden worden.« Das wäre auch heute noch eine sehr schräge Aussage. Duell äußerte sie aber schon 1899. Die Erfindung des Flugzeugs kurze Zeit später dürfte ihn also doppelt überrascht haben. Vielleicht dachte er aber auch, dass es das Flugzeug schon seit Längerem gäbe. Am Rande bemerkt: Eine ähnliche Annahme muss den 45. Präsidenten der USA, Donald Trump, dazu gebracht haben, noch 2019 zu behaupten, das amerikanischen Militär habe während des Unabhängigkeitskriegs 1775 zahlreiche englische Flughäfen erobert. Vielleicht hatte ihm niemand gesagt, dass Roger Bacon leider nicht weiterforschen durfte und es darum nicht schon seit 750 Jahren das Flugzeug gibt.

Charles Duell war übrigens in bester Gesellschaft. Der renommierte Münchener Physikprofessor Philipp von Jolly, der mithilfe einer Bleikugel die Richtigkeit der newtonschen Gravitationsgesetze experimentell nachweisen konnte, wäre ein anderes gutes Beispiel. Noch deutlich besser kennt man ihn nämlich, weil er im Jahr 1874 einem potenziellen Studenten abriet, sich der theoretischen Physik zu widmen. Denn, so der Professor, da gäbe es kaum noch etwas Neues zu entdecken.

Dieser Student, ein gewisser Max Planck, machte es wie die Bleikugel und ließ sich nicht bremsen. Diesem wissenschaftlichen Ungehorsam verdanken wir so bedeutsame Dinge wie das plancksche Strahlungsgesetz, mit dem wir zum Beispiel kalkulieren können, wie viele Sonnenstrahlen die Erdatmosphäre aufnimmt und wie viele sie wieder in den Weltraum abstrahlt. Keine ganz unwichtige Frage, wenn man beispielsweise den Klimawandel berechnen will. Und wie kam Planck auf sein Strahlungsgesetz? Nun, indem er die Pfade der traditionellen Physik verließ und Energie nicht mehr als unendlich teilbar betrachtete. Stattdessen ging er davon aus, dass Strahlung in kleinen Paketen abgegeben werde, die er Quanten nannte. Dieser Bruch mit der Tradition ist insofern ganz spannend, als niemand so genau wusste, was das bedeuten sollte. Auch Planck konnte sein Konzept angeblich nicht genau erklären. Aber seine Theorie passte mit den beobachteten Daten überein. Erst als Albert Einstein Plancks Ideen ernst nahm und auf ihrer Basis bewies, dass Lichtstrahlen auch aus solchen Energiepaketen bestehen, den sogenannten Photonen, wurde die ganze Bandbreite der Entdeckung langsam deutlich.

Die Physik der Quanten ist eine wunderbare Übung, um sich den Kopf zu zerbrechen. Dazu muss man nicht mal ihre anspruchsvolle mathematische Basis in Betracht ziehen. Es reicht, zu bedenken, dass Licht gleichzeitig ein Teilchen und eine Welle ist. Als Teilchen ist es klar im Raum zu verorten, als Welle ist es im Raum »verschmiert« – beides gleichzeitig. So läuft das eben bei den Quanten, in dem Fall bei den Photonen. Und wenn man sich dann noch kurz die sogenannte heisenbergsche Unschärferelation vor Augen führt, wird es richtig knusprig. Die besagt nämlich, dass man von einem Quantum nur den Impuls oder den Ort genau wissen kann, niemals beides. Denn Quantenobjekte sind quasi ungefähr. Wenn man versucht, sie festzulegen, zerstört man damit Teile ihrer Information. Das klingt so, als würde man sagen, dass man von einem Auto wissen kann, wo es ist oder wie schnell es ist, aber es ist völlig ausgeschlossen, jemals beides zu erfahren. Denn wenn man den Ort bestimmt, kann man das zwar, aber man verzerrt durch eben diese Beobachtung die Geschwindigkeit.

Im Jahr 1935 schlug Erwin Schrödinger in seinem Aufsatz »Die gegenwärtige Situation in der Quantenmechanik« ein Gedankenexperiment vor, um Quantenmechanik für den Otto Normalverbraucher begreiflicher zu machen. Dazu solle man eine Katze mit einem instabilen Atomkern, einem Geigerzähler und etwas Giftgas in eine Stahlkammer sperren. Ein ganz normaler Vorgang so weit. Da nicht vorherzusagen ist, wann genau der Atomkern sein Strahlungsquant freigibt und damit einen Mechanismus auslöst, der die Katze tötet, gilt: Bis jemand in die Kammer schaut, ist die Katze sowohl tot als auch lebendig. Was Schrödinger hier durch Übertragung in die makroskopische Welt veranschaulicht, ist der Umstand, dass quantenmechanische Messungen keine exakten, wiederholbaren Ergebnisse liefern, sondern immer verschiedene Werte aus einem ganzen Wertebereich. Eine Vorhersage scheint ausgeschlossen, was eines der größten ungelösten Probleme der Physik darstellt. Wobei Schrödinger betont, die Sache mit der Katze sei »verwaschen« und daher könnten wir sie in naiver Weise nicht gelten lassen. Im Atombereich ist ihm die Unbestimmtheit nichts Widerspruchsvolles: »Es ist ein Unterschied zwischen einer verwackelten oder unscharf eingestellten Fotografie und einer Aufnahme von Wolken und Nebelschwaden.« Schrödinger erhielt in der Folge – nicht nur deswegen – einen Nobelpreis für Physik und hoffentlich ein Hausverbot im Tierheim.

Ich weiß ja nicht, ob Ihr Gehirn das verstehen möchte, meins klinkt sich da regelmäßig aus und spielt bei näherer Nachfrage aus Trotz nur noch die Titelmelodie der Serie *Alf*. Ich schreibe hier so beiläufig über die Rätselhaftigkeit der Quantentheorie, als ginge es darum, einen hängen gebliebenen Computer aus- und wieder anzuschalten – und wenn er wieder funktioniert, braucht man nicht zu verstehen, was da vor sich ging. Aber das Fragezeichen, auf das Max Planck da stieß, hat bis heute neben zahlreichen Antworten auch immer neue Fragezeichen aufgeworfen. Teilweise, so scheint es, sind diese Fragezeichen gekommen, um zu bleiben. Die Situation prä-Planck beschreibt (der ansonsten sehr unsympathische) John Searle als Aufklärungsoptimismus, den er so erklärt: »Von den wissenschaftlichen Revolutionen des siebzehnten Jahrhunderts bis in die ersten Jahrzehnte des zwanzigsten war es einem gebildeten Menschen möglich zu glauben, er könne zu Kenntnis und Verständnis darüber gelangen, wie das Universum im Wesentlichen funktioniert.« Ab den Anfängen des 20. Jahrhunderts ging das eben nicht mehr.

Aber ich bin diesbezüglich nicht weiter verunsichert. Zwar ist *Alf* eine wirklich alberne Serie, aber ich mag sie, zumal Alf klare Verhältnisse hätte schaffen können, weil er Schrödingers Katze einfach gegessen hätte. Mein Unverständnis für die Welt der Quanten ist nicht überraschend, wenn man Nobelpreisträger und Quantenphysiker Richard Feynman glauben darf, der einst sagte: »Ich glaube, mit Sicherheit sagen zu können, dass niemand die Quantenmechanik versteht.« Das mag erstaunlich klingen, denn wenn es jemand wie Feynman nicht versteht, dann wohl auch niemand anderes. Sind wir alle dumm? Aber nein, haben Sie keine Sorge: »Quantenphysik ist ein extrem erfolgreicher Beweis für die Leistungsfähigkeit unseres Denkens – und dafür, dass wir unseren Alltag mit diesem Denken so gut wie nicht verstehen«, sagt dazu der Philosophieprofessor Gert Scobel. Wir sind also nicht dumm, sondern bloß so klug, dass wir es selbst nicht verstehen können. Beruhigend, oder?

Ich gebe zu, dass ich das an der Stelle der Fortschrittskritiker Charles Duell und Philipp von Jolly auch nicht hätte kommen sehen. Rückblickend lässt sich natürlich immer klug daherreden. Der sprichwörtliche Captain Hindsight hat es leicht und lacht gerne mal über die Narreteien der Vergangenheit. Denken wir nur daran, wie Bill Gates einst sagte: »Das Internet setzt sich nicht durch.« Und, kaum weniger lustig: »512 Kilobyte reichen für alle Daten eines Menschen«. 512 Kilobyte reichen nicht mal für die MP3 eines Scooter-Songs. Das ist also vielleicht ein bisschen zu klein, dieses Daten-Quantum. Zum Glück weiß man nicht so genau, wo es ist. Und wie schnell.

Eine schöne Folge hatte übrigens die Quantentheorie für Niels Bohr. Er erhielt 1922 den Nobelpreis für seine Forschungen zur Struktur von Atomen, in die er als erster Erkenntnisse aus der Quantenmechanik einbringen konnte. Heute wird das Bohrsche Atommodell von 1913 nach wie vor an Schulen unterrichtet, wenn auch nur der Einfachheit halber. Was nun aber geschah mit Niels Bohr nach seinem Gewinn? Nun, er wurde in seiner Heimat Dänemark noch mehr verehrt als zuvor, und als Zeichen der Anerkennung legte die Carlsberg-Brauerei kostenlos eine Leitung direkt in sein Haus. Ja, richtig. Für seinen Nobelpreis erhielt Bohr lebenslänglich Freibier.

Auf mich wirkt das ja fast so, als wollte man einen allzu intelligenten Forscher wie Niels Bohr ein bisschen rückverdummen. Andererseits gibt es ja durchaus die Theorie, dass ein kleiner Schwips die Kreativität anregt. George Orwell ging noch weiter und formulierte einmal, ein Vollrausch sei wie ein Kurzurlaub. Die Theorie, dass Bohr aufgrund des Freibiers geistig flexibler und kreativer blieb als seine Kollegen Einstein und Planck, halte ich jedoch für ein bisschen weit hergeholt. Obwohl, oder gerade weil sie bei mir einen mittelmilden Bierdurst auslöst.

Aber nicht nur die Leute, die gegen Technik sind, stellen sich manchmal erstaunlich dumm an. Oft genug verhält es sich genau umgekehrt, und es ist der blinde oder zumindest kurzsichtige Glaube an die Technik, der die Menschen dumme Entscheidungen treffen lässt. So kam man wohl auf die Idee, Zeppeline mit Wasserstoff zu befüllen oder die Titanic für unsinkbar zu halten. Wobei manchen Leuten offenbar auch im Rückblick noch nicht klar war, was genau mit der Titanic passiert ist. Und ich meine jetzt nicht die Leute, die sich bis heute im

Internet darüber streiten, ob im gleichnamigen Kinofilm die Tür nicht doch groß genug gewesen wäre für Leonardo DiCaprio und Kate Winslet.

Ich meine den realen Untergang und einen gewissen William Smith, der damals nicht der Prince von Bel Air war, sondern als Senator den Regierungsausschuss zur Untersuchung der Titanic-Katastrophe leitete. Er sorgte damals in der Presse für einiges Aufsehen, als er öffentlich die Frage stellte: »Warum retteten sich die Passagiere nicht in den wasserdichten Teil des Schiffes, um zu überleben?« Das erinnert mich ein bisschen an mich selbst in der Schulzeit, wenn ich mal wieder die Lektüre nicht gelesen hatte und versuchte, meine komplette Ahnungslosigkeit durch kreative Fragen zu überspielen. Allerdings mit dem Unterschied, dass ich auch als pubertärer Faulpelz schon wusste, wie ein Schiff funktioniert.

William Smith blieb lange das spektakulärste Beispiel dafür, wie man Regierungsausschüsse leiten kann, ohne die Spur einer Ahnung zu haben. Mindestens bis im April 2018 ein ebensolcher Ausschuss den Facebook-Gründer Mark Zuckerberg befragte und es sich in weiten Teilen so anhörte, als würde Zuckerberg den Mitgliedern des Ausschusses erst mal das Internet erklären müssen. Die einzige Frage, die dabei nicht gestellt wurde: »Warum retteten sich die Facebook-Nutzer, deren Daten von Cambridge Analytica abgeschöpft wurden, denn nicht in den wasserdichten Teil des Internets?«

Ob es auch zu dem folgenden Vorgang einen Regierungsausschuss gab, ist mir nicht bekannt, aber wasserdicht war der Plan dahinter sicher nicht. Im Jahr 1962 kam die NASA-Sonde Marine 1 vom Kurs ab und wurde zerstört. Der Grund war, dass jemand bei der Berechnung der Flugbahn einen Bindestrich falsch gesetzt hatte. Der Kostenpunkt für diesen kleinen Flüchtigkeitsfehler: 18,5 Millionen Dollar. Diese Anekdote habe ich übrigens nur deswegen im Buch, weil ich mir sicher bin, dass sie meiner Lektorin gefallen wird.

Spaß beiseite, vierzig Jahre später, um die Jahrtausendwende, sagte sich die NASA: Wir haben schon lange nicht mehr durch einen falsch gesetzten Bindestrich zig Millionen Dollar in den Sand gesetzt. Jemand wandte ein, dass es vielleicht nicht besonders clever wäre, diesen Fehler einfach zu wiederholen. Das sahen die Offiziellen ein und gingen darum diesmal subtiler vor, wenn auch nicht weniger dumm. So beauftragte die NASA, um Geld zu sparen, ein Privatunternehmen mit der Herstellung einer Raumsonde, die zum Mars fliegen sollte. Im Gegensatz zur NASA nutzte man beim Subunternehmer allerdings nicht das metrische System. Und bei der Übertragung der Daten wurde der Fehler nicht bemerkt. Die Sonde stürzte also nach Hunderten von Millionen Kilometern ungebremst auf die Marsoberfläche. Mit ihr knallten über hundert Millionen Dollar und jahrelange Entwicklungsarbeit in den roten Staub. Immerhin war diesmal nicht nur ein Bindestrich schuld.

Doch warum zu den Sternen schweifen, wenn das Dumme liegt so nah? Auch beim Versuch, die Welt zu retten, kann man sich dumm anstellen. So fand 1990 am Earth Day im New Yorker Central Park eine Großveranstaltung von Umweltaktivist*innen statt. Dort erschienen erfreulicherweise Hunderttausende von Menschen, um ihre Unterstützung für den Umweltschutz auszudrücken. Nicht ganz so erfreulich ist, dass sie den Park regelrecht mit Müll fluteten: Insgesamt 1543 Tonnen Müll mussten nachher aus dem Park entsorgt werden.

Der Zweck, etwas Gutes für die Umwelt zu machen, sollte nicht mit dem Mittel der Umweltzerstörung verfolgt werden. Klingt banal, ist aber scheinbar schwieriger zu befolgen, als man denkt. Den Fehler machte man zum Beispiel auch ein paar Jahre später im Vorfeld des Besuches des damaligen

US-Präsidenten Bill Clinton im Braulio Carrillo Nationalpark in Costa Rica. Clinton war angereist, um über Umweltschutz zu sprechen. Leider benötigte er zu der Zeit Krücken, und so beschloss sein Team, eine 120 Meter lange Schneise mitten in den Urwald hinein zu schlagen und zu asphaltieren, damit der US-Präsident gut laufen konnte. Man könnte spitzfindig anmerken, dass diese Aktion nicht nur den Boden des Regenwaldes untergraben hat, sondern auch die Glaubwürdigkeit von Clintons Rede.

Aber nicht nur beim Versuch, die Umwelt zu schützen, stellen sich Menschen dumm an. Am 22. April 2009 sagte die amerikanische Abgeordnete Michele Bachmann am Earth Day im US-Repräsentantenhaus, dass Kohlendioxid nichts Schädliches sei, sondern immer nur negativ dargestellt werde. Sie übersah dabei die Tatsache, dass der gegenwärtige Überschuss an CO_2 für den Klimawandel verantwortlich ist und potenziell den Planeten unbewohnbar machen könnte. Vielleicht besitzt Frau Bachmann ja ein Ferienhaus auf dem Mars. Oder sie folgte nur einem berühmten Vorbild, nämlich dem ehemaligen US-Vizepräsidenten Dan Quayle. Dieser sagte einst den berüchtigten Satz: »Nicht die Umweltverschmutzung schädigt die Umwelt, sondern die Verunreinigungen in Luft und Wasser.« Na dann. Zumindest aber ist es die lustigste Aussage, seit US-Präsident Calvin Coolidge sagte: »Wenn immer mehr Menschen ihre Arbeit verlieren, resultiert daraus die Arbeitslosigkeit.« Man darf sich wundern, warum manche US-Präsidenten den Nobelpreis gekriegt haben, andere jedoch nicht.

Dabei ist unser Umgang mit der Umwelt und den Ressourcen mit an Sicherheit grenzender Wahrscheinlichkeit die zentrale Dummheit unseres Zeitalters. Dass wir gegenwärtig einen Klimawandel erleben und dass dieser durch die Menschheit verursacht wurde und wird, darin sind sich Wissenschaftler*innen erstaunlich einig. Es gab in den letzten Jahren zwei großen Studien zu dem Thema, beide kamen zum Ergebnis, dass rund 97 Prozent der Klimaforscher*innen den Menschen als Ursache für den derzeitigen Klimawandel sehen. Das zentrale Gegenargument ist, es habe schon immer Schwankungen im Klima gegeben, auch in der vorindustriellen Zeit. Jedoch konnten Schweizer Forscher*innen im Juli 2019 nachweisen, dass es diese Schwankungen zwar tatsächlich gab, es sich aber um lokale Phänomene gehandelt habe. Der aktuelle Klimawandel hingegen betreffe den gesamten Planeten und unterscheide sich damit klar von vorigen, natürlich vorkommenden Vorgängen.

Es darf in Anbetracht dieser überwältigenden Einigkeit vermutlich als dumm gelten, den menschengemachten Klimawandel zu leugnen. Es ist zudem ganz sicher dumm, hierfür ins Feld zu führen, dass man durch diese Leugnung wie Galilei sei, weil man sich gegen den Konsens stelle. Denn genau das machen viele Personen, die Zweifel hegen am menschengemachten Klimawandel. Der Unterschied ist halt, dass Galilei – und mehr noch Roger Bacon – wissenschaftliches Denken einforderte und sich damit gegen einen Konsens stellte, der auf reinem Glauben basierte. Wer nun hingeht und aus reinem Glauben die Ergebnisse der Wissenschaft anzweifelt, verkehrt die Vorzeichen und nimmt Galilei als Argument, um Galileis Errungenschaften rückgängig zu machen.

Ganz am Rande sei bemerkt, dass der Einfluss des Menschen auf die Umwelt keinesfalls neu ist. Schon vor fast 200 Jahren kreideten die ersten Denker, zum Beispiel Alexander von Humboldt, die Umwelt- und Luftverschmutzung durch den Menschen an, und vor mehr als hundert Jahren wurde in der Öffentlichkeit diskutiert, dass die Industrie CO_2 ausstieß und damit das Klima veränderte.

Der schwedische Forscher Svante Arrhenius stellte bereits 1896 Überlegungen an, wie die Konzentration bestimmter Gase in der Atmosphäre dazu beitrage, diese zu erwärmen. Der amerikanische Journalist Francis Molena griff diesen Gedanken auf und schrieb 1912 in der Zeitschrift *Popular Mechanic* darüber, wie die jährliche Verbrennung von Millionen Tonnen von Kohle dazu führen würde, dass sich in ferner Zukunft das Klima verändern würde. Allerdings war Molena ein bisschen optimistischer, als man es heute allgemein ist. Er begeisterte sich für die Errungenschaften des menschlichen Denkens, insbesondere des amerikanischen Gehirns, das er für fortschrittlicher und mutiger hielt als alle anderen Gehirne auf der Welt. Das Gehirn habe Maschinen geschaffen, die über den Wolken flögen, schneller als der Wind seien, die Kraft von hundert Menschen hätten und die durch ihre Verbrennungsmotoren und Abgase ganz nebenher die gesamte Welt veränderten. Denn durch den Wandel des Klimas könnten »zukünftige Generationen wärmere Winde genießen und unter sonnigeren Himmeln leben«. Das hat leider nicht ganz so gut geklappt, trotz der Tatsache, dass Molena all diese Dinge immerhin mit einem amerikanischen Gehirn vorhergesagt hat.

Doch auch eher zeitgenössischen Wissenschaftler*innen kam leider viel zu lange etwas dazwischen, wenn es um das Thema Klimawandel ging. So sagte der Forscher James Black bereits 1977 mit erschreckender Präzision den Verlauf des CO_2-Ausstoßes der Menschheit und die resultierenden Folgen für das Weltklima voraus – vor 42 Jahren. Das Problem daran war Blacks Arbeitgeber, denn dabei handelte es sich um den Ölkonzern Exxon. Dieser verbrachte die nächsten Jahrzehnte damit, die Erkenntnisse nicht nur zu verschweigen, sondern hat gezielt Zweifel an Klimaforschung gestreut und die Rolle fossiler Brennstoffe kleingeredet. Wäre das nicht so traurig, wäre es einfach ein tolles Beispiel dafür, wie Dummheit entsteht, wenn ein Motiv wie Profitgier den Einsatz des Verstands verhindert.

Ich gebe gerne zu, der Klimawandel ist ein komplexes Thema. Für mich wäre das ein weiterer Grund, mich auf Expert*innen zu verlassen. Und zwar solche, die sich mit dem Thema gründlich und wissenschaftlich auseinandergesetzt haben. Und nicht solche, die sich selbst zu Experten ernannt haben, so wie Konrad Adenauer. Nein, nicht der ehemalige Kanzler ist gemeint, sondern sein gleichnamiger Enkel. Dieser stört sich nämlich an der »Hysterie«, mit der man sich gegen den Ausstoß von CO_2 ausspricht. Da werde es sich zu einfach gemacht, meint er. »Wissen denn diese Leute überhaupt etwas von dem CO_2-Gehalt der Luft?«, fragt er sich in einem Gastbeitrag für die Boulevard-Zeitung *Kölner Express*. Gut, dass es Konrad Adenauer gibt, denn er weiß Bescheid und freut sich, zu erklären, warum er Maßnahmen wie Reduktion von Inlandsflügen, Abschaffung von Verbrennungsmotoren in Autos oder Kohleausstieg für einen »Hype« hält, der dringend runtergefahren werden müsse. Hier seine Expertise im Wortlaut: »Das Kohlendioxid (CO_2) beträgt 0,038 Prozent unserer Atmosphäre und ist daher zu vernachlässigen. Von diesem Kohlendioxid produziert die Natur selbst 96 Prozent, also ohne menschliches Zutun. Der Mensch verursacht also nur 0,00152 Prozent des Kohlendioxids. Daran ist Deutschland wiederum mit 3,1 Prozent beteiligt, das sind 0,0004712 Prozent.« Ja, möchte man ergänzen, und wenn man bedenkt, dass auch Deutschland zum größten Teil aus Natur besteht und nur zu einem Bruchteil aus Menschen, dann sinkt die Zahl vermutlich sogar weit unter null. So geht Stehenbleiben für Fortgeschrittene.

Es erstaunt jedenfalls doppelt, dass dieser gravierende Fehler nicht spätestens dem Redakteur der Zeitung aufgefallen ist. So landete der Artikel im Print und im Netz. Auf Twitter wurde er dann auch noch vom ehemaligen Präsidenten des deutschen Verfassungsschutzes, Hans-Georg Maaßen, geteilt. »Interessanter Artikel«, kommentierte Maaßen in einem Tweet dazu. Ja, interessant auch, dass nicht mal ihm, immerhin promovierter Jurist, dieser offensichtliche Fehler in Adenauers Argumentation aufgefallen ist. Nun will ich gerne zugestehen, dass Fehler passieren können. Aber wenn dann bei Adenauer im selben Artikel weiter unten darauf verwiesen wird, dass China mehr als zehnmal so viel CO_2 wie Deutschland ausstößt ohne einen kleinen Hinweis darauf, dass China 1,5 Milliarden Einwohner*innen hat und Deutschland etwa 85 Millionen, dann werde ich stutzig. Hier ein Flüchtigkeitsfehler, da eine Statistik absolut statt pro Kopf in Betracht gezogen, um eigene Verfehlungen kleinzureden – man könnte meinen, hier folgt jemand bei der Darlegung der Fakten einer Agenda. Und wer solche tendenziösen und fehlerhaften Artikel mit lobender Erwähnung teilt, wirkt auch nicht gerade so, als sei er übermäßig an Fakten interessiert.

Auf den Gipfel der Absurdität brachte es jedoch erst Heinz-Peter Benoit, der für die AfD im Stadtrat von Zweibrücken in Rheinland-Pfalz sitzt. Am 15. November 2019 berichtete die *Zweibrücker Zeitung*, dass Benoit in einer Ratssitzung lautstark Zweifel daran erhob, dass Radfahren umweltschonend sei. Schließlich verbrauche man dabei ja Kalorien, die man wiederum durch Nahrung aufnehmen müsse. Die Herstellung von Nahrung wiederum erfolge auf »sehr umweltschädliche Art und Weise«. Darauf muss man erst mal kommen.

Immerhin erfährt das Thema Klimawandel gerade große Aufmerksamkeit, und man kann nur hoffen, dass es nicht zu spät ist. Wenn man dann hört, dass Google im Sommer 2019 zu einer Klimakonferenz nach Sizilien einlud, an der viele Prominente teilnahmen, dann klingt das erst mal super. Allerdings schmilzt die Begeisterung dahin, wenn man sieht, dass die Teilnehmer*innen mit sage und schreibe 114 Privatflugzeugen anreisten. Also zumindest die, die nicht mit ihrer Superjacht kamen. Es scheint, seit dem Müllberg nach dem Earth Day 1990 in New York hat die Menschheit nicht viel dazugelernt.

Eine Sache wäre noch hinzuzufügen: Ich glaube nicht an den Weltuntergang. Der Mensch wird durch seinen unverantwortlichen Umgang mit Ressourcen nicht die Welt zerstören, egal wie viele fossile Brennstoffe er verbraucht, wie viel CO_2 er in die Atmosphäre ballert oder wie viel Plastik in die Ozeane. Nein, untergehen wird die Welt davon nicht. Sie wird jedoch für den Menschen unbewohnbar werden. Und leider und völlig unverschuldet auch für einen Großteil der anderen Lebewesen. Falls Sie also nicht wollen, dass statt Ihrer Kinder in Zukunft ausschließlich Roboter, Kakerlaken und elektrische Tretroller auf diesem Planeten zu finden sind, dann sollten Sie eventuell jetzt sofort für den Umweltschutz aktiv werden. Oder lassen Sie zumindest den SUV stehen und gehen Sie zu Fuß zum Strand, um Ihre Plastiktüten auf Delfine zu werfen. So als Kompromiss.

Am Ende dieses langen Kapitels sei noch eine kleine Dummheit hinzugefügt, die vor Kurzem einigen Wissenschaftler*innen in Australien passiert ist. Am Parkes Radio Telescope hatte man seit 1998 ein seltsames Signal empfangen. Es tauchte nur ein- oder zweimal im Jahr auf und schien außerirdischen Ursprungs zu sein. Erst siebzehn Jahre später, im Jahr 2015, kam man dem Mysterium auf die Spur. Mithilfe besserer Messgeräte stellte man fest, dass die Frequenz der seltsamen Signale etwas sehr Irdischem entsprach: einer Mikrowelle. Wenn das Radioteleskop in einem bestimmten Winkel stand und jemand die Tür der Mikrowelle öffnete, dann wirkte deren Strahlung auf die empfindlichen Messgeräte. Die Wissenschaftler*innen hatten siebzehn Jahre lang nach ihrer eigenen Mikrowelle gesucht. Das ist ein bisschen lustig und auch ein bisschen bedauerlich. Beim gegenwärtigen Zustand der Erde wäre ein echtes außerirdisches Signal womöglich ein Hoffnungsschimmer gewesen. Wie sangen Monty Python in ihrem »Galaxy Song« so schön: »Betet, dass es im Weltall intelligentes Leben gibt, denn auf der Erde sind nur Idioten.«

6. Krieg, Gewalt und Katzenbildchen

»*Der Krieg ist die tierischste Dummheit.*«

Leonardo da Vinci

Es ist einfach zu sagen, dass Krieg an sich eine dumme Idee ist. Einfach und richtig. Es gibt so viele bessere Wege, seine Konflikte zu lösen. Einer der nächsten Verwandten der Menschen sind die Bonobos, eine Schimpansen-Art, die ihre Probleme durch Geschlechtsverkehr löst. Ich meine, ich will jetzt nicht vorschlagen, dass Sie mit allen, mit denen Sie Streit haben, am besten … nun, vergessen Sie den Gedanken. Das war auch eine dumme Idee.

Was ich eigentlich sagen wollte: Während Krieg mit Sicherheit eine dumme Idee ist, gibt es unbestreitbar mehr oder weniger kluge Wege, Kriege zu führen. Die Militärgeschichte wimmelt nur so von Beispielen, in denen brillante Strateg*innen nur durch überlegenes Überlegen gegen eine gegnerische Übermacht siegreich wurden. Diese werden weltweit in Liedern besungen, auf Filmrollen gedreht oder in Stein gemeißelt, völlig zu Recht, denn sie fanden kluge und mutige Wege, superviele Menschen umzubringen. Toll. Aber machen wir es wie das Lexikon, stellen wir Zynismus hintenan. Widmen wir uns lieber denjenigen, die nachhaltig bewiesen haben, dass der Mensch auch in emotionalen und psychischen Ausnahmesituationen wie Krieg durchaus in der Lage ist, sich erstaunlich dumm zu verhalten.

Nehmen wir den persischen Großkönig Xerxes, der von 486 bis 465 vor Christus als achämenidischer Großkönig und ägyptischer Pharao herrschte. Bis heute kennt man ihn vor allem durch seine Feldzüge gegen Griechenland, wo er die Spartaner besiegte und Athen in Schutt und Asche legte, bevor er in der Seeschlacht von Salamis in die Flucht geschlagen wurde. Ja, richtig gelesen. Bei der Seeschlacht von Salamis in die Flucht geschlagen. Allerdings ist Salamis ein Ort in Griechenland. Xerxes wurde nicht mit Würsten beworfen, bis er aufgab und fortan vegan lebte. Das Ereignis, über das ich sprechen möchte, passierte vorher, auf seinem Weg nach Griechenland. Zwei Schiffsbrücken sollten es Xerxes und seinem Heer ermöglichen, die Meeresenge der Dardanellen, damals bekannt als Hellespont, zu überqueren. Nachdem die Brücken jedoch durch einen Sturm zerstört wurden, ließ der Großkönig nicht nur die Verantwortlichen köpfen, sondern bestrafte kurzerhand gleich das Meer mit.

Den Vorgang schildert der antike Geschichtsschreiber Herodot so: »Als Xerxes dies [die Zerstörung der Brücken] erfuhr, nahm er das sehr übel auf und befahl, dem Hellespont 300 Geißelhiebe zu geben und ein Paar Fußschellen in das offene Meer zu versenken. Ich habe sogar gehört, dass er zugleich Henker mitschickte, um dem Hellespont Brandmale aufzudrücken. Er trug ihnen auf, während der Auspeitschung die barbarischen und frevelhaften Worte zu sprechen: ›Du Wasser der Bitternis, unser Herr legt dir diese Strafe auf, weil du ihn beleidigt hast, ohne dass er dir ein Unrecht tat. König Xerxes wird über dich hinweggehen, du magst wollen oder nicht. Dir aber opfert mit Recht kein Mensch, weil du nur schmutziges Salzwasser bist.‹ So gebot er, das Meer zu strafen.«

Xerxes hat also das Meer beleidigt und dann verprügeln lassen. Offensichtlich mit Erfolg, denn der nächste Versuch, überzusetzen, gelang ohne Probleme. Zumindest vorerst, denn nachdem Xerxes geschlagen war und auf dem Rückweg nach Persien erneut an die Meerenge kam, fand er die Schiffsbrücke abermals von einem Sturm zerstört vor. Von einer weiteren Bestrafung ist jedoch nichts überliefert.

Man muss fairerweise hinzufügen, dass Herodot natürlich ein Grieche war, es mag also sein, dass er bei seinem Bericht über Xerxes ein wenig voreingenommen war. Zudem erhielt Herodot zwar von Cicero den Ehrentitel Vater der Geschichtsschreibung und dies in Anbetracht seiner Errungenschaften völlig zu Recht. Andererseits schmückte Herodot seine Geschichte gerne auch mal mit Geschichten. So behauptete er, in Indien würde man Gold nicht durch Bergbau fördern, sondern mithilfe von Ameisen, die größer als Füchse seien und die Männer dort hätten schwarzen Samen. Es mag also sein, dass die Geschichte von der Bestrafung des Meeres leicht übertrieben ist. Andererseits darf man nicht vergessen, dass Xerxes das Meer vielleicht anders betrachtete als wir heute und es eben vielleicht doch als beseeltes Wesen wahrnahm, das man durchaus bestrafen konnte. Man muss nachsichtig sein mit den religiösen Vorstellungen der Menschen und nicht aus dem Auge verlieren, dass Christ*innen jeden Sonntag Brot und Wein zu sich nehmen und glauben, das sei das Fleisch und Blut ihres Erlösers. Das hätte Xerxes vermutlich auch seltsam gefunden. Vielleicht hat jeder Glaube seine eigene Unbedachtheit, wie gewiss jeder Glaube seine eigene Weisheit hat. Doch dazu später mehr.

Übrigens sind Xerxes und sein Stress mit dem Meer gar kein Einzelfall. Der römische Feldherr Caligula, der bis zum Ärmelkanal vorgerückt war, konnte mit seinen Truppen ebenfalls nicht übersetzen. Also erklärte er kurzerhand dem Wasser den Krieg. Aber gut, Caligula hat angeblich auch ein Pferd zum Konsul ernannt. Vielleicht gehörte er ja zur FAAS, jenen

Pferdefans und Autofeinden, die wir in anderem Zusammenhang bereits kennengelernt haben. Eine weitere Anekdote über Caligula, der dann von 37 bis 41 tatsächlich Kaiser von Rom wurde, kann aus heutiger Perspektive mindestens sonderbar wirken: Ein Wahrsager hatte ihm prophezeit, seine Chancen, eines Tages Kaiser zu werden, seien so hoch wie seine Chancen, per Pferd die Bucht von Baiae zu überqueren. Nachdem Caligula Kaiser geworden war, gab er ein Vermögen dafür aus, zahlreiche Schiffe per Brücken verbinden zu lassen, um die Bucht tatsächlich per Pferd zu überqueren. Sein Ende fand Caligula, nachdem er so viele Leute aus seinem Umkreis umbringen ließ, als seine Leibwache sich irgendwann dachte: Bevor wir die Nächsten sind, bringen wir lieber schnell ihn um die Ecke. Wie man sieht, führen Schreckensherrschaft und Irrsinn offenbar nicht automatisch ins Glück.

Ich würde an dieser Stelle mal grundsätzlich gerne als Gedanken in den Raum werfen, dass es nie einen guten Grund gibt, einen Krieg anzufangen. Andererseits sollte man nicht außer Acht lassen, dass es möglich sein kann, dass ein Krieg das kleinere Übel darstellt. Ob und wann das der Fall ist, darüber lässt sich trefflich diskutieren. Aber es gibt in der Geschichte einige Ereignisse, bei denen die Gründe, aus denen Krieg geführt wurde, wirklich auch im Vergleich zu allen anderen Gründen unglaublich dumm erscheinen. So gab es von 1325 bis 1337 zwischen den freien Städten Modena und Bologna tatsächlich einen Krieg um einen gestohlenen Eimer.

Noch abwegiger war ein Krieg zwischen Honduras und El Salvador, der zwar nur hundert Stunden dauerte, jedoch 2000 Tote forderte und der ausgelöst wurde durch … nun … ein Fußballspiel. Genauer gesagt ging es um die Qualifikationsspiele zur Weltmeisterschaft von 1970. Bereits nach dem zweiten Halbfinale am 15. Juni 1969 war es in El Salvador zu Ausschreitungen gekommen. Im entscheidenden Spiel schoss ein Spieler von El Salvador das Siegtor, und Honduras schied aus. Erneut kam es zu Krawallen, diesmal kosteten sie sogar Menschen das Leben. Daraufhin brachen die Staaten ihre Beziehungen ab, und kurz darauf begann der Krieg.

Natürlich muss man festhalten: Zwischen den beiden Ländern herrschte ohnehin angespannte Stimmung wegen des Umgangs mit etwa 300 000 armen Kleinbauern, die sich in den 1950ern von El Salvador aus über die offene Grenze in Honduras niedergelassen hatten und nun von dort vertrieben werden sollten. Das wiederum lehnte El Salvador ab. Aber erst die Gewaltexzesse rund um die beiden Fußballspiele machten aus einer diplomatischen Krise einen tatsächlichen Krieg. Vielleicht denken Sie daran, bevor Sie das nächste Mal Fans einer gegnerischen Mannschaft beschimpfen.

Geradezu ein Paradebeispiel für Dummheit lieferte Gustav II. Adolf, König von Schweden. In einem Krieg geht es immer auch darum, wer welche Waffen in seinem Arsenal hat. Weshalb es manchmal schlicht darum geht, wer die größere, längere und härtere Kanone hat. Gustav Adolf wollte also im Jahr 1628 das größte Kriegsschiff der Welt bauen, auf dem zusätzlich auch noch die meisten Kanonen Platz haben sollten. Während es in der Werft in Stockholm gebaut wurde, trug man dem König jedoch zu, dass man in Dänemark gerade dabei sei, ein noch größeres Schiff mit noch mehr Kanonen zu bauen. Das konnte er selbstredend nicht auf sich sitzen lassen und ließ kurzfristig die Baupläne entsprechend ändern. Ob eine solch kurzfristige Änderung der Pläne während des Baus eine gute Idee war? Ich versuche es mal mit einem vorsichtigen Nein. Denn als das Schiff vom Stapel lief und zu seiner Jungfernfahrt startete, versank es noch im Hafen von Stockholm. Dort lag es dann am Meeresgrund, das größte und stärkste Schiff der Welt.

Das war jedoch nicht die einzige sehenswerte Dummheit, die Gustav Adolf beging. Als er im Dreißigjährigen Krieg mal in eine Schlacht gegen Wallenstein reiten sollte, weigerte er sich entgegen aller Ratschläge beharrlich, eine Brille aufzusetzen. Schließlich gaben seine Männer nach, immerhin war er der König. Nun waren solche Schlachten damals durchaus keine Grabenkämpfe aus der Ferne oder bestanden aus der Steuerung von Drohnen aus einem Kontrollraum am anderen Ende der Welt. Schlachten waren damals vom Nahkampf geprägt. Und da lebt man doch eher sehr gefährlich, wenn man nichts sieht. Das musste leider auch Gustav Adolf feststellen, als ihn kurz darauf ein gegnerischer Ritter vom Pferd schlug. Ein dummer Tod, den er zumindest hätte kommen sehen können. Übrigens sind hier in beiden Situationen, beim Schiff und der Brille, die starken Motive, die den Verstand überbrückten und zur Dummheit führten, recht gut erkennbar, finden Sie nicht?

Gustav Adolfs' Tochter, Kristina von Schweden, sah das mit den großen Kanonen übrigens anders als ihr Vater. Aber nicht unbedingt, weil sie eine wesentlich vernünftigere Dame gewesen ist. Sondern weil sie sehr, sehr, sehr kleine Kanonen mochte. Das ist kein Witz. Kristina von Schweden ließ sich eine winzige Kanone anfertigen, weil sie Flöhe hasste und mit dieser Miniwaffe auf die Jagd gehen wollte. Das ist übrigens keine anachronistische Dummheit, denn das macht man noch heutzutage. Die winzigen Kanonen sind nur minimal anders, man schießt daraus Salz auf Stubenfliegen. Es gibt diese Miniknarren sogar mit Ziellaser und allem Drum und Dran. Glauben Sie mir nicht? Dann googeln Sie doch mal danach. Den Link dazu gebe ich Ihnen nicht, das ist sogar mir zu albern.

Doch leider gibt es nicht nur Menschen, die einer Fliege etwas zuleide tun können. Deutlich schlimmer wurde es auch im Krieg, wenn Menschen Tiere mit in ihre kriegerischen

Konflikte hineinzogen. Dabei wird es einem Pferd recht egal gewesen sein, ob sich die indigenen Araukaner im Süden Chiles gegen den Konquistador Pedro de Valdivia durchsetzen konnten. Und es steht zu vermuten, dass auch die Elefanten in Hannibals Armee über die Überquerung der Alpen und den Angriff auf die römische Armee eher irritiert als mit kampfbereiter Leidenschaft reagierten.

Aber nicht nur als Reittier wurden Tiere in Kriegen eingesetzt. Bei der Schlacht von Pelusium, 525 vor Christus, trafen die Truppen von Pharao Psametik III. und dem persischen König Kambyses II. aufeinander. Dass am Ende die Perser siegreich waren und damit Ägypten erobern konnten, lag einerseits daran, dass Kambyses viel erfahrener war als der junge Pharao. Andererseits verfolgte er eine ungewöhnliche Strategie: Er befahl seinen Truppen, das Bild der ägyptischen Göttin Bastet auf ihre Schilder zu malen, einem Mischwesen aus Katze und Frau. Zudem stellte er vor seine Truppen eine Reihe von Katzen, aber auch Hunde, Schafe und weitere Tiere, die den Ägyptern heilig waren. Viele Ägypter waren keinesfalls bereit, die Tiere zu verletzen, und wollten erst recht nicht die Bilder ihrer Göttin auf den Schildern der Gegner beschädigen. Also suchten sie ihr Heil in der Flucht, und es war Kambyses ein Leichtes, die Schlacht für sich zu entscheiden. Man könnte jetzt darüber lachen, dass quasi eine ganze Armee von Katzenbildern besiegt wurde, andererseits bestätigt ein kurzer Blick ins Internet, dass heutzutage die Katzenbildchen kurz davor sind, die Kontrolle über die gesamte Menschheit zu erlangen.

Zweihundert Jahre später nutzte man in Karthago Schlangen, indem man sie aus einiger Entfernung auf das römische Heer schleuderte. Nicht überliefert ist, was die Schlangen gedacht haben. Vermutlich: Huiiiiii. Und bis heute werden Tiere in Konflikten eingesetzt. Zuletzt staunte die Welt über einen

Beluga-Wal, der 2019 vor der norwegischen Küste auftauchte und mit Spionageausrüstung ausgestattet war. Man vermutete, dass er ein russischer Geheim-Beluga war. 00Wal, wenn man so will. Ganz normales Vorgehen und keinesfalls ein Zeichen dafür, dass die Menschheit seit jeher nicht ganz knusper im Gebäck ist.

Dummheiten gab es natürlich nicht nur in grausamen Großkonflikten, sondern auch bei Kämpfen zwischen zwei Personen. So duellierten sich im Jahr 1808 zwei Herren in Frankreich mit Musketen. Das ist kein Gewürz, sondern ein Gewehr. Nein, es ist auch kein Gewürzgewehr, mit dem man auf Fliegenjagd geht. Das Besondere an dem Fall war vielmehr, dass sich die Männer dabei nicht am Boden befanden, sondern in großer Höhe in Heißluftballons. Der eine Duellant fand es schwer, in einem wackligen Korb auf die Entfernung einen Menschen in einem anderen wackligen Korb zu treffen. Klüger stellte sich der andere Schütze an, der direkt auf den Ballon seines Gegners zielte. Raten Sie mal, wer das Duell gewann.

Genau neunzig Jahre später, im Jahr 1898 also, trugen die USA mit Spanien auf Kuba einen Krieg aus. Der Spanisch-Amerikanische Krieg hatte schon mit einer Dummheit angefangen. Spanien erklärte nämlich zuerst den Krieg, Amerika zog erst am folgenden Tag nach. Damit sie nicht die Nachsicht hatte, datierte die amerikanische Regierung ihre Kriegserklärung allerdings vier Tage zurück. Auf was man halt so Wert legt in einem Krieg. Albern, wenn es nicht so tragisch wäre. Nun kam auf Kuba jedenfalls auch ein Ballon zum Einsatz, diesmal allerdings nur zum Spähen. So konnte eine Person über den Wipfeln des dichten Walds Ausschau halten nach spanischen Truppen. Gleichzeitig war sie dabei natürlich an einer ziemlich exponierten Stelle. Die spanische Seite verzichtete darauf, den amerikanischen Ballon abzuschießen, obwohl der Trick sich in den letzten neunzig Jahren mittlerweile rumgesprochen hatte. Die Spanier erkannten jedoch eine Eigenschaft des Ballons, die sie für sich nutzen konnten. In Abwesenheit von Funkgeräten mussten sich die amerikanischen Bodentruppen nämlich immer direkt unter dem Ballon befinden, um sich Informationen zurufen lassen zu können. Trotz des dichten Waldes wussten die entfernt stehenden Spanier also genau, wo die gegnerischen Truppen sich am Boden aufhielten, und mussten nur noch mit ihrer Artillerie und Gewehrsalven unterhalb des Ballons auf den Wald feuern. Auch eine Form von Aufklärungsflug.

So wie der Heißluftballon sind viele Erfindungen der Menschheit für militärische Zwecke eingespannt oder gar extra ersonnen worden. Manches davon wurde nachher einer zivilen Nutzung überführt, nehmen wir als anschauliches Beispiel den Computer (beziehungsweise dessen Vorläufer, die Turing-Maschine) und das Internet. Andere Erfindungen wurden für zivile Zwecke gemacht und dann für kriegerische Zwecke gebraucht oder missbraucht. So war die Atombombe eigentlich als erfrischendes Hustenbonbon entwickelt worden und entfaltete nur ganz aus Versehen ihr tödliches Potenzial, das die Menschheit bis heute in Angst und Schrecken versetzt.

Am 17. Juni 1862 wurde jedoch in den USA eine wirklich skurrile Kombination als Patent Nummer 35 600 eingereicht. Es handelte sich um einen Pflug mit einer obenauf montierten Kanone. Die Begründung für diese Erfindung liest sich spannend: Insbesondere in Grenzgebieten sei es nützlich, wenn sich Bauern direkt gegen Angreifer verteidigen könnten. Ich dachte jedoch sofort, dass da wohl jemand die Bibel rückwärts gelesen hat. Dort findet sich nämlich in Micha 4, 1, 4: »Sie werden ihre Schwerter zu Pflugscharen und ihre Spieße zu Sicheln machen.« Den Teilsatz »Schwerter zu Pflugscharen« haben Sie gewiss schon einmal gehört, er wird bis heute oft von der Friedensbewegung zitiert. Der Satz »Pflugscharen zu Kanonen« konnte sich hingegen nicht durchsetzen.

Bei all diesen Erfindungen, Plänen und mehr oder weniger gut funktionierenden Strategien darf man nicht übersehen, dass es manchmal auch ganz simple Dummheiten waren, die Kriege ausgelöst haben. Sie kennen vermutlich die Geschichte, wie der Mord des österreichischen Thronfolgers Franz Ferdinand ein Anfangspunkt für die Entwicklungen war, die schließlich zum Ausbruch des Ersten Weltkriegs führten. Was vielleicht weniger bekannt ist, ist der Umstand, dass dieser Mord nur passieren konnte, weil ein Fahrer falsch abgebogen ist. Nach einem Bombenanschlag auf seinen Konvoi, den Franz Ferdinand überlebte, traf er auf den Bürgermeister von Sarajewo. Im Anschluss an den Empfang wollte Franz Ferdinand spontan die beim Anschlag Verwundeten besuchen. Die Route zum Krankenhaus wurde extra so gewählt, dass der Stadtkern vermieden wurde. Doch der Fahrer bog zuerst falsch ab, wollte dann wenden und würgte das Auto dabei ab – genau vor dem Restaurant, in dem einer der zuvor glücklosen Attentäter sein Mittagessen einnahm. Dieser junge Mann namens Gavrilo Princip nutzte die unerwartete Gelegenheit, brachte Franz Ferdinand um und eine fatale Kettenreaktion in Gang. Zum Glück kann derlei heute nicht mehr passieren, denn wir haben ja alle Navis in unseren Autos. Wer weiß, wie oft diese schon einen Weltkrieg verhindert haben?

Ich möchte spätestens an dieser Stelle noch einmal betonen, dass Kriege an sich dumm sind. Man kann sich mit Captain Hindsight hinsetzen und mutmaßen, dass dieser oder jener Krieg irgendeinen positiven Nutzen für die Menschheit gehabt haben könnte. Aber dann verwechselt man Therapie mit Amputation. Und ja, manchmal ist ein solcher Schritt womöglich nicht abzuwenden. Man sollte sich jedoch dringend davor hüten, Krieg im Allgemeinen und Kriege im Speziellen zu verharmlosen. Selbst wenn sich vermeintlich nur um einen Eimer oder ein Fußballspiel bekriegt wird, bringt jeder Krieg unsägliches Leid, Tote, Verletzte und Zerstörung mit sich. Ich kenne einen Hautarzt, der wird nicht müde, den ganzen Tag fast ununterbrochen über die Gefahren von Hautkrebs zu sprechen. Eine richtige Partykanone. Ich habe mich eine Weile lang gefragt, was ihn eigentlich antreibt, bis mir klar wurde: Der Mann ist immerzu von Betroffenen umgeben. Er hat quasi Zugang zu einer Welt, die ich nicht kenne, und in dieser Welt haben alle Leute Hautkrebs. Kein Wunder, dass er emotional so stark bewegt von dem Thema ist, dass er seinen Äußerungsdrang nicht bremsen kann und selbst in der Warteschlange beim Bäcker davon anfängt.

Nun bin ich studierter Historiker, ich habe quasi Zugang zu einer Welt, die man sonst nicht kennt, und in dieser Welt führen quasi alle Leute Krieg. Vielleicht werde ich daher ein bisschen übereifrig und komme allzu mahnend daher, und Sie denken sich: Aber Herr Autor, was reden Sie denn da? Wir wissen doch alle, dass Krieg nicht gut ist. Dann ist ja gut. Vergessen Sie das nur bitte nicht, wenn mal wieder jemand daherkommt, der Ihnen sagt, Krieg sei gerechtfertigt, gut, hilfreich oder freiheraus der »Vater aller Dinge«, wie Heraklit einst meinte. Krieg ist die Hölle.

Dennoch folgen Kriege einer gewissen internen Logik. Diese ist keinesfalls gut, und man muss sehr genau aufpassen, wenn man sagt, jemand habe eine kluge Strategie für eine Schlacht angewandt oder sich im Kampf tapfer verhalten. Denn selbstverständlich gab es und gibt es tapfere Soldat*innen und taktisch geschickte Feldherr*innen. Hebt man das jedoch hervor, ohne es in seinen Kontext zu setzen, verharmlost man womöglich den Krieg und lenkt von den oft finsteren Motiven ab, die zu diesem führten. Denken Sie daran, wenn das nächste

Mal jemand fordert, man solle die Tapferkeit der Wehrmachtssoldaten endlich auch mal öffentlich loben. Besonders, wenn dieselbe Person bei anderer Gelegenheit den Nationalsozialismus als »Fliegenschiss der Geschichte« kleinredet.

Der Schrecken der Weltmeere waren im Zweiten Weltkrieg die deutschen U-Boote. Ihre unvorhersehbaren Attacken waren eine ständige Bedrohung für die Kriegsschiffe der Alliierten, aber auch für Handelskonvois und Versorgungsschiffe, die unter anderem für das unter deutscher Bombardierung leidende Großbritannien von überlebenswichtiger Bedeutung waren. Aber natürlich gab es auch an Bord dieser U-Boote Dummheiten. Die vermutlich spektakulärste und folgenreichste betraf den Kommandanten der U 1206, den Kapitänsleutnant Karl-Adolf Schlitt und seinen Kot.

Am 14. April 1945, der Krieg näherte sich schon eine Weile seinem Ende, war das U-Boot bei seiner ersten Feindfahrt in der Nähe der schottischen Küste unterwegs, als den Kommandanten ein sehr menschliches Bedürfnis ereilte. Nun war das Boot mit einem hochmodernen Klo ausgestattet, das als der letzte Schrei unter Ingenieuren galt, wie in den Geschichtsbüchern zu lesen ist. Das ist eine Welt, die für mich wohl immer verschlossen bleibt. Die historische Begeisterung von Ingenieuren über neu entwickelte Toiletten. Allerdings muss ich sagen, dass ich einige Zweifel an der Großartigkeit dieser Toilette hege. Sie konnte zwar auch beim hohen Außendruck tiefer Tauchgänge den Inhalt der Toilette ins Meer spülen, benötigte dafür aber ein komplexes System an Ventilen und musste deswegen von einem eigenen Ingenieur betreut werden. Im Klartext: Es gab einen Fachmann an Bord, der jede Klospülung vornehmen musste. Diesen Befehl ignorierte Kommandant Schlitt jedoch an besagtem 14. April. Er wollte seinen Stuhl selbst wegspülen, statt den Klofachmann zu holen.

Da die Konstrukteure des Bootes nicht mit der Dummheit der Menschen gerechnet hatten, war dies der Anfang vom Ende. Nicht nur wurde Schlitts Morgentoilette ins Innere des Bootes gespült, was ja schon unschön genug gewesen wäre. Es kam auch noch ungebremst und unter hohem Druck Meerwasser hinterher. Und unter der Toilette waren die Batterien des Schiffs installiert, die durch den Kontakt mit dem Wasser giftiges Chlorgas freisetzten. Der Toilettenfachmann konnte nichts mehr retten, der Kommandant gab den Befehl, sofort alle Torpedos abzuwerfen und aufzutauchen, um die Crew zu retten. Damit ging jedoch der entscheidende Vorteil eines U-Bootes verlustig, und es wurde sofort von den Briten entdeckt. Kommandant Schlitt geriet damit bis 1948 in britische Kriegsgefangenschaft. Oder anders ausgedrückt: drei Jahre Kriegsgefangenschaft für eine Morgentoilette.

Nun ist es natürlich so, dass Gewalt und Krisen heftige Emotionen auslösen. Und wir wissen ja, dass Dummheiten dann geschehen, wenn es eine Motivation gibt, den Verstand nicht zu nutzen. Ein eindrückliches Beispiel dafür, wie man in einer Krise eine dumme Idee haben kann, lieferte Franz Josef Strauß bei der Schleyer-Entführung durch die RAF. Ganz Deutschland hielt damals im September und Oktober 1977 den Atem an, und in einer Sitzung des Krisenstabs schlug Strauß vor, »jede Stunde einen [der RAF-Häftlinge] zu exekutieren«. Man muss dazu sagen, dass man davon ausgeht, dass Strauß zum Zeitpunkt der Äußerung wahrscheinlich angetrunken war. Ob das jetzt eine Entschuldigung für seine Idee ist oder ihn nicht vielleicht noch weiter disqualifiziert, soll jede*r für sich entscheiden. Ich persönlich war noch nie in einem Krisenstab, von daher kann ich gar nicht mit Sicherheit sagen, ob ich da betrunken hingehen würde.

Fairerweise kann man ergänzen, dass Strauß mit dieser Meinung nicht allein war, auch wenn sein Vorschlag wahrscheinlich am radikalsten war. Generalbundesanwalt Kurt Rebmann schlug die zeitweise Suspendierung von Artikel 102 des Grundgesetzes vor: »Die Todesstrafe wäre dann wieder möglich gewesen, und man hätte die Häftlinge in Stammheim erschießen können.« Sie merken langsam, die Stimmung war angespannt. In dem Raum hätte selbst Arthur Schopenhauer die Stimmung heben können. Und nicht nur unter Politikern kursierte diese Idee. Am 17. Oktober 1977, einen Tag bevor die RAF Schleyer schließlich ermordete, sagt der Historiker Golo Mann in der TV-Sendung *Panorama* der ARD: »Der Moment kann kommen, in dem man jene wegen Mordes verurteilten Terroristen, die man in sicherem Gewahrsam hat, in Geiseln wird verwandeln müssen, indem man sie den Gesetzen des Friedens entzieht und unter Kriegsrecht stellt.« Bundeskanzler Helmut Schmidt wies all diese Vorschläge jedoch kategorisch zurück, und sein Kanzleramtschef Manfred Schüler bezeichnete sie sogar als Schnapsideen. Zumindest im Fall von Franz Josef Strauß scheint er ja damit angeblich nicht ganz falsch gelegen zu haben.

Doch die RAF war nicht die einzige Bedrohung zu dieser Zeit, denn wir befinden uns in der Zeit des sogenannten Kalten Krieges. Dieser bezeichnet kurz gefasst die Dummheit, dass sich alle gegenseitig mit dem Weltuntergang drohen. Die Menschheit band sich quasi kollektiv einen Sprengstoffgürtel um und rief: »So, jetzt sind wir alle sicher voreinander.« Das mag heiter klingen. Dabei kann es einem kalt den Rücken runter, und den Bauch wieder rauflaufen, wenn man sich damit beschäftigt, wie knapp wir manchmal an einer endgültigen Katastrophe vorbeigerasselt sind. Und wenn man dann noch weiß, wie viele Atomraketen auch heute noch mehr oder weniger abschussbereit in der Gegend rumstehen, vergeht einem das Lachen noch mehr.

Am 3. Juni 1980 wäre zum Beispiel um ein Haar der Dritte Weltkrieg ausgebrochen. Ein US-amerikanischer Computer hatte gemeldet, dass eine sowjetische U-Boot-Raketen-Attacke bevorstünde. Einhundert B-52-Bomber wurden umgehend in die Luft geschickt und binnen Minuten zurückgerufen. Glücklicherweise. Denn es handelte sich um einen einfachen Computerfehler. Ein Chip im Wert von damals 46 Cent war ausgefallen und hatte den Fehlalarm ausgelöst. 46 Cent für den Weltuntergang ist eigentlich ganz günstig, oder?

Wenige Jahre später verhinderte ein Russe namens Stanislaw Petrow ebenfalls knapp den vermutlichen Weltuntergang, als Ende September 1983 ein russischer Computer meldete, fünf Atomraketen der USA seien Richtung Russland abgefeuert worden. Doch der sowjetische Oberst dachte sich: »Wir sind klüger als die Computer. Wir haben sie geschaffen.« Und nur aufgrund seines Misstrauens gegenüber den Rechenmaschinen entschloss er sich, das Ganze als falschen Alarm zu werten. Und das zu Recht, wie wir heute wissen, weil wir noch leben.

Vermutlich die dümmste Art, per Atomkonflikt die Menschheit zu vernichten, wäre am 11. August 1984 beinahe dem damaligen US-Präsidenten Ronald Reagan gelungen. Seine Methode? Ein dummer Witz. Reagan sollte an dem Tag eine Rede halten und variierte spontan beim Tontest den Text der Rede, sodass sie nicht mehr von einem Gesetz handelte, dass es religiösen Gruppen erlaubte, sich außerhalb der Schulzeiten in den Räumlichkeiten von Highschools zu treffen. Das war Reagan vielleicht einfach ein bisschen zu langweilig. Beim Soundcheck also sagte er ins Mikrofon: »Meine amerikanischen Mitbürger, ich bin erfreut, Ihnen heute mitteilen zu können, dass ich ein Gesetz unterzeichnet habe, welches Russland für immer für vogelfrei erklärt. Wir beginnen mit der Bombardierung in fünf Minuten.«

Zwar wurde dieser Text nicht, wie weithin angenommen, so ausgestrahlt. Sein Inhalt kam jedoch trotzdem an die Öffentlichkeit und verbreitete sich wie ein Lauffeuer. Berichten zufolge wurden tatsächlich einige sowjetische Militärbasen wegen dieses Vorfalls in Alarmbereitschaft versetzt. Doch auch diesmal konnte die nukleare Auslöschung der Menschheit verhindert werden. Trotzdem ist Reagans Ansprache ein heißer Anwärter auf den dümmsten Witz der Geschichte der Menschheit. Noch dümmer als seine Idee, Ketchup als Gemüse zu deklarieren.

Die folgende Geschichte mag sich ebenfalls wie ein Witz lesen, aber sie ist erstaunlicherweise genau so passiert. Golf ist erst mal ein weitgehend friedliches Spiel, außer natürlich für die Bälle. Nur sehr selten kommt es vor, dass ein Golfspieler eine ganze militärische Streitmacht außer Gefecht setzt. Auch Möwen sind nicht unbedingt dafür bekannt, Armeen zu besiegen. Außer die Armeen halten am Strand ein Fischbrötchen unachtsam in die Luft. Aber ganz manchmal kommt es vor, dass eine Möwe und ein Golfball sich verbünden und ungeahnte Macht entwickeln. So geschah es 1987, als ein Mann namens Mathieu Boya im Benin in der Nähe eines Flughafens Golf spielte. Nun war Boya kein illegaler Kampfgolfer oder dergleichen, im Gegenteil, er hatte dafür extra eine Genehmigung des Staates. Was jedoch niemand hatte kommen sehen: Mit einem Golfball traf Boya eine fliegende Möwe, die daraufhin trudelnd Richtung Flughafen abstürzte und dort genau ins offene Cockpit eines rollenden Mirage-III-Kampfflugzeugs stürzte. Die Möwe war über den Vorgang ebenfalls irritiert, mehr noch, sie geriet in Panik und flatterte wild. Der Pilot verlor bei seiner Interaktion mit der panischen Möwe leider die Kontrolle über das Flugzeug. Es rollte in eine denkbar ungünstige Richtung weiter und prallte an der Seite des Flugfelds mit vier anderen Kampfjets zusammen, die dort geparkt waren. Die gesamte Flugzeugflotte Benins war damit zerstört. Vielleicht wären Möwen also bessere Friedensvögel als Tauben. Ich als Pazifist jedenfalls bin für mehr Golfplätze neben militärischen Flughäfen. Außer in Deutschland, dort ist das eh nicht mehr notwendig. Die Fluggeräte der Bundeswehr schaffen es scheinbar in den letzten Jahren auf beinah mystische Weise, sich selbst zu vernichten.

Doch mit der Zerstörung der Luftwaffe von Benin war die weltweite Gefahr eines Krieges leider nicht abgewendet. Oder haben Sie etwa zum Beispiel gedacht, der Kalte Krieg und die Bedrohung durch die Nuklearwaffen-Arsenale dieser Welt sei seit 1989 beendet? Nun, ich weiß ja nicht, wo Sie Ihren Optimismus hernehmen, aber denken Sie erneut. Am 25. Januar 1995 feuerte ein Team von Wissenschaftler*innen aus den USA und Norwegen eine vierstufige Rakete zum Studium von Nordlichtern in den Himmel über Norwegen. Allerdings war die russische Regierung nicht informiert worden, und das Problem daran war, dass die Forschungsrakete einer Trident-Rakete des US-Militärs sehr ähnelte. Unter rotem Alarm hatten der damalige russische Präsident Boris Jelzin und sein Führungsstab nur wenige Minuten, um zu entscheiden, ob sie einen Gegenschlag mit ihren 4700 Atomraketen starten sollten. Dies war womöglich der gefährlichste Moment im Zeitalter der Atomraketen, und ohne es auch nur zu ahnen, war die Menschheit wieder einmal nur einen Druck auf die rote Taste vom Untergang entfernt. Jelzin und sein Führungsstab entschieden jedoch anders, und die Forschungsrakete stürzte folgenlos ins Meer. Und wir können weiter die Aussicht auf Nordlichter genießen statt auf Atompilze.

Zumindest geht das aktuell noch, während ich diese Zeilen schreibe. Wer weiß, vielleicht ist bis zum Erscheinen des Buches die nukleare Ausrottung der Menschheit bereits passiert, und die einzigen Leser*innen sind Asseln und Kakerlaken. Dann lassen Sie mich Ihnen zurufen: »KRRRR, KRRRR, Raschel, Raschel, Raschel.« Falls wir weiterhin Glück hatten und Sie ein Mensch sind, machen Sie sich durchaus ein bisschen Sorgen.

Ganz sicher nicht nur, aber zum Beispiel auch über das russische Projekt mit dem schönen Namen Tote Hand. Dieses sollte für den Fall vorsorgen, dass ein Erstschlag die russische Führung handlungsunfähig machen könnte. Dann wäre automatisch das Programm Tote Hand aktiviert worden und hätte trotzdem einen Gegenschlag initiiert. Automatisch heißt in dem Fall natürlich, dass es ein Computer gewesen wäre, der diese Entscheidung getroffen hätte – und das diesmal ohne lästige Widerworte von Leuten wie Stanislaw Petrow.

Nur wissen wir spätestens seit Stanislaw Petrow, dass Computer sich auch über Vorgänge wie einen Nuklearangriff durchaus täuschen können. Und mehr noch, nachdem es in den letzten Jahrzehnten immer wieder zu Hackerangriffen auf sensible Systeme gekommen ist, kann man sich auch in dieser Richtung durchaus Sorgen machen. Denn die meisten Hacker haben richtig schlechte Laune, weil Sie nie auf ihre Spam-Mails antworten. Das war nur ein Witz, liebe Hacker, ich weiß, dass ihr andere Sachen macht, als Spam-Mails zu schreiben. Bitte löscht mich nicht.

Weiter im Text: Es gibt gute Gründe zur Annahme, dass es das Projekt Tote Hand bis heute gibt, auch wenn sich die russische Regierung dazu nicht offiziell äußert. Und ich kann mir nicht wirklich vorstellen, dass andere Länder nicht vergleichbare Systeme installiert haben. Die Anzahl von Atomsprengköpfen ist weltweit immer noch erschreckend hoch und jederzeit ausreichend, um alles Leben von der Oberfläche des Planeten zu fegen. Außerdem wurde mit dem INF-Vertrag ein zentrales Abrüstungsabkommen aus der Zeit nach dem Kalten Krieg im Jahr 2019 aufgekündigt. Da kann man sich schon mal fragen, ob der Kalte Krieg jetzt wieder losgeht? Ich ziehe mich lieber schon mal warm an und stelle den Kakerlaken was zu knabbern auf den Balkon.

Dabei sind wir doch mittlerweile alle so sensibel im Umgang mit Gewalt, dass kaum jemand Lust auf Krieg haben dürfte. 1999 wurde in Arizona ein Dreizehnjähriger von der Schule ausgeschlossen, weil er aus einer alten Packung Kartoffelchips und drei Streichhölzern eine Modellrakete selbst gebastelt hatte. Diese wurde als Waffe gewertet. In den USA hingegen weiterhin im freien Handel erhältlich, übrigens ohne große Backgroundchecks und sogar für vorbestrafte Gewalttäter: halbautomatische Sturmgewehre. Aber Hauptsache, es läuft niemand mit einer Spielzeugrakete aus einer Chipspackung herum.

Apropos Chips. Heute werden auch vom heimischen Sofa aus Schlachten geschlagen und Kriege geführt. Oder wo auch immer Computer oder Spielkonsole verfügbar sind. Die Spiele sind mittlerweile hochgradig realistisch, sowohl was die grafische Darstellung angeht als auch die Komplexität der Handlungsmöglichkeiten. Das weist deutlich hinaus über mein erstes Computerspiel Pong, bei dem man zwei weiße Striche auf und ab bewegen konnte, um einen weißen Punkt zu treffen. Was technisch alles möglich ist.

Heute sind Computerspiele durchaus komplex genug, um Strategien zu verfolgen und Taktiken zu entwickeln. Online-Rollenspiele werden zudem von sehr vielen Menschen gleichzeitig gespielt, die sich teils zu Gruppen zusammenschließen und ihre Aktionen koordinieren. Oder manchmal eben auch nicht. Ein Mann ist durch eine sehr spezielle Aktion seit einigen Jahren zu einer regelrechten Legende geworden. Um einen überaus mächtigen virtuellen Gegner zu besiegen, hatte sich eine große Gruppe Gamer zusammengetan und plante gerade im Talk, also quasi per Konferenztelefonat, die einzelnen Schritte der zu erwartenden Schlacht durch. Doch einer von ihnen hatte scheinbar nicht richtig aufgepasst und stürmte plötzlich alleine los. Dadurch zerstörte er natürlich zwei Dinge: sich selbst und die Möglichkeit der Gruppe, strategisch vorzugehen. Bei seinem Ansturm brüllte er als Kampfschrei seinen eigenen Namen: »Leeroy Jenkins!« Und dieser Name steht seitdem für eine ganze Generation von Gamer*innen als Zeichen für einen unsinnigen Versuch, mit dem Kopf durch die Wand zu gehen. Dabei spielt es mittlerweile auch keine so große Rolle mehr, dass sich kürzlich herausstellte, dass die ganze Aktion rund um Jenkins offenbar nur ein Fake gewesen ist. Aus dem Mann wurde ein Meme. Falls Sie das Wort noch nie gehört haben, erst mal Gratulation dazu, dass Sie noch nie im Internet waren. Da liegt eine ganze Welt vor Ihnen und will entdeckt werden. Alle anderen dürfen den folgenden Absatz überspringen und stattdessen ein Grumpy Cat-Meme ihrer Wahl anschauen.

Ein Meme ist ein Internetphänomen. Dabei breitet sich ein Video, ein Text, ein Bild oder Ähnliches wie ein Lauffeuer durch das Internet aus und wird dabei häufig variiert. Ein typisches Beispiel sind Fotos von Menschen, denen per Beschriftung immer neue Aussagen in den Mund gelegt werden. Oder halt eben ein Video von Leeroy Jenkins. Memes sind ihrer Natur nach meistens humoristischer Natur. Oft wird dabei auch mehr oder weniger ironisch zu tatsächlichen Ereignissen Bezug genommen. Ein Beispiel dafür ist die »Schlacht« von Karánsebes 1788 während des Krieges zwischen Österreich und Russland auf der einen und dem Osmanischen Reich auf der anderen Seite. Memes beziehen sich auf den Umstand, dass es dabei sehr viele Tote durch *friendly fire* gegeben haben soll. Genauer gesagt sollen bei dieser Schlacht angeblich 10 000 Soldaten durch Beschuss von ihrer eigenen Armee getötet worden sein. Dass das bewiesenermaßen eine reine Legende ist, ändert nichts daran, dass es im Netz hundertfach als Beispiel für die Idiotie des Krieges herangezogen wird. Das zeigt einerseits, dass man Quellen im Internet immer mehrfach überprüfen sollte. Das gelingt natürlich nicht immer, auch in diesem Buch findet sich sicherlich die ein oder andere fragwürdige Internetquelle. Aber man sollte zumindest bewusst mit dem Umstand umgehen, dass zahlreiche Halbwahrheiten, Unwahrheiten oder schlicht Dummheiten kursieren.

Am Rande sei bemerkt, dass Computerspiele heute immer noch als Grund für Gewalt herangezogen werden. Insbesondere wenn das der US-Präsident Donald Trump macht – und das macht er regelmäßig nach Amokläufen und Massenmorden –, sollte einem etwas auffallen. Natürlich gibt es in den USA nicht mehr Computerspiele als in weiten Teilen der restlichen Welt. Stattdessen gibt es sehr, sehr viel mehr Waffen, und so gut wie jeder kann sehr leicht an diese kommen. Und wenn dieses Kapitel eine Sache klarmachen sollte, dann, dass Menschen ihrem Wesen nach zu Dummheiten tendieren und es daher klug ist, wenn man ihnen möglichst wenig Zugang zu tödlichen Waffen geben sollte.

Was mich zur wichtigsten Sache führt, die man womöglich aus diesem Kapitel lernen kann: Man kann Hass nicht mit Hass bekämpfen. Man kann ja auch Dunkelheit nicht mit noch mehr Dunkelheit loswerden. Das ist eine so einfache wie einleuchtende Aussage von Martin Luther King. Und vermutlich wird sie gerade wegen ihrer Einfachheit so gerne vergessen. Nur so ist zu erklären, dass gerade diejenigen, die dem Islam unterstellen, eine gewalttätige Religion zu sein, den islamistischen Fundamentalisten am meisten helfen. Denn Terror zielt auf die Verbreitung von Angst und Schrecken, auf die Spaltung der Gesellschaft. Das gelingt natürlich dann besonders gut, wenn hiesige Populist*innen die Gefahr dramatisieren und propagieren, dass jeder Mensch hierzulande sich fürchten muss, demnächst einem islamistischen Anschlag zum Opfer zu fallen. Dabei ist die Wahrscheinlichkeit größer, von seinem eigenen

Schlafanzug umgebracht zu werden. Klingt nach einer meiner absurden Übertreibungen, stimmt aber tatsächlich: Zwischen 2001 und 2016 starben in Deutschland dreißig Menschen, weil ihr Pyjama in Flammen aufging oder schmolz. Das ist schrecklich und grausam, doch wie groß ist Ihre Angst, dass Ihnen das passieren könnte?

Natürlich ist ein Terroranschlag eine reale Drohkulisse, aber eben doch eine extrem unwahrscheinliche. Also wie kommt es, dass die Angst davor extreme Ausmaße erreicht? Es liegt mit Sicherheit auch daran, dass Populist*innen daraus Profit schlagen, uns per Angst auf ihre Seite zu ziehen. Und Angst ist einer der stärksten Motivatoren, den Verstand nicht einzusetzen, denn sie wird in der Mitte des Gehirns erzeugt, in der sogenannten Amygdala. Wenn die Amygdala dort auf Stressmodus schaltet, konzentriert sich die Gehirnaktivität auf das Stammhirn, das nicht viel mehr als Überleben und Arterhaltung kann. Das Stammhirn ist der älteste Teil des Gehirns bei Säugetieren und macht bei Reptilien fast das gesamte Hirn aus, daher wird es auch das Reptiliengehirn genannt. Wenn wir in Panik geraten, befinden wir uns also auf dem intellektuellen Level eines durchschnittlichen Leguans. Dabei spielt es keine Rolle, wie clever Sie vorher waren. Angst macht die Menschen nachweislich planlos und damit auch steuerbar, sie ist also das vermutlich wichtigste Werkzeug in der Kiste derjenigen, die andere kontrollieren wollen. Und sie ist der Grund, dass wir manchmal stundenlang rationale, gut recherchierte und belegbare Argumente in einer Diskussion bringen und unser Gegenüber faucht und zischt bloß und zündet dann ein Asylbewerberheim an.

7. Über: Glaube

»*Weil sie hoffen, dass ihnen Flügel wachsen, schneiden sie sich die Beine ab.*«

frei nach G. K. Chesterton

Natürlich kann man die Entstehung und das Wesen der Dummheit auch anders darstellen, als es Geschichte, Neurologie, Psychologie oder Philosophie machen. Denn viele Religionen haben noch mal ganz eigene Ansätze und Perspektiven auf das Thema. Thomas Hobbes äußerte sogar die Theorie, dass zumindest die heidnischen Religionen ihren Ursprung in der Unkenntnis der Menschen hatten. Denn die Menschen denken über die Welt in Ursachen und Wirkungen, aber erkennen diese in vielen Zusammenhängen nicht. Und auf der Suche nach Ursachen schreiben sie diese dann dem Schicksal zu oder den hilfreichen oder schädigenden Gottheiten. Eine schlechte Ernte ist dann eben auf einen zornigen Gott des Feldes zurückzuführen. Man meint, ein leichtes Schmunzeln durchzuhören, wenn Hobbes schreibt: »Männer, Frauen, Vögel, Krokodile, Kälber, Hunde, Schlangen, Zwiebeln und Lauch wurden zu Göttern gemacht.«

Also hütet euch vor dem Lauchgott, denn seine Geduld ist kurz, und seine Rache ist grausam. Da ich dieses Buch jedoch in einem Land schreibe, in dem der Lauchgott kaum Anhänger hat und nach wie vor der größte Teil der Bevölkerung stattdessen an Jesus, seinen Vater und das magische Gucklochdreieck glaubt, wenden wir uns doch zuerst mal dem Christentum zu. Der Schöpfungsgeschichte zufolge waren Adam und Eva in gewisser

Weise dumm, bevor sie vom Baum der Erkenntnis aßen. Insofern ist es Eva auch kaum vorzuwerfen, dass sie auf die Schlange reingefallen ist. Spannend ist ja auch, dass die Geschichte vom Sündenfall eigentlich davon handelt, dass man aus dem Paradies geworfen wird, wenn man sich nicht an die Regeln hält. Spätestens in der Pubertät wären wir also eh alle fällig gewesen. Aber mal unter uns, welchen Zweck hatte den bitte der Baum der Erkenntnis? Wozu stand ein solcher Baum mitten im Paradies? Ich meine, der Landschaftsgärtner war allwissend und allmächtig und zudem der Schöpfer der Leute, die er dort ausgesetzt hat. Es hätte ihm doch völlig klar sein müssen, dass die beiden ein bisschen dumm waren und sich ungern an Regeln hielten. Aber Gott schien von dem ganzen Vorgang doch recht überrascht und enttäuscht. Adam und Eva wurden aus dem Paradies geworfen, die Schlange wurde zur Strafe für ihre Lügen und Verführungen auf alle Ewigkeit zum Präsidenten gewählt.

Apropos Python, sie kennen Pythagoras bestimmt noch aus dem Mathematikunterricht. Er war ein griechischer Mathematiker, Philosoph und Forentroll, der den berühmten Satz des Pythagoras entdeckte, der besagt, dass in einem ebenen rechtwinkligen Dreieck gilt: $a^2 + b^2 = c^2$, wobei a und b die Katheten des Dreiecks sind und c die Hypotenuse. Ich weiß, ein Knaller, der Satz. Gutes Setup, spitze Punchline. Pythagoras lebte im sechsten Jahrhundert vor Christi Geburt, und es ist nicht unumstritten, dass Pythagoras den Satz des Pythagoras überhaupt entdeckt hat. Schließlich war seine Aussage schon Jahrhunderte vorher in Indien und Babylonien bekannt, wenn auch ohne dass sie bewiesen worden wäre. Zudem ist auch nicht sicher, ob Pythagoras wirklich die mathematische Analyse der Musik entwickelt hat oder das Wort Philosophie erfand, wenngleich man in der Antike sicher davon ausging, dass dies der Fall war. Dass Pythagoras viele Anhänger um sich scharte und diese ihm unter anderem goldene Schenkel nachsagten, um ihn mit dem Gott Apoll gleichzusetzen, lässt gewisse Parallelen zu einem Kult erkennen. Und es gibt Forscher, die glauben, dass Pythagoras überhaupt kein Interesse an Mathematik und Geometrie hatte und das, was ihm als Lehre zugeschrieben wird, gar nicht von ihm stammt. Stattdessen gehen diese Forscher davon aus, dass Pythagoras eine Art Schamane war und eine eher kultische Gemeinschaft anführte.

Tatsächlich gab es einige aus heutiger Sicht eher ungewöhnliche Regeln, zum Beispiel durften die Pythagoreer keine Bohnen essen. Das mit den Bohnen wiederum galt auch für die Anhänger des Empedokles, eines weiteren antiken Philosophen, den man vor allem kennt, weil die im Kapitel *Unheilbar dumm* erwähnte Vier-Säfte-Lehre auf seiner Lehre der vier Elemente basiert. Auch er hat der Menschheit als Gelehrter also einige tragende Erkenntnis gebracht. Nur lebte er, ebenso wie Pythagoras, in einer Zeit, als sich Wissenschaft und Religion noch keineswegs trennen ließen. Und wie der Mann mit den goldenen Schenkeln, hielt auch Empedokles einiges auf seine quasi-göttlichen Eigenschaften. Um diese zu beweisen, soll er eines Tages sogar in den Krater des Ätna gesprungen sein. Das, meine sehr verehrten Damen und Herren, fasst sehr gut zusammen, wozu religiöse Überzeugungen Menschen bringen können. Also abgesehen davon, dass es wirklich sehr dumm war.

In Japan wurde in den 1930ern aus dem Vulkanspringen sogar ein makabrer Trend: Auf dem Mount Mihara, einem Vulkan auf der kleinen Insel Izu Oshima, gab es Hunderte von Menschen, die zwischen 1936 und 1937 vor den Augen von zahlreichen Schaulustigen in den Krater sprangen, bis schließlich ein Zaun errichtet und Wachen postiert wurden. Doch zurück in die Antike: Aischylos hatte etwas mehr Respekt vor solchen Risiken. Er glaubte an eine Prophezeiung, die ihm vorhergesagt hatte, dass er eines Tages durch ein Haus erschlagen würde. Also hielt er sich zeit seines Lebens im Freien auf. Bis eines Tages ein Adler über ihn flog und genau in dem Moment eine Schildkröte verlor, die den guten Aischylos erschlug. Angeblich soll an dem Tag ein schelmisches Lachen aus dem Götterhimmel zu hören gewesen sein.

Karl VIII. von Frankreich stellte das mit dem selbstschädigen Todesglauben 1498 noch konsequenter an: Er hatte seit Langem so große Angst, vergiftet zu werden, dass er kaum aß und schließlich an Unterernährung starb. An diesem Beispiel kann man anschaulich sehen, dass ein starkes Motiv wie Todesangst die Motivation zum Einsatz des Verstands so überlagern kann, dass es schließlich das genaue Gegenteil erreicht. Die Ausmaße einer solchen situativen Dummheit sind offenbar auch nicht nur auf eine kurze Situation beschränkt, sondern können zu wochen- und monatelanger Unbedachtheit führen.

Denken wir noch einmal an den Perserkönig Xerxes zurück, der das Meer bestrafen ließ. Behalten wir im Hinterkopf, was wir da schon über den Unterschied zwischen seiner und unserer Perspektive auf das Meer gesagt haben. Die Dinge, an die man glaubt, prägen unsere Weltsicht. Und dabei spielt es oft eine untergeordnete Rolle, ob wir für diesen oder jenen Glauben einen Beweis haben oder lediglich ein Buch und/oder einen selbst ernannten Propheten, der uns sagt, was zu tun und zu lassen sowie zu glauben und zu hassen ist. Ich weiß schon, dass da einige einwenden wollen, die Propheten seien nicht selbst ernannt, sondern von Gott gesandt. Und wer sagt das? Die Propheten. Sie sehen schon, da glaubt man halt dran. Und darum muss das auch nicht bewiesen werden und/oder Sinn ergeben.

Da darf man sich dann auch gerne mal drüber wundern, wenn man liest, dass 1473 in Basel ein Hahn verklagt wurde, weil er ein Ei gelegt haben sollte. Das musste Zauberei sein und der Hahn also ein Hexer, so die Argumentation seiner Ankläger. Und man kann nicht sagen, dass diese nicht fair waren. Der Hahn erhielt sogar einen Anwalt. Dieser Anwalt argumentierte tastsächlich vor Gericht, dass durch das Ei niemand zu Schaden gekommen sei und dass der Hahn dieses ja nicht absichtlich legen könne. Mich persönlich hätte das überzeugt. Und ich muss sagen, ich wäre in diesem Prozess wirklich gerne als Zeuge anwesend gewesen: der Hahn auf der Anklagebank, das Ei als Beweisstück und die leidenschaftliche Rede des Anwalts, der sich nach Kräften bemühte zu beweisen, dass das Tier kein Hexer war. Leider half das alles nicht, der Hahn wurde trotzdem schuldig gesprochen. Er erhielt ein dreimonatiges Fahrverbot. Wenn man mit dreimonatigem Fahrverbot meint, dass der Hahn offiziell hingerichtet wurde. Es wird vermutlich auch ein eher seltsamer Tag im Leben des Henkers gewesen sein.

Während es in Basel nur ein Hahn war, der Opfer des Glaubens wurde, zogen die Konquistadoren in Mittel- und Südamerika gute hundert Jahre später die Bibel sogar als Vorwand heran, um die einheimische Bevölkerung anzugreifen und umzubringen. Dabei wurde teils mit irren Methoden gearbeitet. Es war den Konquistadoren nämlich nicht erlaubt, einfach wahllos die »ungläubigen« Indigenen anzugreifen, sondern zunächst musste geprüft werden, ob sie sich nicht zum Christentum bekehren lassen und dem König von Kastilien unterwerfen würden. Dazu wurde ihnen ein eigens verfasstes Dokument vorgelesen, das *Requerimiento*. Hätte man das ernst genommen, hätte das natürlich die friedliche Kontaktaufnahme vorausgesetzt, langwierige Bemühungen, die Sprachbarriere zu überwinden und die Erläuterung, wer der König war, wo dieses Kastilien überhaupt lag und was die Bibel ist. Wobei der letzte Punkt durchaus schwierig war, denn die Bibel als gedruckte und gebundene Grundlage des christlichen Glaubens war für die Einheimischen das erste Buch, das sie jemals sahen. Es war gar nicht einfach, den Menschen zu vermitteln, dass dieser Klotz aus einem Stapel zusammengekleisterter Blätter überhaupt ein wertvoller Gegenstand sein sollte, geschweige denn etwas Heiliges.

Wenn die Konquistadoren es denn überhaupt versucht haben. In der Regel wurde das *Requerimiento* einfach auf Spanisch vorgelesen, obwohl es niemand verstand und die Indigenen sich mithin gar nicht unterwerfen konnten. Aber die Konquistadoren hatten dann einen Grund, ihren gerechten Krieg im Namen Gottes zu führen und alle zu versklaven oder umzubringen. Auf die Spitze trieben es einige Konquistadoren, die Berichten zufolge das *Requerimiento* nachts leise und in ausreichender Entfernung zu den Indigenen vorlasen, um sich nicht der Vorteile eines Überraschungsangriffs zu berauben. Und das alles zur Verteidigung und Verbreitung des christlichen Glaubens der Nächstenliebe. Absurder geht es kaum.

Noch viel tragischer ist die Geschichte dreier junger Frauen, die 1657 in Japan innerhalb kurzer Zeit schwer erkrankten und schließlich starben. Diese ungewöhnliche Häufung kam den Zeitgenossen seltsam vor, und so begann man einen Schuldigen zu suchen und schnell zu finden. Denn man gab die Schuld an ihrem Tod einem Kimono, mit dem alle drei in Verbindung gebracht wurden. Ja, richtig gelesen, beschuldigt wurde ein Kleidungsstück, dem man vorwarf, von Dämonen besessen zu sein. Wenn ich jemanden frage, wer wohl drei junge Frauen umgebracht haben könnte und diese Person sagt dann: »Das war bestimmt dieser Kimono«, dann wäre ich ja weniger dem Kleidungsstück und vielmehr dieser Person gegenüber sehr misstrauisch. Aber vor 360 Jahren in Japan lief das eben anders. Man beschloss also, einen Exorzismus vorzunehmen und den

Kimono nach einer gründlichen Reinigung noch gründlicher zu verbrennen. Doch kaum hatte der Priester seine Fackel an den Kimono gehalten, wurde dieser von einem Windstoß erfasst und zu Boden geweht. Schnell fing das Haus Feuer, und durch den Wind verbreitete es sich rasend in weiten Teilen der Stadt. Drei Viertel von Edo, dem heutigen Tokyo, waren von den Flammen betroffen, mehr als 100 000 Menschen starben. Dieses schreckliche Unglück dürfte zumindest dem letzten Zweifler bewiesen haben, dass dieser Kimono von böser Natur war. Oder halt die Idee mit der Verbrennung und ihre Umsetzung eine besonders schlimme Form von Idiotie.

Ob man im Gebiet des heutigen Deutschlands zu dieser Zeit klüger war? Raten Sie doch mal! In Münster wurde im Jahr 1635 eine Frau namens Greta Bünichmann als Hexe verurteilt und enthauptet. Ihr Dienstherr Hermann Grotenhoff beschuldigte sie, Pferde getötet und sich nachts in eine Katze verwandelt und ein Kind verletzt zu haben. Was für ein tragischer Vorgang, aus heutiger Sicht: Eine Katze verletzt ein Kind, dann wird eine Frau beschuldigt, diese Katze gewesen zu sein, und schließlich wird diese Frau hingerichtet. Man darf nicht vergessen, dass die Leute das damals teilweise wirklich geglaubt haben. Das soll nichts entschuldigen und erst recht nicht bedeuten, dass einem solchen Vorgang keine tief verwurzelte Frauenfeindlichkeit zugrunde lag. Und kommen Sie mir jetzt nicht mit der Tatsache, dass ein kleiner Teil der im Mittelalter und insbesondere in der frühen Neuzeit hingerichteten Menschen Männer waren. Ja, das ist korrekt, es sind auch Männer umgebracht worden. Aber erstens waren das weitaus weniger, man schätzt, dass 80 Prozent der Opfer Frauen waren. Und zweitens darf man nicht übersehen, dass so gut wie alle Machtpositionen in der Gesellschaft von Männern besetzt waren. Sogar noch mehr als heute.

In diesem speziellen Fall lässt sich übrigens rekonstruieren, dass Bünichmann ihrem Chef Hermann Grotenhoff zuvor Geld geliehen hatte. Ein Schelm, wer jetzt denkt, dass Grotenhoff einfach keine Lust hatte, seine Schulden zu begleichen. Schließlich hat Bünichmann ja gestanden, nachdem man sie ausführlich gefoltert hatte. Sie ahnen, wie das damals funktionierte. Die Geschichte von Greta Bünichmann hat noch Jahrhunderte später Wellen geschlagen. Als die Stadt Münster im Jahr 1993 plante, Bünichmann eine Straße zu widmen, protestierte dagegen ein lokaler Priester. Seine Begründung liest sich erstaunlich. Er brachte vor, Bünichmann sei eine »mutmaßliche Kriminelle aus dem Mittelalter«. Das Mittelalter endete zwar, nach der allgemein üblichen Einteilung, rund 150 Jahre vor dem Fall, und die Bezeichnung »mutmaßliche Kriminelle« war in Anbetracht des geschilderten Falls, diplomatisch formuliert, etwas gewagt. Aber gut, wenn der Herr Priester meint.

Zuerst aufmerksam wurde ich auf diesen Fall bei einem der interessantesten deutschen Twitter-Accounts: *Verrückte Geschichte* (@drguidoknapp). Wie auf Twitter üblich wurde unter dem Beitrag eifrig diskutiert. Ein Kommentar zu diesem historischen Beitrag auf einem der Vergangenheit gewidmeten Kanal wuchs mir besonders ans Herz, denn ein User fragte, ob es denn eigentlich keine aktuelleren Themen gäbe. Da rief ich LOL, denn das ruft man so im Internet. Ach ja, hier mal zur Abwechslung ein Happy End, wenn auch nur ein kleines: Die nach Bünichmann benannte Straße in Münster gibt es übrigens heute trotz des Protestes des Priesters.

Und Münster ist nicht der einzige Ort, an dem die schreckliche Zeit der Inquisition bis heute ganz konkrete Auswirkungen hat. In Trier wurde im Jahr 1589 ein bis dahin hoch angesehener Mann hingerichtet. Dietrich Flade war nicht nur sehr reich, sondern auch gleichzeitig Richter, Rektor der Universität und kurfürstlicher Rat. Als Richter hatte er zahlreichen Prozessen gegen angebliche Hexen vorgesessen, doch nun warf man ihm vor, selbst ein Hexenmeister zu sein, was er unter Folter auch tatsächlich gestand. Nun ist ja hinlänglich bekannt, was von Geständnissen unter Folter zu halten ist, außer vielleicht man fragt Donald Trump, der auch heute noch ein lautstark bekennender Fan des Waterboardings ist. Manch gröberes Gemüt mag zudem womöglich denken, dass es Flade ganz recht geschah, nachdem er so viele angebliche Hexen zum Tode verurteilt hatte, nun seine eigene Medizin zu schmecken. Doch auch darum soll es hier weniger gehen, als um die Umstände des Falls und eine bis heute weiterlaufende Dummheit.

Flade war vom Weihbischof Peter Binsfeld angeklagt worden, einem Untergebenen des Erzbischofs und Kurfürsten Johann VII. von Schönenberg. Und damit wird es pikant, denn zuvor hatte Flade der Stadt Trier ein enormes Vermögen geliehen, genauer gesagt 4000 Goldgulden. Mit diesem Geld wollte die Stadt einen Prozess führen, um Unabhängigkeit vom Kurfürsten zu erlangen. Durch den Tod Flades ging sein Vermögen nun aber an die Kirche, sprich: an genau den Mann, von dem sich die Stadt unabhängig machen wollte. Und damit wanderten auch die Schulden der Stadt an den Erzbischof weiter. Die Stadt verlor nun nicht nur den Prozess, sondern sah sich mit Zinsforderungen konfrontiert, die an die Pfarreien der Stadt gehen sollten. Und das scheinbar bis zum Ende aller Tage, denn die jährlichen Zahlungen laufen tatsächlich bis heute. Im Klartext bedeutet das: Seit 430 Jahren überweist die Stadt Trier jährlich Zinsen im Wert von 362,50 Euro an die Kirche, weil diese damals einen Mann unter dem Vorwurf der Hexerei umgebracht und sein Vermögen annektiert hat. Dass diesem Vorgang ein massives Unrecht zugrunde liegt, scheint die Kirche nur eingeschränkt zu stören, sie besteht weiterhin auf die

Zahlungen. Immerhin hat sie sich vor wenigen Jahren zu einem Kompromiss bereit erklärt und spendet die 362,50 Euro seitdem an die Obdachlosenhilfe, statt das Hexengeld selbst zu behalten. Das ist aber auch der einzige Teil an der Geschichte, der nicht komplett von Dummheit durchdrungen ist.

Auch wenn auf dem Gebiet des heutigen Deutschlands die letzte angebliche Hexe 1775 vor Gericht stand, weil sie mit dem Teufel gebuhlt haben soll, ist das Kapitel an anderen Orten noch lange nicht beendet. Da wäre der Fall von Helen Duncan, die noch 1944 in England aufgrund eines Gesetzes gegen Hexerei angeklagt wurde. Gewiss, das ist ein krasser Fall, wenngleich er oft falsch dargestellt wird. Denn Helen Duncan wurde nicht als Hexe angeklagt, sondern weil sie behauptet hatte, die Geister von Toten beschwören zu können. Schon 1931 konnte ein Skeptiker nachweisen, dass das von der »höllischen Nell« während ihrer Séancen hochgewürgte Material keinesfalls jenseitiges Ektoplasma sei, sondern hauptsächlich aus Klopapier und hartgekochtem Eiweiß bestand. Schlimmer noch kam es, als während einer Geisterbeschwörung eine Teilnehmerin überraschend das Licht anmachte, woraufhin alle sehen konnten, dass der angebliche Geist nur eine alte Jacke war.

Doch all dies tat ihrer Beliebtheit keinen Abbruch, im Gegenteil, immer mehr Menschen kamen zu ihr und wollten während des Zweiten Weltkriegs Kontakt zu womöglich verstorbenen Verwandten. Nun hatte Duncan zwei Söhne in der Marine, und es stand zu vermuten, dass sie Insiderwissen über den Kriegsverlauf ausgeplaudert haben könnte, um sich einen Geschäftsvorteil zu sichern. Historiker vermuten, dass man deswegen beschloss, sie aus dem Verkehr zu ziehen. Und dazu kam ein zweihundert Jahre altes Gesetz gerade recht, denn es verbot strengstens, vorzutäuschen, man habe magische Fähigkeiten. Im Grunde wurde Duncan dabei aber nicht als Hexe, sondern als Hochstaplerin angeklagt. Nichtsdestotrotz war es ein derartig skurriler Vorgang, dieses alte Gesetz zu bemühen, dass sich selbst Winston Churchill persönlich darüber geärgert haben soll. Auf sein Betreiben wurde das Gesetz dann auch 1951 abgeschafft. Helen Duncan praktizierte übrigens bis kurz vor ihrem Tod 1956 munter weiter als Geisterseherin und hat trotz der Tatsache, dass sie mehrfach als Hochstaplerin erwischt wurde, bis heute zahlreiche Anhänger. Der Glaube ist eine mächtige Sache, und die Fakten zittern in seiner Gegenwart.

Apropos Gegenwart: Selbst die katholische Kirche hat irgendwann eingesehen, dass das mit der Hexenverfolgung nicht so super war. Wann? Nun, schon am 11. April 2016, da prangerte nämlich Papst Franziskus erstmals dieses Unrecht auch als solches an. Doch leider gibt es auch heute noch Hexenverfolgungen, man geht davon aus, dass in den letzten sechzig Jahren weltweit mehr Leute wegen angeblicher Hexerei hingerichtet wurden als während der gesamten Hexenverfolgung in Europa. Und das waren zwischen 40 000 und 60 000 Menschen. Das soll nun die historische Schuld Europas in keiner Weise schmälern, sondern vielmehr die Augen dafür öffnen, dass man dieses Kapitel nur für beendet halten mag, wenn man allzu eurozentristisch denkt. Insbesondere in Lateinamerika, Südostasien und Afrika werden bis heute angebliche Hexen verfolgt, vor Gericht gestellt oder gleich von Lynchmobs umgebracht. Auch in Saudi-Arabien steht auf Hexerei nach wie vor die Todesstrafe, und es werden immer wieder Männer und Frauen aus diesem Grund vor Gericht gestellt.

Besonders perfide daran ist es, dass zum Beispiel in Kamerun vor Gericht als belastende Zeugen immer wieder sogenannte Hexenmeister aussagen. Diese behaupten, selbst magische Fähigkeiten zu haben, und sie beurteilen, ob die Angeklagten Hexe oder Hexer sind. Die Gerichte brauchen ja irgendeine Form von Beweis, und diese liefern die Hexenmeister, welche dafür wiederum straffrei davonkommen. Sie müssen halt nur helfen, Hunderte andere angebliche Hexen und Hexer zu verurteilen. Sie erkennen das Problem, nicht wahr? Das passiert bis heute. Tausende Menschen pro Jahr werden umgebracht, weil sie sich angeblich in Tiere verwandeln können, auf magische Weise Krankheiten auslösen oder sich Reichtum herbeigezaubert haben sollen.

Da erscheint ein Fall wie der folgende schon fast harmlos. Im Oktober 1987 kam es bei einem Spiel der kenianischen ersten Fußball-Liga zu einem Eklat. Es spielten die Mannschaften Gor Mahia gegen AFC Leopard. Während des Spiels wurde nun einem Vertreter von Gor Mahia vorgeworfen, das Spiel per Hexerei zu beeinflussen. Als dieser angebliche Hexer sich weigerte, das Stadion zu verlassen, kam es zu einer Massenschlägerei, die zunächst nicht einmal die herbeigerufene Polizei auflösen konnte. Übrigens gewann Gor Mahia das Spiel am Ende mit 1 : 0. Ob das am Hexer gelegen hat? Fragen Sie doch mal die sprechende schwarze Katze, die Ihnen heute Nacht im Traum erscheinen wird.

Schließen wir den Abschnitt über Hexerei mit einer Schlagzeile aus dem Sommer 2019. Dabei ging es darum, dass eine Schule in den USA die Buchreihe *Harry Potter* verboten hat, wegen angeblich enthaltener echter Magie. Wie es scheint, hat sich tatsächlich ein Exorzist bei der Schule gemeldet und darauf hingewiesen, welche Gefahr von den Büchern für die Leser*innen ausgehe. Die St. Edward Catholic School in Nashville hat die Werke daraufhin aus der Schulbibliothek verbannt. Sicher ist sicher. Dumm ist dumm.

Definitiv kein Hexenwerk ist es, mit der eigenen Erfahrung den Zusammenhang zwischen Glauben, Aberglauben und Dummheit abzuklopfen. Da fällt sicher jedem ein Beispiel ein – so auch mir. Nach über zweitausend Auftritten auf großen und kleinen Bühnen kann ich sagen, dass ich das aufmerksamste

Publikum bei einer privaten Party hatte. Ein Freund von mir feierte seinen Geburtstag und hatte mich eingeladen. Nun ist dieser Freund Muslim, und viele Freunde aus seiner Gemeinde waren ebenfalls anwesend. Es herrschte ausgelassene Stimmung, laute Musik wurde in den Raum gepumpt, und die Gespräche vermischten sich zu einem hintergründigen Stimmengewirr. Mein Freund und ich sprachen über Witze, und ich erwähnte beiläufig, dass ich einen Witz über den Islam kenne. Sofort war es im Raum still. Alle Augen richteten sich auf mich, durchaus freundlich, aber auch gespannt. »Nun«, sagte mein Freund, »dann erzähl doch mal.« So erzählte ich also einen Witz, den ich irgendwo aufgeschnappt hatte:

Zwei Männer begegnen sich in einem Zugabteil. Sie kommen ins Gespräch, und es stellt sich heraus: Einer ist Muslim, der andere ein katholischer Mönch. Der Mönch fragt den Muslim, ob es stimme, dass es ihm verboten sei, Schweinefleisch zu essen. Der Muslim nickt. Ob er es denn nicht einmal versucht habe, so aus Neugier, als junger Mensch vielleicht, will da der Mönch wissen. Nach einer Weile gesteht der Muslim, es tatsächlich einmal probiert zu haben, und der Mönch nickt schmunzelnd. Da fragt der Muslim, ob es eigentlich stimmt, dass Mönche im Zölibat leben. Als der Mönch das bestätigt, fragt der Muslim, ob er eine persönliche Frage stellen dürfte, und der Mönch nickt erneut. »Haben Sie wirklich noch nie Sex gehabt, oder haben Sie es vielleicht doch mal ausprobiert, so aus Neugier, als junger Mensch vielleicht?« Der Mönch druckst etwas herum, aber gesteht schließlich, ja, einmal, als junger Erwachsener, da habe er eine Affäre gehabt. »Und«, fragt der Muslim, »besser als Schweinefleisch, oder?«

Zu meiner nicht geringen Erleichterung brach die ganze Party in Gelächter aus. Ich mag ja Kurven, aus denen man nicht rausfliegt.

Tatsächlich ist es ein verbindendes Element aller großen Religionen dieser Welt: Bräuche des Verzichts. Das einfachste und verbreitetste Beispiel ist natürlich das Fasten. Lassen wir das Vesakh-Fest im Buddhismus und die extreme Variante Prayopavesa im Hinduismus für den Moment außen vor und werfen einen Blick auf die drei monotheistischen Religionen Islam, Judentum und Christentum.

Der neunte Monat des islamischen Kalenders ist der Ramadan, in dem gläubige Muslime fasten. In diesem Monat wurde dem Propheten Mohammed der Koran offenbart, und der Ramadan ist eine der fünf Säulen des Islam. »Zwischen dem Beginn der Morgendämmerung und dem Sonnenuntergang ist Muslimen Essen, Trinken, Rauchen und Geschlechtsverkehr untersagt«, erklärt die deutsche Seite qantara.de, die sich dem Dialog mit der islamischen Welt widmet. Nun ist es so, dass sich Ramadan jedes Jahr verschiebt, da der zugrunde liegende Kalender sich vom Kalender der westlichen Welt unterscheidet. So fällt Ramadan mal in den Winter, aber auch mal in den Hochsommer. Was bedeutet, dass die Zeitspanne zwischen Sonnenaufgang und -untergang sehr unterschiedlich sein kann, je nachdem, wo man sich auf dem Planeten befindet. Im Extremfall, wie etwa bei der muslimischen Gemeinde im nordnorwegischen Tromsö, das 350 Kilometer innerhalb des Polarkreises liegt, geht die Sonne im Hochsommer gar nicht unter. Dort hat man sich, um im Hochsommer nicht zu verdursten und zu verhungern, in Absprache mit arabischen Islamgelehrten darauf geeinigt, die Zeiten von Mekka zu übernehmen. Man hat sich also darauf geeinigt, dass es ab etwa neunzehn Uhr dunkel ist, auch wenn die Sonne noch scheint. Während meines Philosophiestudiums habe ich zu ähnlichen Mitteln gegriffen und den Vormittag bis vierzehn Uhr zur Nacht erklärt, in der ich schlafen musste.

Im Judentum gibt es neben jährlichen Fastenzeiten wie Jom Kippur den wöchentlichen Sabbat, der von Freitagabend bis Samstagabend dauert. In dieser Zeit darf nach einem alten Religionsgesetz namens Halacha keine Arbeit verrichtet werden, und das wird teilweise durchaus streng interpretiert: Das Anschalten des Lichts oder das Benutzen einer Fernbedienung gilt orthodoxen Juden bereits als Arbeit. In Jerusalem gibt es ein eigenes Institut für Wissenschaft und Halacha, das im Zweifel bei der Entscheidung hilft, was als Arbeit gilt und was nicht. Und es gibt einige Wege, das Gesetz nicht zu umgehen, aber so auszulegen, dass strenggläubige Juden doch einiges schaffen können. Dazu zählen Zeitschaltuhren an Elektrogeräten, verblassende Tinte und ein Aufzug, der automatisch in jedem Stockwerk hält, damit man nicht den Knopf drücken muss. Ein weiterer Weg, mit dem Arbeitsverbot umzugehen, ist das Einstellen eines *Shabbat Goy*, eines nicht-jüdischen Dieners, der Tätigkeiten im Haushalt verrichten darf. Ein Glück für jeden, der es sich leisten kann, jemanden einzustellen, der für einen die Fernbedienung drückt. Während meines Philosophiestudiums habe ich zu ähnlichen Mitteln gegriffen und die Zeit, in der ich nicht gearbeitet habe, teils sogar über mehrere Wochen ausgedehnt. Nur einen Goy konnte ich mir nicht leisten. Zum Glück hatte ich eh keinen Fernseher.

Es mag sein, dass Sie jetzt denken, dass das doch ans Schelmische grenzende Tricks sind, zu denen da in anderen Religionen gegriffen wird. Dann haben Sie eventuell noch nie vom *Herrgottsb'scheißerle* gehört oder von der Fischsuppe aus Schweinefleisch. Das stellt nämlich locker alles in den Schatten, und hier sind es Christen, die tief in die Trickkiste greifen. Auch das Christentum kennt eine traditionelle Fastenzeit, sie liegt vor Ostersonntag. Zu dieser Zeit war es nach einem Gebot Papst Gregors I. aus dem Jahr 590 unter anderem verboten, warmblütige Tiere zu verzehren. Nun muss man wissen, dass es im Mittelalter deutlich mehr Fastentage gab, man rechnet mit bis zu 130 Tagen im Jahr. Das machte die Menschen durchaus kreativ. So wurde Geflügel kurzerhand zu Wassertieren erklärt, da dieses am selben Tag von Gott erschaffen worden war. Und ein Ferkel, dass man zuvor ins Wasser geworfen hatte, war damit ja quasi auch ein Fisch. Nach der Logik bin ich selbst sogar ein Fisch und ein Vogel, denn ich war schon mal schwimmen und bin sogar schon mal geflogen. Von der Schule. Doch es kam noch besser: Der Legende nach war es der Maulbronner Laienbruder Jakob, der während des Dreißigjährigen Krieges an einem Fastentag ein Stück Fleisch fand und einen genialen Plan entwickelte, um es zu verzehren: Er hackte das Fleisch klein und mischte es mit Gemüse und Kräutern. Doch weil das nicht als Versteck reichte, umwickelte er die Mischung mit einem dünnen Teig. So blieb das Fleisch vor Gottes Augen verborgen – die Maultasche war erfunden. Und daher kommt es, dass man sie eben auch Herrgottsb'scheißerle nennt. Also dafür, dass Christen ihren Gott für allwissend halten, halten ihn manche scheinbar für ganz schön doof.

Der Psychologe Leon Festinger hat sich zwar nicht durch die Erfindung einer Teigtasche mit dem Allmächtigen angelegt, aber er hat sich am Abend des 20. Dezember 1954 auch etwas sehr Mutiges getraut und sich in eine Weltuntergangssekte eingeschlichen. Alle außer ihm glaubten, dass in wenigen Stunden, um Mitternacht, die Welt untergehen würde. Festinger war nicht ganz so pessimistisch, sondern war vor Ort, um zu erfahren, was nach Mitternacht passieren würde. Nachdem die Gruppe bis morgens gewartet hatte, verkündete die Leiterin, dass diese kleine Gruppe offenbar durch ihren treuen Glauben die ganze Welt gerettet habe. Das fanden alle ein bisschen schade, weil man eigentlich gehofft hatte, als einzige von Ufos gerettet zu werden, während alle anderen Menschen sterben. Aber gut. Man kann nicht alles haben. Festinger spricht in seinem Buch *When prophecy fails* von 1956 von einer kognitiven Dissonanz: Die Realität lässt sich nicht mit den tiefsten Überzeugungen in Einklang bringen, also muss sich die Realität täuschen. Fakten werden aufgrund ihrer Quellen bezweifelt, Logik wird bestritten. Wir basteln uns quasi jenseits aller Fakten eine neue Realität. Und verteidigen diese mit wachsender Leidenschaft gegen all jene, die meinen, uns mit Argumenten kommen zu können.

Dabei wäre lustigerweise Dummheit womöglich ein Faktor, der bei der Bewältigung von kognitiven Dissonanzen helfen könnte. Denn Forscher der Universität Yale haben herausgefunden, dass gebildete Menschen besonders unerschütterlich an ihren Überzeugungen festhalten. »Intelligente Menschen sind sehr gut darin, Argumente, Expertenmeinungen und Studien zu finden, die ihre vorgefassten Meinungen bestätigen«, erklärt Rutger Bregman dazu. Der amerikanische Journalist Ezra Klein bringt es auf den Punkt, wenn er betont, dass intelligente Menschen keine richtige Antwort suchen, sondern ihren Verstand nutzen, »um die Antwort zu finden, die ihnen gefällt«. Aber Achtung, bei solchen Aussagen wird das Eis sehr dünn. Mit diesem Argument kommen nämlich stets auch Populisten um die Ecke, die zum Beispiel den wissenschaftlichen Konsens in Bezug auf den Klimawandel hinterfragen. Vielleicht kommt es auf eine gute Mischung aus viel Intelligenz und ein bisschen Dummheit an, die uns jenseits der Dogmen geistig beweglich hält.

Wo wir gerade von Dogmen reden, wir erleben ja tatsächlich in Europa aktuell eine Phase der fortschreitenden Säkularisierung. Immer mehr Menschen wenden sich von der Kirche ab und sagen frei nach Reinhard Mey: »Nein, meine Kinder kriegt ihr nicht.« Auch an eierlegende Hähne, gefährliche Bohnen oder Ektoplasma glauben nicht mehr besonders viele Leute. Aber es gibt einen Glauben, der eine stark wachsende Reichweite hat, nämlich der Glaube an Verschwörungstheorien. Diese gibt es in fast unendlichen Variationen, und sie haben Grenzbereiche zu Aberglauben, Esoterik und Religion, aber auch zur Realität und zu echten Verschwörungen. Denn kein*e Historiker*in würde behaupten, dass sich im Laufe der Menschheitsgeschichte noch nie jemand verschworen hätte. Das ist ebenso sicher, wie dass Kondensstreifen in Wahrheit nur die grauen Strähnen des Himmels sind, der vor unseren Augen vergreist.

Spaß beiseite: Es scheint bei Verschwörungstheorien nur sehr eingeschränkt wichtig zu sein, was die Wissenschaft zu den jeweiligen Themen zu sagen hat. Es ist unstrittig, das Paul McCartney nicht durch einen Klon ersetzt wurde, dass die Mondlandung real war und dass Hitler nicht jede Nacht mit einer Reichsflugscheibe durch einen geheimen Tunnel am Nordpol aus einem verborgenen Reich im Inneren der Erde aufsteigt, um über Deutschland per unsichtbarem Laser Chemtrails aus dem Himmel zu ballern. Da kann man nur sagen: »Muss man wissen«, wie Dr. Axel Stoll, selber eine Ikone der Verschwörungstheoretiker*innen, als abschließende Krönung seiner eigenen Theorien zu sagen pflegte. Ja, tatsächlich, auch daran glauben Leute. Und spätestens da stellt sich vermutlich den meisten Leuten die Frage: Sind diese Menschen dumm?

Ich glaube jedoch, dass man es sich zu einfach macht, wenn man das so pauschal ausdrückt. Klar, die ein oder andere Geschichte ist derart hanebüchen, dass man schon vertrottelt daherkommt, wenn man sie öffentlich kundtut. Es ist auch zu bezweifeln, dass man seinem Standing in der Gesellschaft guttut, indem man verbreitet, dass Angela Merkel eine Echse mit einer Gummimaske ist, die hier in Deutschland die Bevölkerung gegen Muslime austauschen will. Warum sollte das überhaupt jemand wollen? Was hat denn diese Echse davon? Hat sie keine Angst vor einer Echsenverbrennung? Und wenn ja, wie viele?

Aber gut, es ist allzu einfach, sich darüber lustig zu machen und sich dabei überlegen zu fühlen. Dabei lohnt sich ein genauerer Blick in die Motivation der Verschwörungstheoretiker*innen. Es ist unstrittig, dass wir in einer komplizierter werdenden Welt leben, deren Funktionsweisen wir nur noch in Teilen verstehen, wenn überhaupt. Das gilt natürlich auch für politische, wirtschaftliche und gesellschaftliche Prozesse. Vor einer Wahl alle Parteiprogramme zu studieren, ihre Hintergründe zu recherchieren oder ein gründliches Studium der bisherigen Errungenschaften und des Versagens von Politiker*innen, wäre extrem aufwendig und für berufstätige Menschen, die nebenher auch noch Zeit brauchen, um *Love Island* zu schauen und *Candy Crush* zu zocken, kaum umsetzbar. Und dann hängen diese Politiker*innen auch noch alle irgendwie zusammen, erhalten Gelder von dieser oder jener Lobby, haben den ein oder anderen Zwist, ändern wendehalsig ihre Meinung oder verfallen urplötzlich einem granitstumpfen Starrsinn. Oder sie ändern ihre Frisur.

Kurzum: Es ist schwierig und manchmal aufgrund der schlichten Undurchschaubarkeit sogar mysteriös. Dennoch möchten wir es gerne verstehen. Da kommen uns Vereinfacher gerade recht. Das kann jemand sein, der behauptet, es ginge nur ums Geld. Oder es ginge nur um Macht. Oder alle Schwierigkeiten der Gesellschaft seien auf die Flüchtlingspolitik der Regierung zurückzuführen. Ach, ist man da verleitet zu denken, jetzt verstehe ich plötzlich alles. Das bohrende Gefühl, die Welt nicht zu verstehen, lässt also nach, und wir lehnen uns entspannt in die glatt geschliffene Kiste eines vorgefertigten Weltbilds zurück. Oder, wenn wir es eben gerne etwas wilder mögen, wir folgen gerne auch einer möglichst bizarren Verschwörungstheorie.

Und da findet sich immer jemand, der uns versorgt. Und sei es der oben erwähnte Dr. Axel Stoll, der glaubte, die Arier seien in Wirklichkeit Außerirdische vom Planeten Aldebaran und man könne mit den Bewohnern dieses Planeten quer durchs Weltall kommunizieren, wenn man als Antenne nur genug langes Frauenhaar habe. Muss man wissen. Geben Sie zu, das ist eine interessantere Geschichte als die komplexe Verstrickung von landwirtschaftlichen Lobbygruppen in die politische Meinungsbildung im Bundestag. Zudem ist es ja so, dass man sich als Kenner*in der Wahrheit fühlen darf, wenn der Rest der Menschheit eben noch nicht verstanden hat, dass die Nachfahren von Jesus und Maria Magdalena bis heute in einem geheimen Keller unter dem Vatikan leben und von dort aus einen florierenden Internethandel mit frittierten Affenhirnen betreiben. Und überhaupt: Mit der neuen Funktechnologie 5G soll die Menschheit endgültig gegrillt werden. Muss man wissen.

Verbreiter*innen von Verschwörungstheorien gehen dabei mittlerweile äußerst geschickt vor. Nur selten findet sich jemand, der ganz offen wie Dr. Axel Stoll seine Theorien in den Raum posaunt. Viel eher sieht man Leute, die die Glaubwürdigkeit wissenschaftlicher Erkenntnisse untergraben, indem sie diese mit abwegigen Theorien auf eine Ebene setzen und sie als gleichwertig behandeln, ohne dabei eine klare Haltung einzunehmen. Oder man stellt seine These umformuliert als Frage in den Raum, wobei man sich betont ahnungslos gibt: »Kann es nicht sein, dass Angela Merkel eigentlich eine Stasi-Offizierin ist?«, oder »Woher wollen wir eigentlich so genau wissen, dass die Erde nicht flach ist?«, oder »Halten Sie es für ausgeschlossen, dass jüdische Bankiersfamilien heimlich die Welt regieren?«

»Man kann aber nicht jeden Unsinn mit der Begründung, dass man kein Experte sei, in den Raum stellen. Denn damit steht es schon auf der Agenda. Dann ist es schon Teil des Diskurses«, sagte der Philosoph Jan Skudlarek dazu in einem Interview mit der Zeitschrift *VICE*. Das ist ein ganz spannender Gedanke, finde ich, denn im Grunde könnte man ja auch sagen, es ist ja das sokratische Fragen, das da angewendet wird. Wie wird jedoch diese positive Dummheit der Infragestellung allen allzu sicher geglaubten Wissens in dem Kontext zur Gefahr? Oder zumindest zum Vehikel, auf dem subtil Verschwörungstheorien etabliert werden? Für Skudlarek gibt es einen Unterschied zwischen gesundem und toxischem Zweifel. Es ist sicher gut und richtig, wenn man im wissenschaftlichen Kontext immer wieder alles hinterfragt und überprüft. Sogar die jahrtausendelang als Basis der Physik verstandenen Euklidischen Gesetze wurden irgendwann von Albert Einstein infrage gestellt, und plötzlich eröffneten sich dahinter ganz neue Wissenshorizonte. Wenn ich jedoch hingehe und hinterfrage, ob Angela Merkel ein Mensch ist oder nicht vielleicht doch ein Reptil, dann ist das schon ziemlich daneben, wirkt aber aufgrund seiner schieren Abwegigkeit noch fast harmlos. Aber was ist mit der Frage, ob Juden heimlich die Welt kontrollieren? Sehen Sie, wie hier eine klassische antisemitische Verschwörungstheorie als vermeintlich ganz objektive Frage in den Diskurs geschmuggelt wird? Ist Ihnen aufgefallen, dass allein schon die Rede von »den Juden« puren Rassismus transportiert? Oder war das nur eine harmlose, sachliche Frage?

Besondere Spannung entsteht gerne da, wo Wissenschaft und Religion auf- und gegeneinanderprallen. Das haben wir bei Roger Bacon und Galilei gesehen, sie hält sich aber natürlich bis heute. Zum Glück leben wir in einer Zeit, in der man nicht mehr befürchten muss, dass man angezündet wird, wenn man sich dazu äußert. Obwohl, na ja, so ganz stimmt das leider auch nicht. Aber die Chance ist zumindest hierzulande geringer als im Mittelalter. Manchmal kann man allerdings auch hier einfach nur staunen, wenn religiöse Überzeugung, fehlendes Wissen und eine sehr, sehr selbstüberzeugte Grundhaltung einen schimmernden Mix ergeben, in dem zum Thema Evolution Sätze fallen wie: »Aber wie soll ein Fisch zu einem Leguan werden? Indem er immer aus dem Wasser springt?«

Diese Fragen entstammen einem Interview mit einem der erfolgreichsten Musiker Deutschlands, dem Rapper Kollegah. Im YouTube-Format *Letzte Runde* führte er im Gespräch mit Moderator Alexander Wipprecht unter anderem aus, dass er starke Zweifel daran hat, dass der Mensch vom Affen abstammt, denn es fehlen ihm Beweise wie Skelette von »Übergangs-Mischgeschöpfen« auf dem Weg vom Schimpansen zum Menschen. Das ist, falls auch Sie in Biologie nicht so richtig aufgepasst haben, schon von einer falschen Prämisse aus gedacht, denn kein Evolutionsbiologe behauptet, aus Schimpansen habe sich durch Evolution der Mensch entwickelt. Stattdessen hat sich vor geschätzten 7 Millionen Jahren die Entwicklungslinie des Menschen und seiner zwei nächsten Verwandten im Tierreich, des Schimpansen und des Bonobos, ausgehend von einem damals lebenden gemeinsamen Vorfahren, der heute längst ausgestorben ist, auseinanderentwickelt. Und das lässt sich sowohl durch Fossilienfunde, also die angeblich nicht vorhandenen Skelette, als auch genetisch nachweisen. Nur über Details wie die Frage, ob die von mir genannte Schätzung von sieben Millionen Jahren korrekt ist, wird in der Fachwelt noch diskutiert, aber dabei stellt niemand den Vorgang an sich infrage. Also, niemand außer Kollegah, meine ich.

Auch an seinen Äußerungen zum Thema Amphibien kann man anschaulich sehen, wie zu viel Überzeugung und zu wenig Informationen zu äußerst fragwürdigen Aussagen führen. Dabei habe ich mir allerdings eventuell auch einen kleinen Scherz erlaubt im vorigen Satz, denn von Amphibien hat Kollegah scheinbar noch nichts gehört. Stattdessen äußert er sich so: »Du kannst eine Million Fische aus dem Wasser ans Land legen, die werden sich nicht verwandeln, so. Die werden einfach nur sterben.« Und weiter: »Der Fisch, der an Land springt: Warum sollte er das überhaupt erst mal tun?« Ich mag diese Aussagen vermutlich aufgrund ihrer Bildkraft. Ich sehe den Fisch förmlich vor mir, der an der Küste entlangschwimmt und plötzlich die Idee hat, er könnte doch einfach mal an Land springen. Dann jedoch hält er inne, schaut tief in sich und stellt sich die Frage: »Warum sollte ich das überhaupt tun?« Gerade noch mal Glück gehabt, lieber Fisch! Sonst wärst du womöglich sofort zum Leguan geworden! Das kann ja keiner wollen.

Nun ist es so, dass in der Wissenschaft völlig unstrittig ist, wie der Übergang von Wasser- zu Landlebewesen passiert ist. Dennoch kann man dazu natürlich andere Ansichten haben, und ich möchte auch nicht den Eindruck erwecken, dass ich mich einfach so über Kollegahs Unwissenheit erhebe und lustig mache. Ich weiß selbst genug Sachen nicht oder nur halb oder dreiviertel. Das halte ich auch für weitgehend unbedenklich, es gibt als Mensch eh keine Alternative als mittleres bis vollständiges Unwissen. Womit man es sich halt selbst schwer macht, ist die Selbstgefälligkeit, die einen glauben lässt, man müsse sich nicht mal mit den Grundzügen der Evolutionstheorie auskennen, um diese öffentlich widerlegen zu können. So richten sich die einzigen Argumente, die Kollegah gegen die Evolutionslehre vorbringt, gegen die Lamarcksche Vererbungslehre, einer seit über hundert Jahren verworfenen Theorie. Diese ist, wie ich im Kapitel *Unwissenschaft und Technik* schon dargelegt habe, nicht eine Variante des Darwinismus, sondern eine widerlegte, veraltete Vorgängerversion. Kollegah begeht also einen klassischen Kategorienfehler.

Eine gute Erklärung dafür, wie es zu einem solchen Vorgang kommen kann, liefern Steven Sloman und Philip Fernbach in ihrem Buch *The Knowledge Illusion*. Sie nennen das Phänomen »illusion of explanatory depth«. Trotz oberflächlicher (und manchmal ganz falscher) Kenntnisse gehen wir davon aus, die Welt verstanden zu haben. Man liest einen Comic von Asterix und denkt, man weiß danach einigermaßen über die Antike Bescheid. Man hört einen kreationistischen Vortrag von Leuten wie Harun Yahya und denkt, man wisse nun über die Evolutionstheorie Bescheid – und auch, warum diese abzulehnen sei. Man sieht ein Spiel der Fußballnationalmannschaft und denkt, man wisse besser als die Trainerin, wie die Mannschaft aufzustellen sei. Sie kennen das Phänomen.

Perfide wird es dann, wenn Expertenwissen, das der eigenen Meinung widerspricht, als »alleinige Deutungshoheit von Fachidioten« angeprangert wird. Da sind wir dann wieder an dem Punkt, an dem jemand eine hanebüchene Theorie und den aktuellen Kenntnisstand der Wissenschaft gleichberechtigt auf eine Ebene setzt. Ich höre da schon die Fingernägel auf der Schiefertafel, den Soundtrack der kognitiven Dissonanz. Denn solche Aussagen kann man natürlich machen, aber wenn man das macht, ohne ein zugkräftiges Argument oder einen Beweis mitzubringen, dann ist es zunächst einmal nur eine blanke These. Wenn diese leicht falsifizierbar ist und man dieser trotzdem weiter anhängt, dann unterscheidet man sich qualitativ nicht mehr von jemandem, der erzählt, ein nacktes Huhn auf dem Kopf helfe gegen Pest. Oder ein Apfel könne vom Baum in den Himmel hinauffallen.

Apropos weit vom Stamm: Jimmy Swaggart war vor dreißig Jahren ein berühmter Fernsehprediger in den USA und besonders dafür bekannt, dass er ein rhetorisches Höllenfeuer zu entfachen wusste, wenn einer seiner Kollegen sich zur Sünde verführen ließ. So nannte er den Fernsehprediger Jim Bakker, nachdem herausgekommen war, dass dieser seiner Vermutung nach eine Affäre mit seiner Sekretärin gehabt hatte, einen »Tumor auf dem Körper Christi«. Das ist nun nicht gerade die feine englische Ausdrucksweise. Nachdem er einen weiteren Prediger, Marvin Gorman, aus ähnlichen Gründen regelrecht in den Ruin getrieben hatte, wendete sich das Blatt jedoch unerwartet. Denn plötzlich erhielt Gorman interessante Hinweise. Es stellte sich heraus, dass Jimmy Swaggart selbst regelmäßig die Dienste von Prostituierten in Anspruch nahm. Es folgte ein tränenreiches Bekenntnis vor seiner Gemeinde, der reuevolle Swaggart gelobte in Zukunft Reinheit und Unschuld. Es ist wohl absehbar, was dann passierte: Drei Jahre später wurde er wieder mit Prostituierten erwischt. Nun soll ja meinetwegen jeder machen, was er mag, solange alle erwachsen und einverstanden sind. Aber für die Heuchelei, die hier an den Tag gelegt wurde, fallen mir eine ganze Reihe Ausdrücke außerhalb der feinen englischen Sprache ein.

Auf eine andere Weise machte Fernsehprediger Jerry Falwell 1998 von sich reden. Er äußerte öffentlich Sorgen um den Millennium Bug, was kein Raumschiff aus *Star Wars* ist, sondern ein damals angesagtes Computerproblem. Die Älteren werden sich erinnern: Damals gingen manche Forscher davon aus, dass zum Jahreswechsel 1999/2000 zahlreiche ältere Computer abstürzen würden, weil deren Datierungssysteme nicht auf einen Jahrtausendwechsel vorbereitet seien. Kurz gesagt waren einige Programme so eingerichtet, dass das Datum Tage, Monate und Jahre jeweils nur in zweistelligen Zahlen speichern konnte – und die Befürchtung war nun, dass auf 1999 wieder 1900 folgen würde. Ich weiß nicht genau, warum deshalb die Welt untergehen sollte. Vielleicht, weil es 1900 noch keine Computer gab und sie sich darum aus logischen Gründen selbst gelöscht hätten.

Wie auch immer: Viele Leute hatten tatsächlich Angst, und auch Falwell teilte diese Sorge und ging davon aus, dass an Silvester um Mitternacht das System der Welt zusammenbräche und Christus auf die Erde zurückkäme, um die wahren Gläubigen mit ins Himmelreich zu nehmen. Spannendes Detail: Zur Vorbereitung auf diese Situation hortete Falwell in großen Mengen Nahrung und Munition. Beides kann man im Himmelreich ja nie genug haben. Denn so steht es in der Bibel: »Es sprach der Herr zu meinem Herrn: Setze dich mir zur Rechten und wir werden gemeinsam jede Menge eurer mitgebrachten Burger fressen und mit unseren abgesägten Schrotgewehren Löcher in die Wolken ballern.«

Oder so ähnlich. Doch auch trotz des Millennium Bugs gibt es 2020 die Welt noch – und natürlich auch noch Fernsehprediger. Einer der bekanntesten ist aktuell Kenneth Copeland, der zuletzt für einen Eklat sorgte. Er wurde von einer Journalistin angesprochen, wie er es vereinbaren könne, Demut zu predigen, aber zugleich stets in einem seiner drei Privatjets zu reisen. Copeland, tatsächlich ein Multimillionär, der für seine Vorliebe für Luxus bekannt ist, verlor die Fassung und rang um Worte. Schließlich erklärte er, dass ihm der Filmproduzent Tyler Perry das Flugzeug so günstig angeboten hätte, dass er es regelrecht kaufen musste. Der Kaufpreis? Drei Millionen Dollar. Da hätte ich natürlich auch nicht widerstehen können. An anderer Stelle hatte Copeland zuvor geäußert, dass er ein Privatflugzeug nehmen müsse, weil ein Linienflugzeug voller Passagiere wie eine fliegende »Röhre voller Dämonen« sei.

Nur gut, dass es zwischen uns normalen Leuten, die wir alle von Dämonen besessen sind, noch überlegene Lebensformen gibt, die in Privatjets über unseren Köpfen kreisen oder auf den mächtigen Schwingen ihrer moralischen Überlegenheit. Im Idealfall machen sie es dann sogar noch so wie der russische

Pater Alexander Goryachew, der, in Begleitung des orthodoxen Bischofs Metropolit Sawa, am 11. September 2019 von einem Flugzeug aus Weihwasser über der Stadt Tver in Zentralrussland versprüht hat. Das sollte eine Maßnahme sein gegen Alkohol, Drogen und freie Liebe. Insgesamt wurden 68 Liter Weihwasser versprüht. Goryachew stellte in einem Interview klar, dass man darüber nicht lachen sollte, denn er versuche, der Welt zu helfen. Aber wenn ich aufhöre, darüber zu lachen, dann stelle ich mir sofort vor, wie in fünfzig Jahren, nach der großen Klimakatastrophe und mitten in der großen Dürre, meine Enkel in einem Geschichtsbuch lesen, dass 2019 ein Priester die Welt retten wollte, indem er in einem kerosinverschlingenden Flugzeug über der Menschheit kreise und literweise wertvolles Trinkwasser auskippte. Die finden das vermutlich auch nicht lustig.

Eine große Frage drängt sich zu guter Letzt auf, wenn man sich mit Religionen beschäftigt. Sie scheinen sich nämlich recht gut dazu zu eignen, als Machtmittel eingesetzt zu werden, ganz unabhängig davon, wie friedfertig und von Liebe geprägt ihr Ursprung gewesen sein mag. Nun ist es natürlich so, dass man eine Religion nicht so einfach für die Taten von Fanatiker*innen verantwortlich machen kann, die einen Glauben instrumentalisieren, um Unterdrückung, Ausbeutung, Gewalt oder gar Krieg zu rechtfertigen. Dennoch darf man sich schon fragen, ob es aus heutiger Sicht okay wäre, einen neuen Glauben in die Welt zu setzen – und sei er noch so gut. Wenn mich des Nachts eine religiöse Vision ereilt, in der ein Lichtwesen mich anweist, die Menschen zu Nächstenliebe und Umweltschutz aufzufordern, hätte ich erstens Sorge, dass ich als Prophet weggesperrt oder an ein Kreuz genagelt werde. Aber das würde mich vielleicht nicht aufhalten, schließlich wäre ich Prophet, das gehört dann wohl dazu. Das Wissen jedoch, dass womöglich in tausend Jahren ganze Kontinente ins Unglück stürzen und Millionen

Menschen sterben, weil andere die Gewalt mit dem Glauben an meine Prophezeiung rechtfertigen, das würde mich schon sehr nachdenklich stimmen, ob ich nicht lieber weiter humoristischer Sachbuchautor bleibe. Ich hoffe nur, dass ich damit nicht nur meinen Verstand nutze, um genau die Antwort zu finden, die mir gefällt. Die kognitive Dissonanz lässt grüßen.

8. Liebe – die grösste Dummheit?

»*Man soll keine Dummheit zweimal begehen, die Auswahl ist schließlich groß genug.*«

Jean-Paul Sartre

Von den Motivationen, die uns davon abhalten, unseren Verstand einzusetzen, ist die Liebe vermutlich die berühmteste und mit Sicherheit die schönste. Gut, da hängt jetzt die Hürde auch nicht so hoch, wenn die Konkurrenz aus Habgier, Geilheit, Arroganz oder Aggression besteht. So ist es kaum verwunderlich, dass die Liebe und die Dummheiten, die wir für und durch diese begehen, zentrale Motive der Weltliteratur sind. Nehmen wir nur Romeo und Julia. Was für Vollidioten. Sie reden gewiss prächtig daher, das sei gerne zugegeben.

»Meine Lippen, zwei errötende Pilger, stehen bereit«, das klingt natürlich fruchtiger als »Gisela, ich habe Bock zu knutschen«. Gut, es ist fraglich, wie weit man mit derartigen Flirtversuchen bei einer regulären Person kommt. Wenn mich bei einer Abendveranstaltung oder gar bei Nacht in einer übel beleumundeten Gasse eine fragwürdige Gestalt mit blecherner Stimme anhaucht: »Meine Lippen, zwei errötende Pilger, stehen bereit.« Ich denke, ich würde das Weite suchen und finden, ganz wie ein errötender Pilger. Julia jedoch entgegnete bei Shakespeare: »Der Heil'gen Rechte darf Berührung dulden, Und Hand in Hand ist frommer Waller Kuss.« Zu Romeos Glück war auch sie offensichtlich bekloppt. Aber Spaß beiseite, im Stück empfinden Romeo und Julia einfach sehr, sehr doll. Aber ansonsten befinden sich diese beiden Teenager nicht gerade auf dem Weg Richtung Nobelpreis. Und ich glaube, das wollte auch Shakespeare herausstellen in seinem Text. Tragischerweise wird das Stück aber als tragische Weise über die Liebe missverstanden und nicht als statuiertes Exempel für die Dummheit. Herrje, da bringen sich diese Kids tatsächlich aus völliger Blödheit durch den dümmsten Plan der Welt am Ende ums Leben – sorry, falls ich sie hier gespoilert haben sollte, Dumbledore.

Diese Geschichte hat übrigens ein reales Vorbild, das bis in die Zeit vor Jesu Geburt zurückreicht zu Marcus Antonius und Kleopatra. Er war einer der drei Herrscher des Römischen Reiches, und sie war die Herrscherin am tragischen Ende der jahrtausendealten Geschichte des Ägyptischen Reiches. Man muss sich nur vor Augen führen, dass die Errichtung der Cheops-Pyramide zur Zeit der Herrschaft Kleopatras deutlich weiter zurücklag als aus heutiger Sicht die Herrschaft Kleopatras. Es gibt zur Liebe zwischen Antonius und Kleopatra eine umfangreiche Vorgeschichte mit Intrigen, Affären und einem Mord an Gaius Julius Cäsar, aber das wäre Stoff für ein eigenes Drama. Hier ist nur wichtig, dass Antonius' einstiger Mitstreiter und Konkurrent um die Macht im Römischen Reich, Octavian, dessen Truppen bei Aktium schlug und damit das endgültige Ende des selbstständigen Ägyptischen Reiches besiegelte. Wie Plutarch berichtet, ging Antonius davon aus, dass seine Geliebte ihn verraten hatte. Sie floh daraufhin, schloss sich aus Schmach in ein Grabgewölbe ein und schickte einen Gesandten zu Antonius, der ihm sagen sollte, dass sie sich das Leben genommen hätte. Woraufhin sich Antonius aus Verzweiflung in sein Schwert stürzte. Da ihn das jedoch nicht sofort umbrachte, bat er einige Bedienstete, die Tat zu vollenden. Stattdessen informierte das Personal Kleopatra über den Vorgang. Diese ist naturgemäß wenig begeistert und lässt den schwer verletzten Antonius zu sich bringen. Er wird wohl recht überrascht gewesen sein, dass Kleopatra noch lebte, doch bevor sie »April, April!« sagen konnte, starb er in ihren Armen. Sie war nun völlig verzweifelt, denn durch ihre wirklich sehr dumme Aktion, den eigenen Tod vorzutäuschen, hatte sie ihren Geliebten in den Selbstmord getrieben. Darum ließ sie sich von einer Giftschlange beißen. Sie sehen, auch hier liegt ein völlig unnötiger Doppelselbstmord vor, wenn auch nicht von unbedarften italienischen Teenies, sondern von zwei der mächtigsten Menschen der damaligen Welt. Doch Macht schützt vor Dummheiten nicht, wenn erst mal die Liebe als starkes Motiv den Einsatz des Verstandes verhindert.

Es ist nicht weniger tragisch, wenn die Liebe und die Dummheit im echten Leben aufeinandertreffen. Auch nicht in der Neuzeit: Yaoya Oshichi war 1683 ein sechzehnjähriges Mädchen aus Edo, dem heutigen Tokio. Im Jahr zuvor hatte ihre Familie nach einem großen Feuer in einen Tempel fliehen müssen, bis ihr Haus repariert war. Dort im Tempel verliebte sie sich in einen Pagen namens Ikuta Shonosuke. Doch die Freude über die junge Liebe währte nur kurz. Als sie mit ihrer Familie in ihr inzwischen repariertes Haus zurückkehrte, war Yaoya verzweifelt und griff zu einer denkbar dummen Idee. Sie zündete das Haus ihrer Familie an, um wieder in den Tempel fliehen zu müssen, zurück in die Arme von Ikuta. The things we do for love. Nun blieb ihre Tat aber nicht verborgen, und das führte zu einem weit größeren Problem für Yaoya. Denn die Strafe für Brandstiftung damals war der Scheiterhaufen, allerdings konnte man erst ab sechzehn Jahren dafür verurteilt werden. Der Richter wollte Nachsicht zeigen und fragte das Mädchen nachdrücklich, ob sie nicht in Wirklichkeit erst fünfzehn Jahre alt wäre. Als sie verneinte, fragte er erneut, aber sein Unterton blieb ihr leider verborgen. Die verängstigte Yaoya verneinte wieder – und wurde am 29. März 1683 als Strafe für ihre Tat verbrannt. Bis heute ist diese Geschichte verewigt in japanischer Literatur und im Theater.

Ich würde zwar jetzt nicht direkt von Liebe sprechen, aber persönlich bin ich ja ein großer Fan des Autors George Bernard Shaw. Sein bekanntestes Theaterstück *Pygmalion* war die Vorlage für das noch bekanntere Musical *My Fair Lady*, und aus lauter Begeisterung habe ich mal eine eigene Version der Geschichte geschrieben. Dabei handelte es sich allerdings nicht um eine Kurzgeschichte, sondern einen kompletten Roman namens *Die Sonnenseite des Schneemanns* mit 270 Seiten, für den ich jetzt sogar in meinem neuen Sachbuch Werbung mache, als wäre ich von Sinnen wie ein japanischer Tempelteenie. Okay, vielleicht ist da doch ein bisschen Liebe im Spiel für den dürren, bärtigen und seit fast 70 Jahren toten Herrn Shaw. Etwas weniger euphorisiert war nach einer Begegnung mit Shaw die berühmte Tänzerin Isadora Duncan. Sie versuchte sich eines Abends an einem Flirt mit dem berühmten Autor. Im Gespräch brachte sie als Argument vor, dass die beiden ein ganz fantastisches Kind haben könnten mit ihrem Körper und seinem Geist. Shaw gab daraufhin zu bedenken, dass das ja auch genau andersrum laufen könnte. Autsch.

Dass Liebe eben nicht nur blind macht, sondern auch blöd, hat auch der Schotte Aron Morrison eindrucksvoll unter Beweis gestellt. Die junge Dame, auf die er ein Auge geworfen hatte, arbeitete in einem Schnapsladen, den Morrison gerade besuchte. Ihr Anblick jedoch lenkte sie von seinem eigentlichen Vorhaben ab, und er versuchte sich an einem Flirt mit ihr. Im Verlauf des Gesprächs fragte er die Frau, ob sie mit ihm auf ein Rendezvous kommen wolle. Sie ließ sich daraufhin von ihm seinen Namen und seine Nummer geben, damit sie sich bei ihm melden könnte. Daraufhin fuhr Morrison zufrieden mit seinem eigentlichen Vorhaben fort, das darin bestand, aus dem Schnapsladen eine Flasche Wodka zu klauen. Als die Verkäuferin sah, wie Morrison die Flasche einsteckte und ohne zu zahlen aus dem Laden flüchtete, wählte sie statt seiner Nummer diejenige der Polizei. Diese hatte nun keine besonderen Schwierigkeiten, Morrison ausfindig zu machen. Ob das Rendezvous trotzdem noch stattgefunden hat, ist nicht überliefert. Aber ich habe da so meine Zweifel. Ich gebe ja selten Flirttipps, da mein bester Anmachspruch darin besteht, beim Ansprechen einer Person, die mir gefällt, besonders kunstvoll vor Aufregung in Ohnmacht zu fallen. Aber eine Sache kann ich Flirtwilligen trotzdem mit auf den Weg geben: Wenn euch jemand gefällt, raubt ihn oder sie am besten nicht aus. Fallt lieber in Ohnmacht. Das funktioniert zwar auch nicht, aber im Krankenhaus ist das Essen besser als im Gefängnis.

Kommen wir noch mal auf den Anfang des Kapitels zu sprechen und schließen damit den Kreis. Shakespeare schildert ja in *Romeo und Julia* die ungezügelte Kraft der jungen Liebe, aber ich muss sagen, dass mir eine alte Liebe noch deutlich mehr gefällt. Ich habe mal einen Poetry-Slam moderiert, bei dem sich ein über achtzig Jahre alter Mann angemeldet hatte, mit den ansonsten doch hauptsächlich sehr jungen Künstler*innen auf der Bühne zu stehen. Im Publikum saß seine Gattin, mit der er seit über fünfzig Jahren verheiratet war, wie er stolz kundtat. Und sie saß mit glänzenden Augen im Publikum und konnte jedes Wort seiner Gedichte mitsprechen. Die Geschmäcker sind ja verschieden, aber für mich war das ein noch schönerer Anblick als zwei verliebte Jugendliche, die sich beim ersten Zungenkuss mit den Zahnklammern ineinander verhaken.

Eine der schönsten Geschichten, die ich über eine alte Liebe gehört habe, enthält eine spektakuläre Dummheit. Auf einer goldenen Hochzeit hielt der Ehemann eine kleine Ansprache über die Jahrzehnte des gemeinsamen Glücks. Und dabei erwähnte er auch, dass er seit fünfzig Jahren beim Frühstück jeden Morgen aus lauter Liebe auf seine bevorzugte untere Brötchenhälfte verzichtete und diese seiner Gattin überließ. Die Gattin, die dies hörte, stöhnte auf und ließ den Kopf in die Hände sinken. Als man sie fragte, was los sei, erklärte sie, dass sie eigentlich immer die obere Hälfte lieber mochte, aber diese seit einem halben Jahrhundert aus Liebe ihrem Mann überließ. Dann sahen sich der Mann und die Frau einen Moment lang an und begannen zu lachen. Und die ganze Festgesellschaft lachte mit. Schließlich hatten die beiden etwa 18 250 Mal aus lauter Liebe in die falsche Brötchenhälfte gebissen.

9. Politik und Wirtschaft

»Der Gescheitere gibt nach! Eine traurige Wahrheit.
Sie begründet die Vielherrschaft der Dummen.«

Marie von Ebner-Eschenbach

»Geld regiert die Welt«, rufen die einen, während die anderen darauf beharren, dass die Regierung die Welt regiert. Ich will mich da nicht einmischen, aber mich beschleicht immer öfter der Verdacht, dass es keiner von beiden ist, sondern Erasmus von Rotterdam richtig lag und die Torheit herrscht. Also, wenn überhaupt jemand regiert. Vielleicht regiert unter dem dünnen Furnier der Zivilisation sowieso nach wie vor Anarchie, bloß sind weder Herrscher noch Beherrschte willens oder in der Lage, das zu erkennen. Aber bevor ich hier den Hobby-Hobbes raushängen lasse, werfen wir doch mal einen Blick auf die Dummheiten in den Zentren der Macht.

Dabei liegt bereits eine Gefahr darin, wenn man so derartig mächtig ist, dass wirklich alles für einen gemacht wird. So erzählt man von Philipp III., König von Spanien, dass er eines Tages gesundheitlich angeschlagen war und man ihn darum neben einen Kohleofen setzte. Dort saß er dann sehr lange, und unglücklicherweise überhitzte er dabei so stark, dass sich sein Gesundheitszustand weiter deutlich verschlechterte. Er starb kurz darauf am 31. März 1621. Vielleicht fragen Sie sich, warum ging denn der König nicht vom Feuer weg oder machte es aus? Es scheint, derlei Banalitäten waren nicht der Job des Königs, und der dafür zuständige Diener war nicht auffindbar.

Fairerweise muss man dazusagen, dass Philipp III. zu dem Zeitpunkt schon lange krank war und generell von eher schwacher Verfassung. Es steht zu vermuten, dass dies eine Folge des jahrhundertelangen Inzests innerhalb der damals weite Teile Europas dominierenden Familie der Habsburger war. Die spanische Linie der Habsburger starb im Jahr 1700 mit Philipps Enkel Karl II. aus. Dass Karl mit schweren Behinderungen zur Welt kam, wirkt aus heutiger Sicht kaum erstaunlich: Während man üblicherweise fünf Generationen zurück 32 verschiedene Vorfahren hat, waren es bei Karl nur zehn. Das ist schräg und gewiss tragisch, aber es ist auch ein Zeichen dafür, wie der Versuch, die Macht auf diese Art in der Familie zu halten, zu einer wirklich dummen Heiratspolitik geführt hat. Behalten wir es aber auch als Beispiel dafür im Kopf, dass Macht sich einfach nicht ewig halten lässt.

Eine politische Geschichte, über die man eher schmunzeln kann, habe ich im zweiten Kapitel schon mal angeschnitten. Sie trug sich im Jahr 1927 im westafrikanischen Staat Liberia zu. Dort ging eine demokratische Wahl mit deutlichem Vorsprung an den amtierenden Präsidenten Charles King. Das Nachsehen hatte an der Stelle sein Herausforderer Thomas Faulkner. Präsident King war natürlich hocherfreut über diesen Wahlausgang und den Erhalt seiner Macht. Dabei hatte er die Wahl nicht einfach nur gewonnen, sondern einen deutlichen Vorsprung von 2 430 000 Stimmen gegenüber Faulkner erzielen können. Zu dem Zeitpunkt gab es in Liberia jedoch insgesamt nur 15 000 Wahlberechtigte. Das kam dann nicht nur Faulkner ein kleines bisschen verdächtig vor.

Das eigentlich Erstaunliche war daran nicht, dass diese Wahl nun als »betrügerischste Wahl der Welt« einen Eintrag im Guinness-Buch der Weltrekorde erhielt, sondern dass Charles King tatsächlich an die Macht kam. Er herrschte noch weitere drei Jahre, bis er schließlich gemeinsam mit seinem Vizepräsidenten Allen Yancy zurücktreten musste. Nach der verlorenen Wahl hatte Thomas Faulkner nämlich Mitglieder der Regierung beschuldigt, Sklavenhandel zu betreiben. Um die Tragweite dieser Anschuldigung zu verstehen, muss man wissen, dass Liberia 1822 an der Küste Westafrikas gegründet wurde, um dort freigelassene Sklaven aus den USA anzusiedeln. Im Jahr 1847 hatte Liberia seine Unabhängigkeit erklärt, während der Rest Afrikas noch unter Kolonialherrschaft stand. Dass nun ausgerechnet dort achtzig Jahre später die Regierung in Sklavenhandel verwickelt sein sollte, war ein Skandal erster Güte. Erst recht, als sich durch eine unabhängige Untersuchung herausstellte, dass Faulkner mit seinen Anschuldigungen recht hatte. Da vergeht einem dann auch das Schmunzeln über das skurrile Ausmaß des vorherigen Wahlbetrugs.

Okay, ich versuche noch mal, eine harmlosere Anekdote über einen Politiker zu erzählen. Diese spielt im Jahr 1962. Damals war der US-Politiker Adam Clayton Powell auf Kosten des Steuerzahlers in Europa unterwegs. Seine politische Mission lassen wir an der Stelle mal außen vor. Und wir wollen auch gegenüber seinen steuerfinanzierten Besuchen in Stripclubs an dieser Stelle mal ein bis drei Augen zudrücken. Aber nur, um uns auf seine wahre schmutzige Wäsche zu konzentrieren. Denn erst damit wurde Powells Verhalten so richtig sonderbar. Er ließ nämlich unabhängig davon, wo er gerade in Europa unterwegs war, seine Wäsche stets in London waschen und per Diplomatenkurier zu sich bringen. Man kann sich heute schwer in jemanden reindenken, der in Italien sitzt und seine Schmutzwäsche in ein Paket packt, um sie nach London zu schicken. Zu seiner Verteidigung: Das war lange vor der Erfindung von Greta Thunberg. Aber die Waschmaschine war 1962 auch in Italien schon lange bekannt.

Werfen wir mal einen Blick rüber in Richtung Wirtschaft. Dass auch für Wirtschaftswissenschaften ein Nobelpreis verliehen wird, ist Ihnen sicher bekannt. Und diesen Preis erhielten 1997 Myron Scholes und Robert Merton für eine neue Methode zur Ermittlung des Wertes von Derivaten. Derivate sind eine Art Wette, zum Beispiel auf die zukünftige Entwicklung einer Aktie. Man kauft also nicht eine Aktie, sondern setzt Geld darauf, ob diese im Kurs steigt oder fällt. Im letzteren Fall ist es tatsächlich so, dass man einen Gewinn macht, wenn der Aktienkurs eines Konzerns einbricht. So ist die Zauberwelt der Finanzspekulation nicht arm an Wundern. Scholes und Merton hatten nun also eine nobelpreisprämierte Methode zur Berechnung des Wertes solcher Derivate. Diese schützte sie jedoch nicht davor, weniger als ein Jahr nach Erhalt des Preises mit ihrem Hedgefonds binnen sechs Wochen stolze vier Milliarden Dollar zu verlieren. Ich bin nun kein Finanzexperte, aber ich glaube, das ist viel Geld.

Im Vergleich dazu fast schon günstig waren die 328 Millionen Dollar Unterstützung, die 1999 nach einem Beschluss des US-Kongresses die Tabakfarmer vom Staat erhalten sollten. Wirtschaftlich ging es den Tabakfarmern übrigens deshalb nicht so gut, weil die Regierung andererseits versuchte, den Tabakkonsum insbesondere unter Jugendlichen zu reduzieren. Darauf muss man erst mal kommen. Weitere 49 Millionen gab man zudem an die Erdnussfarmer, um ihre gestiegenen Produktionskosten abzufedern. Der Grund für diese waren die hohen Kosten für die Anmietung von Anbaulizenzen. Diese verkaufte der Staat nämlich, und sie wurden in der Regel von wohlhabenden Menschen erworben, die sie dann an die Farmer vermieteten. Um diese Dummheit noch durch mangelnde Fairness zu ergänzen, wurde die Förderung durch eine Quote so verteilt, dass Großproduzenten gegenüber Kleinbauern deutlich bevorteilt wurden. Wem hat diese Reglung also vor allem nicht geholfen? Den Erdnussfarmern. Ich würde ja sagen: Ziel verfehlt, dumm regiert.

Nun fragen Sie sich vielleicht, was Erdnussbauern in den USA mit Ihnen zu tun haben. Oder gar andersherum. Reden wir über etwas, dass alle betrifft, ein globales Thema sozusagen, genau an der Schnittstelle von Wirtschaft und Politik: Dummheit. Ich möchte einsteigen mit funktionaler Dummheit, einer ganz speziellen Form von Dummheit, der man magische Kräfte nachsagt. Nun gut, das ist etwas übertrieben. Aber funktionale Dummheit hat auf jeden Fall Aspekte an sich, die definitiv wünschenswert sein können. »Durch das Vermeiden sorgfältigen Nachdenkens sind die Menschen in der Lage, einfach ihren Job zu machen.« So beschreiben es die Wirtschaftswissenschaftler Mats Alvesson und André Spicer sinngemäß in ihrem Buch *The Stupidity Paradox*. Das ist, stark vereinfacht gesagt, der Vorteil der funktionalen Dummheit. Etwas lockerer formuliert könnte man sagen: Wenn wir nicht ständig über alles grübeln und jeden Schritt hinterfragen, dann kommen wir mit dieser Arbeit besser voran. Dabei muss ich immer sofort an Beppo denken, den Straßenkehrer aus *Momo* von Michael Ende. Eines Tages spricht er darüber, wie er damit umgeht, manchmal eine sehr lange Straße vor sich zu haben, mit der man nie fertig zu werden glaubt. Er erklärt Momo weiter: »Man darf nie an die ganze Straße auf einmal denken, verstehst du? Man muss nur an den nächsten Schritt denken, an den nächsten Atemzug, an den nächsten Besenstrich. Und immer wieder nur an den nächsten. […] Dann macht es Freude; das ist wichtig, dann macht man seine Sache gut. Und so soll es sein.«

Das gilt natürlich nicht nur für das Straßenkehren. Stellen Sie sich vor, Sie stehen am Fließband und sollen zwei Teile für einen Staubsaugerroboter zusammenschrauben. Wenn Sie jetzt bei jedem einzelnen Schraubvorgang innehalten und sich ein paar Minuten lang fragen, ob Sie eventuell dazu beitragen, dass immer klügere Staubsaugerroboter entwickelt und verbreitet werden und diese am Ende die Menschheit aufsaugen werden, mag diese Frage noch so berechtigt sein. Innerhalb Ihres Jobs funktionieren Sie dann schlechter als jemand, der einfach nur schraubt und in dessen Inneren ansonsten vollkommene Stille und Leere herrscht. »Im Baseball heißt es oft: ›Gehirn abschalten, du schädigst den Verein.‹ Ich bin davon überzeugt, dass man bei diesem Spiel tatsächlich zu viel denken kann«, sagte der Baseballspieler Jim Bouton mal über sein Spiel. Und vielleicht traf er damit ja auch eine Wahrheit über das Leben ins Schwarze. Um mal eine Dart-Metapher zu verwenden, wo sie so danebengeht wie ein Torschuss beim Tennis.

Funktionale Dummheit ist ein Ausblenden des Kontextes und eine Fokussierung auf die vorliegende Tätigkeit. Wie genau das aussehen kann, darauf werde ich im Kapitel *Dumm bei der Arbeit* noch eingehen. Hier geht es mir zunächst nur darum, ein spektakuläres Beispiel für das Problem an funktionaler Dummheit zu zeigen. Ein Grund für die Weltwirtschaftskrise 2008 war, dass mit Finanzprodukten gehandelt wurde, die man nicht vollständig verstanden hatte. Im Mittelpunkt des Problems standen sogenannte Quantitative Analysten, kurz Quants genannt, deren Aufgabe es ist, komplexe Finanzinstrumente zu entwickeln. Dabei sind sie meist gar keine Ökonom*innen, sondern kommen eher aus Mathematik oder auch Physik. Ihre abstrakten Methoden wirken oft selbst für Fachleute undurchschaubar, daher nennt man sie auch Alchemisten der Wall Street und spricht von ihnen mit einer Mischung aus Ablehnung und Bewunderung.

Vermutlich haben Sie schon mal davon gehört, dass Banken auch mit Schulden handeln. Das funktioniert grob vereinfacht so: Uwe schuldet mir hundert Euro. Ich verkaufe diese Schulden an Otto für fünfzig Euro. Mein Vorteil ist, dass ich sofort fünfzig Euro habe, statt auf die Kohle von Uwe zu warten. Und Otto hat, wenn er erst mal das Geld von Uwe eintreibt, seinen Einsatz verdoppelt. So etwas passiert in der Wunderwelt der Wirtschaft sehr oft. Ein Modell, das nun von den Quants entwickelt wurde, waren die CDOs, eine Art Schuldenpaket, bei denen man gute, mittlere und schlechte Kredite mischte, um sie besser verkaufen zu können. Als schlechten Kredit bezeichne ich hier einen Kredit, bei dem eher unwahrscheinlich bis beinahe ausgeschlossen ist, dass die Schuldner ihn begleichen, zum Beispiel weil sie inzwischen kein Einkommen mehr haben. Da in der Mischung aber auch gute Kredite waren, erschienen die CDOs in den Modellen so, als wären sie ein ziemlich sicheres Geschäft.

So gab es plötzlich einen kurzfristig sehr gut erscheinenden Weg, aus nichts (in dem Fall: schlechten Krediten) viel Geld zu machen. Und die wenigen Leute, die vor diesen Geschäften warnten, nahm man nicht ernst, zumal ihr Pessimismus nicht zur hervorragenden Stimmung an der damaligen Börse passte. Fairerweise muss man nun aber dazusagen, dass viele Banker das Modell der CDOs nicht komplett verstanden hatten. Sie und auch die Quants hinter dem Konzept hatten den Kontext dessen, was sie da taten, mehr oder weniger komplett ausgeblendet. Als sich schließlich herausstellte, was passiert war, geriet die Börse ins Stocken, und es war zu spät, den Absturz aufzuhalten. Es ist ein Paradebeispiel für funktionale Dummheit, wie Alvesson und Spicer sie beschreiben: »Es gibt kluge Leute, die am Ende auf der Arbeit dumme Dinge machen. Kurzfristig schien dies eine gute Sache zu sein, denn es half dabei, schnelle Resultate zu erzielen. Aber langfristig war es die Grundlage für eine Katastrophe.«

Doch dieses Denken in begrenzten Zeitabschnitten ist keineswegs ungewöhnlich. Investor*innen denken oft in Jahresrhythmen, wenn sie ihre Pläne machen. Politiker*innen denken naturgemäß in Legislaturperioden. Auf den Punkt bringt das Problem daran der schöne Satz: »Du denkst auch nur von zwölf Uhr bis Mittag.« Denn natürlich ist nicht nur der Markt nicht so einfach unterteilbar, sondern erst recht auch Umweltfragen, Energiefragen oder soziale Stabilität – vom Umgang mit diesen Fragen sind kommende Generationen betroffen, wenn alle heutigen Entscheidungsträger*innen längst tot sind. Ernst Pöppel und Beatrice Wagner schreiben dazu: »Das ist eine systemimmanente Dummheit, mit der zum Glück nicht alle Branchen und Berufsgruppen geschlagen sind. Bauern und Forstbesitzer etwa denken sehr viel längerfristiger, über Generationen hinweg.«

Vielleicht kann man daraus aber sogar Hoffnung schöpfen, denn auch in diesen Berufsgruppen war das historisch gesehen nicht immer so. Heute weiß man zumindest, dass ein einmal abgeholzter Wald oder kaputt gewirtschafteter Acker erst mal sehr lange zur Regeneration braucht, wenn dies überhaupt möglich ist. Und tatsächlich gibt es inzwischen viele Beispiele für nachhaltiges Land- und Forstwirtschaften. Vielleicht sind das wirklich Beispiele, an denen man sich orientieren kann. Andererseits brennt aktuell am Amazonas der Regenwald schlimmer als je zuvor, und das Anlegen von landwirtschaftlichen Flächen wird keinesfalls überall nachhaltig betrieben, insbesondere nicht, wenn kurzfristige Gewinne zu erwirtschaften sind.

Das ist genau das Problem, das mir nie richtig einleuchten will: Auch im Sinne einer Gewinnmaximierung ist es doch falsch, nur von zwölf Uhr bis Mittag zu denken. Kurzfristig verdient man vielleicht mehr, aber erst nachhaltiger Umgang mit Ressourcen und Umwelt ermöglicht auch in ferner Zukunft noch Gewinne. Auf einem menschenleeren Wüstenplaneten sinken die Investitionsmöglichkeiten hingegen deutlich gegen null. Da helfen dann auch die neuen Handelswege für Schiffe an den abschmelzenden Polen wenig weiter oder die potenziellen Bodenschätze, die noch unter dem Eis Grönlands verborgen liegen, weshalb so mancher deren Abschmelzen ernsthaft entgegenfiebert. Stattdessen kann es durchaus sinnvoll und gewinnbringend sein, erst mal auf einen Teil seiner Gewinne zu verzichten und dafür den Regenwald stehen zu lassen, auf Plastik zu verzichten und auf erneuerbare Energien zu setzen. Ich meine ja nur. Manchmal geht man erst mal in die entgegengesetzte Richtung los, um ans Ziel zu kommen. Zum Beispiel, weil man Anlauf nimmt, um über eine Schlucht zu springen. Und ich habe die milde Befürchtung, dass wir alle vor einer recht tiefen Schlucht stehen.

Werfen wir aber noch mal einen kleinen Blick auf die Entscheidungsträger hinter den Kulissen der Weltwirtschaftskrise: Der damalige CEO von Lehman Brothers war ein Mann namens Dick Fuld, der wegen seiner Erscheinung auch Gorilla genannt wurde. Er war dafür berüchtigt, ein überaus strenges Regiment zu führen und seine Mitarbeiter*innen bis weit ins Privatleben hinein zu kontrollieren. So bestand er darauf, dass die Ehen der Belegschaft glücklich sein mussten. Ganz normale Dienstanweisung, scheinbar. In Anbetracht der wachsenden Krise, die durch den Handel mit Krediten ausgelöst wurde, lehnte Fuld jedoch mehrere Angebote ab, Anteile der Bank zu verkaufen, was womöglich die Krise hätte abwenden können. Den Mitarbeiter*innen gaukelte er aber stets vor, alles sei in Ordnung. Am 15. September 2008 gingen die Lehman Brothers dann bekanntermaßen pleite, und damit fiel der erste Dominostein der weltweiten Krise. Mit dem plötzlichen Zusammenbruch des Systems von Fuld brach auch die Loyalität seiner Mitarbeiter*innen ruckartig komplett weg. Ein Mitarbeiter schlug Fuld nach der Bekanntgabe nieder. Nun will ich keinesfalls diesen Akt der Gewalt loben, auch wenn er sich gegen einen tyrannischen Vorgesetzten richtete. Aber Dick Fuld hatte bei der Einrichtung seines Systems offensichtlich das Ganze nicht bis zu Ende gedacht.

Anderen »Opfern« der Krise ging es deutlich besser. Oder sie ließen es sich eben besser gehen. Im September 2008, nur eine Woche, nachdem durch ein Government Bailout der US-amerikanische Versicherungsriese AIG gerettet wurde, machte dessen Führungsetage einen Betriebsausflug. Schließich hatte man soeben die Pleite abgewendet und 85 Milliarden Dollar erhalten. So gaben die Vorsitzenden in der Folge fast eine halbe Million Dollar für sich selbst aus, für ein komplettes Luxus-Rundumpaket, samt Golf, Massagen, Maniküre, Pediküre und Luxusessen – alles auf Kosten der Steuerzahler. In der Folge gab es Beschwerden, auch bei einer Anhörung im Repräsentantenhaus. So wurde bei AIG zähneknirschend beschlossen, einen weiteren bereits geplanten Luxusurlaub abzusagen. Die Öffentlichkeit war beruhigt. Dass die Manager trotzdem weiter ihre Boni erhielten und der Staat noch mal weitere 37,5 Milliarden in die Firma pumpen musste, um sie zu retten – wen juckt das schon? Und wer ist hier eigentlich der Idiot?

Ähnliches kann man in jüngerer Zeit natürlich auch vom Cum-Ex-Skandal behaupten, auf den ich im Kapitel *Kriminell blöd* noch genauer eingehen werde. Aber wie dumm ist eigentlich ein System, das einen solchen Fehler aufweist, den gewissenlose Banker deratig eiskalt ausnutzen können? Und andererseits: Wie dumm sind wir, dass wir uns unser Geld so knallhart abziehen lassen und trotzdem nicht auf die Barrikaden gehen? Vielleicht sollten wir noch mal eine Weile über das berühmte Brecht-Zitat meditieren: »Was ist ein Einbruch in eine Bank gegen die Gründung einer Bank?.« Oder ist es dumm und naiv, den uneingeschränkten Glauben an den Kapitalismus infrage zu stellen, nur weil es einzelne schwarze Schafe gibt?

In Bezug auf die Bankenkrise 2008, die in erster Linie scheinbar für alle anderen außer den Banken eine Krise war, lohnt sich zum Verständnis auch ein Blick in die Geschichte. Doch ich meine nicht den Zerfall der New Economy um die Jahrtausendwende und auch nicht die Weltwirtschaftskrise von 1929, sondern es geht mir um das Platzen einer noch sehr viel weiter zurückliegenden Spekulationsblase. Um 1720 herum gab es in Frankreich die Compagnie d'Occident, die nach dem Tod von Ludwig XIV. die zerrütteten Finanzen Frankreichs retten sollte. Der Sonnenkönig hatte, sagen wir mal, etwas exzessiv gelebt und eher so mittelgut gehaushaltet. Nun verkaufte die Compagnie d'Occident Anteile an ihrem Monopol zum Schürfen von Gold und Silber an den Ufern des Mississippi in der damaligen französischen Kolonie Louisiana. Binnen kürzester Zeit entstand ein mächtiger Hype um die Aktien, ganz Frankreich geriet in eine Art indirekter Goldgräberstimmung. Als die Blase platzte und sich herausstellte, dass auf der anderen Seite des Ozeans kein Eldorado wartete, waren der Zusammenbruch des Finanzsystems, die Kapitalflucht ins Ausland und die mangelnde Kontrolle über Papiergeld so katastrophal, dass die Banken vorerst schlossen, man wieder auf Münzgeld umstieg und sich, um es mal in der Sprache des 18. Jahrhunderts zu sagen, im Allgemeinen fühlte wie Stock-Narren und Ertz-Matzen.

Und nein, das war auch nicht die erste Spekulationsblase, die spektakulär zu Bruch ging. Bereits zu Beginn der 1630er-Jahre kam es in den Niederlanden zum sogenannten Tulpenwahn, auch als Tulpenmanie bekannt. Das ist kein Witz, die aufkommende Kommerzialisierung des Tulpenhandels hatte den Preis für Tulpenzwiebeln damals extrem in die Höhe schnellen lassen. Alle wollten ein Stück vom Kuchen, beziehungsweise ein Blatt von der Blüte. Die Preise stiegen höher in den Himmel als das Selbstbewusstsein des AIG-Vorstands im Luxusresort. Doch ab dem 3. Februar 1637 sank der Preis für Tulpen noch steiler, als er zuvor gestiegen war. Und ganz Holland, das zuvor in der Seifenblase dieser Spekulation schwebte, landete hart auf dem Boden. Das ist bald 400 Jahre her. Mal sehen, wann wir daraus lernen. Vielleicht bringt es ein Witz aus der Sammlung *Der Jüdische Witz* von Salcia Landmann am besten auf den Punkt: »Der Bankier Fürstenberg war für sein freches Mundwerk bekannt: ›Ausnahmslos alle Aktionäre sind dumm und frech. Dumm, weil sie fremden Menschen ihr Geld anvertrauen. Frech, weil sie für diese Dummheit auch noch Zinsen haben wollen.‹« Da bleibt einem glatt das Lachen im Portemonnaie stecken.

Ein deutlich größeres wirtschaftliches Problem kommt aktuell in Form des menschengemachten Klimawandels auf uns zu. Ich frage mich ja, ob die Menschen tatsächlich so dumm sind, dass sie nicht bedenken, dass man auf einer unbewohnbaren Welt keine Geschäfte mehr machen kann? Natürlich ist es so, dass die reichsten Menschen, die den Großteil der Umweltverschmutzung verursachen, zuletzt und am wenigsten von ihren Folgen betroffen sein werden. Aber auch wenn Donald Trump tatsächlich seiner eigenen Aussage glauben sollte, er könne ein Hurrikan mit einer Atombombe aufhalten – und ein Erdbeben womöglich mit einem Weltraumlaser? –, dann wird ihn die Realität auf den Boden der Tatsachen zurückholen, wenn sein Haus in Mar-a-Lago in Florida von einem der immer häufiger und heftiger werdenden Tropenstürme verwüstet wird.

Bis zu einem gewissen Grad sind Krisen vielleicht sogar gut fürs Geschäft: »Psychische Krankheiten, Fettleibigkeit, Umweltverschmutzung, Verbrechen – wenn wir die Kriterien des BIP anwenden, kann es gar nicht genug davon geben«, schreibt Rutger Bregman in *Utopien für Realisten*. Denn all das verbraucht jede Menge Ressourcen und kurbelt dadurch die Konjunktur an. Dadurch steigt das Bruttoinlandsprodukt, und Politiker*innen und Wirtschaftsbosse denken dann womöglich, es sei ein Zeichen dafür, dass alles in die richtige Richtung läuft. Aber ohne jede Stabilität kommt man eben nur begrenzt weit. Mal ehrlich, wenn alle anderen Menschen tot sind und alle Städte verwüstet, wen regieren dann die Mächtigen und wofür geben dann die Superreichen ihr Vermögen aus? Konkurrieren sie darin, wer den größten Haufen Schrott in der Steppe stapeln kann? Bis schließlich eines Tages der letzte Mensch auf dem Gipfel des höchsten Bergs Müll die Faust in die Luft streckt und ruft »Gewonnen!«, bevor auch er stirbt?

Ein weiterer Grund, die Zukunft eher pessimistisch zu sehen, ist der bis heute weltweit den politischen Diskurs prägende Rassismus. Vielleicht fragen Sie sich, was Rassismus mit Dummheit zu tun hat, abgesehen davon, dass er dumm ist? Schon im antiken Griechenland hielt man die Bewohner anderer Länder für nicht vernunftbegabte Barbaren. Seit jeher ist unterstellte Dummheit ein zentrales Argument im rassistischen Repertoire. Der Philosoph und bekannteste Vertreter der Physiognomik, Johann Caspar Lavater, versuchte 1772 gar seine rassistische Behauptung als Wissenschaft zu deklarieren, man könne bereits am Äußeren sehen, dass ein Afrikaner nie zu den Erkenntnissen eines Newton gelangen könne. Worauf einige Jahre später Georg Christoph Lichtenberg 1778 die Frage entgegenhielt, warum das so sein solle? Der »Zusammenhang zwischen Dummheit und dicken Lippen« sei so unverständlich wie der von schönem

Körper und schöner Seele. Immerhin sieht man an Johann Caspar Lavater ganz gut, dass die selbst ernannten Erforscher der Dummheit selbst oft ausgeprägte Vollidioten waren. »Dessen ungeachtet haben Vorstellungen, aus Schädelformen oder Gehirngewichten etwas über Dummheit oder Intelligenz herauslesen zu können, in rassistischen und frauenfeindlichen Kreisen bis ins 20. Jahrhundert mit erschreckenden Ergebnissen fortgewirkt«, wie Werner van Treeck betont.

Denn Johann Caspar Lavater blieb nicht allein. Auch Arthur Comte de Gobineau versuchte Mitte des 19. Jahrhunderts seinen Rassismus in ein wissenschaftlich anmutendes Gewand zu kleiden. Wem Gobineaus Essay *Über die Ungleichheit der Menschenrassen* gefiel, in dem er weißen Menschen und insbesondere den Ariern eine Überlegenheit attestiert und bedauerte, dass diese unvermeidbar durch Vermischung aussterben würden, das können Sie sich sicher vorstellen. Welche schrecklichen und grausam realen Folgen derartiger Rassismus im Laufe der Geschichte hatte, das reiße ich hier nur an, weil ich hoffe, jede*r Leser*in mit Herz und Hirn wird bei jedem dieser Stichworte zusammenzucken und sich schwören, in jeder erdenklichen Weise dazu beizutragen, dass so etwas nie wieder passiert: Im Namen des Rassismus wurden ganze Kontinente entvölkert, Millionen Menschen versklavt, unterdrückt, eingesperrt, in den Gaskammern der Nationalsozialisten ermordet und noch viele andere unfassbar schlimme Dinge mehr. Keine Pointe.

Nun würde man vielleicht denken, spätestens nach dem Nationalsozialismus sollte die Menschheit erkannt haben, welch schreckliche Irrtümer die sogenannte Rassenkunde und der mit ihr einhergehende Rassismus waren. Das schafften sicher auch einige, was Grund genug ist, die Geschichte niemals zu vergessen und die aus ihr zu ziehenden Schlüsse ebenso wenig. Auch darf man sie nicht kleinreden oder als »Fliegenschiss«

abtun, denn das ganze Ausmaß des Schreckens ist nicht die Schuld der nachfolgenden Generationen, aber die Erinnerung daran bleibt unsere Pflicht. Nicht nur, aber eben auch, weil es unsere Aufgabe ist, eine Wiederholung der Geschichte zu verhindern. Umso mehr, da es offenbar viele Leute gibt, die scheinbar bis in die Gegenwart keine Berührungsängste mit dem Rassismus haben.

Die amerikanischen Wissenschaftler Charles Murray und Richard Herrnstein zum Beispiel veröffentlichten 1994 ihr Buch *The Bell Curve*, in dem sie unter anderem darlegen, die schwarze Bevölkerung der USA habe einen signifikant geringeren IQ als die Weißen, weil sie eine »schlechtere genetische Veranlagung« hätte. Was das generelle Problem an IQ-Tests und der Vergleichbarkeit von deren Ergebnissen ist, habe ich ja bereits im ersten Kapitel dargelegt. Das nun aber auch noch auf Genetik und Hautfarbe zurückzuführen ist natürlich eine recht reine Form von Rassismus. Entsprechend scharf sind Murray und Herrnstein kritisiert worden, zumal sich herausstellte, dass das Buch auch von einer rechten Stiftung mitfinanziert wurde. Ich sage es noch mal: Das passierte 1994, vor gerade einmal 25 Jahren.

Noch aktueller findet sich die These von der Vererbbarkeit der Intelligenz bei Thilo Sarrazin, der ab 2010 mit seinem Buch *Deutschland schafft sich ab* zum Protagonisten einer großen öffentlichen Debatte wurde. Er äußerte mehrfach die Behauptung, es sei wissenschaftlich bewiesen, dass Intelligenz zu 50 bis 80 Prozent vererbbar sei. Da nun aber die »bildungsferne Unterschicht« und insbesondere die Muslime in Deutschland mehr Kinder kriegen würden, sei das Land dabei, immer dümmer zu werden. Da wir das Glück haben, hier nicht in einer politischen Talkshow zu sitzen, schauen wir mal ganz in Ruhe auf die Fakten: Es ist nicht wissenschaftlich bewiesen, dass Intelligenz zu 50 bis 80 Prozent vererbbar ist. Die genetische

Veranlagung spielt eine Rolle bei der Entwicklung der Intelligenz, das ist unbestritten. Jedoch ist es bei Weitem nicht so einfach, dass man sagen könnte: Eltern mit geringem IQ kriegen immer Kinder mit geringem IQ. Der Vorgang der Vererbung ist komplex und davon abhängig, wie die Gene bei der Vererbung kombiniert werden. Das aber ist vor allem auch vom Zufall abhängig, und daraus folgt, dass man auch »unter nahen Verwandten nur eine mittlere IQ-Übereinstimmung« findet, wie die Intelligenzforscherin Elsbeth Stern betont. Das bedeutet aber auch: Haben Eltern eine überragend gute Veranlagung, sich zu intelligenten Leuten zu entwickeln, ist es eher unwahrscheinlich, dass ihre Nachkommen eine ebenso gute Veranlagung mitkriegen. Und das gilt auf der anderen Seite des Spektrums genauso.

Damit sind wir beim zweiten Punkt, der Frage der Veranlagung. Die Entwicklung der Intelligenz ist ganz stark von Bildung, sozialem Umfeld und anderen Umwelteinflüssen abhängig. Man wird ohne gute Umwelteinflüsse niemals in einem IQ-Test gut abschneiden können, egal wie gut die Veranlagung dazu in den Genen verankert war. Auch wenn Sarrazin zugibt, dass Bildung eine wichtige Rolle spielt, betont er: »Der Beitrag auch der besten Bildung wird durch die angeborene Begabung und den Einfluss einer bildungsfernen Herkunft begrenzt.« Er blendet scheinbar aus, dass »beste Bildung« und »bildungsfern« sich langfristig betrachtet gegenseitig ausschließen. Und dass eine mangelnde Bildung bedeutet, dass die Veranlagung zur Intelligenz kaum optimal entfaltet wird. Wenn man bei Menschen, die nicht optimal gefördert wurden, den IQ misst, kann man über diese »angeborene Begabung« gar keine berechtigte Aussage treffen. Das konnte Sarrazin ebenso wenig, wie Murray und Herrnstein es konnten. Böse Zungen würden sagen: Um das zu begreifen, fehlte ihnen vielleicht einfach die angeborene Begabung oder die optimale Förderung.

Noch etwas: Sarrazin übergeht völlig die Komplexität der Gründe, aus denen Migrant*innen und deren Nachkommen eine höhere Wahrscheinlichkeit haben, am unteren Ende der sozialen Leiter unserer Gesellschaft zu landen. Und, ich sage es gerne noch mal: Intelligenz ist gar nicht so einfach messbar, erst recht nicht als absoluter Wert. Zusammengefasst ist es ganz einfach: Die These, dass sich die weniger Intelligenten schneller vermehren als der Durchschnitt und durch Vererbung folge, dass die Intelligenz der Bevölkerung sinkt, ist unhaltbar. Und die Annahme, dass Zuwanderung dabei eine Rolle spiele und darum eingeschränkt werden müsse, ist noch abwegiger.

Dabei wirkt Sarrazin auf mich, als wäre er beinah einer richtigen und wichtigen Sache auf die Schliche gekommen: Denn ja, es gibt ein Problem, aber die Gründe dafür liegen woanders, und daher muss es ganz anders gelöst werden, nämlich durch bessere Bildungschancen, insbesondere für Leute mit wenig Geld und Migrant*innen. Es ist nämlich nachweisbar, dass Armut extreme psychische Belastung auslöst, indem sie unter anderem zu Schlaflosigkeit und zu einer Fokussierung auf den Mangelzustand führt. Dadurch kommt es letztlich auch zu Einschränkungen bei der Nutzung der kognitiven Kapazitäten. Das heißt nicht, dass arme Menschen dümmer sind, das heißt einfach nur, sie können sich zum Beispiel schlechter auf einen IQ-Test konzentrieren. Der Psychologe Eldar Shafir der Universität Princeton, der gemeinsam mit dem Harvard-Ökonomen Sendhil Mullainathan das neue Feld der Knappheitsforschung begründet hat, schreibt dazu: »Die Einbuße entspricht etwa dreizehn bis vierzehn IQ-Punkten. Das ist mit der Auswirkung einer schlaflosen Nacht oder den Wirkungen der Alkoholabhängigkeit vergleichbar.« Das alles steht natürlich ebenfalls in scharfem Gegensatz zu den Thesen von Thilo Sarrazin. Es ließe sich vermutlich durch Maßnahmen wie ein bedingungsloses Grundeinkommen recht einfach beseitigen. Dann könnten alle ihre Chancen nutzen, ihr Potenzial entfalten und gemeinsam über die Dummheiten der Vergangenheit lachen. Wäre das nicht einen Versuch wert?

Nun hat nicht nur Sarrazin in den letzten Jahren kräftig weiter in die Kerbe rechter Rhetorik geschlagen und damit einen Bestseller nach dem anderen veröffentlicht. Seine Thesen haben weite Kreise geschlagen, bestehende Ressentiments bestärkt und neue geschürt. Ob er Einfluss darauf hatte oder nicht, in den letzten Jahren kam es zu den Märschen von PEGIDA, die ein paar Wochen lang mal gut besucht waren, und vor allem zum Aufstieg der AfD und ihrem Wandel von einer eurokritischen Partei hin zu einer Partei, die offen mit rechten und teils rassistischen Aussagen um sich wirft. Beziehungsweise werden Leute, die sich eindeutig verharmlosend zur Zeit des Nationalsozialismus äußern und diese »einen Fliegenschiss« nennen oder sich in rassistischer Manier über den »afrikanischen Ausbreitungstyp« ereifern, nicht aus der Partei ausgeschlossen. Im Gegenteil, die Herren hinter diesen beiden Äußerungen waren beziehungsweise sind beide hohe Funktionäre der AfD.

Die gesellschaftliche Debatte um Migration und Integration wird nicht nur mit aller Härte geführt und hängt wie ein Damoklesschwert über dem Schweigen bei vielen Familientreffen. Nein, auch hier wird wieder Dummheit als Vorwurf in den Raum gestellt. Das geht nämlich auch gegen die Anhänger*innen der AfD, denen eine Statistik auf *presseportal.de* vorwarf, weniger intelligent zu sein als der Durchschnitt. Ich wiederhole jetzt nicht meine Argumente gegen die Aussagekraft von solchen Tests von vorhin. Ich möchte nur sagen: Die zugrunde liegende Erhebung war nicht repräsentativ, und wer auf dieser Basis behauptet, AfD-Wähler*innen seien dumm, ist selbst dumm. Es gibt zwar tatsächlich auch korrekte wissenschaftliche Studien und Meta-Studien zum Thema rechte Ideologie, Kognitive Fähigkeiten und Vorurteile, etwa von den belgischen Sozialpsycholog*innen Emma Onraet und Alain Van Hiel, die durchaus einen Zusammenhang herstellen zwischen einer politischen Tendenz nach rechts und geringeren kognitiven Fähigkeiten. Aber natürlich ist es nicht so, dass alle AfD-Wähler*innen generell dümmer sind als der Rest der Bevölkerung. Das sollte auch gar nicht die Frage sein, zumal hinzukommt, dass Dummheit nichts per se Schlechtes ist. Die Frage ist viel eher, ob es moralisch verwerflich ist, dieser Partei anzuhängen. Aber das müssen Sie schon mit sich selbst ausmachen.

Wobei, manchmal passieren der AfD auch Sachen, über die man ein wenig schmunzeln muss. So hat sich zum Beispiel im Juni 2019 im Stadtrat von Ludwigshafen die AfD aus Versehen selbst aus dem Hauptausschuss gewählt, weil sie für den Vorschlag der SPD gestimmt hat. Ein klassischer Anfängerfehler. Wenn das Thema nicht gar so gruselig wäre, müsste man wohl auch über einen Tweet des AfD-Politikers Harald Laatsch lachen. Er ist immerhin Mitglied des Berliner Abgeordnetenhauses und verkündete auf Twitter, dass es erstens laut BKA keine Todeslisten gebe und zweitens auch AfDler auf solchen Listen stünden. Schon klar, Herr Laatsch.

Nun will ich zwei Dinge ganz sicher nicht: Die AfD als einzige Partei darstellen, der Dummheiten unterlaufen. Das wäre weit an der Realität vorbei, denn Parteien sind komplex und vor allem voller Menschen – logischerweise passieren da Dummheiten. Zweitens will ich mit solchen Anekdoten die Partei keinesfalls verharmlosen. Abgesehen von den oben genannten Gründen, ist es laut einem Artikel der Professor*innen Thomas Hestermann und Elisa Hoven ganz klar so, dass die AfD systematisch Furcht vor Zugewanderten schürt. Die beiden haben alle 242 Pressemeldungen der AfD des Jahres 2018 analysiert, in denen es um Kriminalität ging, und festgestellt, dass dort, wo die Nationalität der Täter*innen genannt wurde, 95 Prozent der Tatverdächtigen Ausländer*innen waren. 95 Prozent. Das sind, wie mein weiser Mathelehrer Herr Lembke gesagt hätte: fast alle. In den wenigen Fällen, in denen Deutsche beteiligt waren, wurde jeweils entweder betont, dass diese einen Migrationshintergrund hätten oder ihre Tatbeteiligung gering war.

Apropos gering: Besonders im Fokus der AfD waren zum Beispiel Tatverdächtige aus Syrien und Afghanistan, die jeweils ein Fünftel der Meldungen ausmachten. In Wirklichkeit kam jedoch nur jeder 67. Tatverdächtige aus Afghanistan und jeder 40. aus Syrien. Der von der AfD verbreiteten Rede einer »grassierenden Messerepidemie« steht zudem gegenüber, dass lediglich bei 2,8 Prozent der Gewalttaten in Deutschland Messer eingesetzt wurden. »Eine emotionalisierende und generalisierende strafrechtspopulistische Rhetorik kann erheblichen Einfluss auf die Verbrechensängste der Bevölkerung haben«, so Hoven und Hestermann. Und weiter: »Eine übertriebene Kriminalitätsfurcht ist für den gesellschaftlichen Zusammenhalt in hohem Maße schädlich; sie beeinträchtigt nicht nur die Lebensqualität des Einzelnen, sondern beschädigt den Gemeinsinn und führt zu einem Verlust des Vertrauens in staatliche Institutionen.«

Im Kapitel *Krieg, Gewalt und Katzenbildchen* habe ich ja bereits die fatalen Wirkungen von Angst erläutert, die unsere Denkfähigkeit auf unser »Reptilienhirn« reduziert und uns steuerbar macht. Umso dramatischer, wenn diese heftige Emotion auf falschen Angaben basiert. Wenn wir dann, verstärkt durch die Angst, dazu tendieren, ganz falsche Einschätzungen unserer Situation zu akzeptieren, geraten wir in eine kognitive Dissonanz. Wahrnehmung und Realität passen nicht mehr zusammen, doch das kriegen wir nicht mehr mit, denn unser Kopf macht sich dann die Realität einfach passend. Und das gilt für uns alle, unabhängig von politischer Haltung, Bildungsgrad oder Frisur.

So werden etwa die Zahlen in Bezug auf Zuwanderung und Muslime von den Deutschen wirklich extrem falsch eingeschätzt. Das Meinungsforschungsinstitut Ipsos hat 2018 eine Studie namens *The Perils of perception*, Die Risiken der Wahrnehmung, in 37 Ländern durchgeführt. Die Ergebnisse trug Bobby Duffy im gleichnamigen Buch zusammen, es hat den vielsagenden Untertitel *Why we're wrong about nearly everything*, zu Deutsch: Wieso wir fast alles falsch einschätzen. Denn bei der Studie kam unter anderem heraus, dass die Deutschen schätzen, dass jede*r Fünfte in Deutschland ein Muslim sei. Dabei sind es in Wahrheit etwa 4 bis 5 Prozent. Parallel wird übrigens die Zahl der Arbeitslosen falsch eingeschätzt. Auch die Anzahl der Migrant*innen wird massiv zu hoch eingeschätzt. Das sind übrigens weltweite Phänomene, in manchen Ländern sehen diese Fehleinschätzungen noch wesentlich dramatischer aus. So gehen die Kolumbier*innen davon aus, dass mehr als ein Drittel der Bevölkerung Migrant*innen sind. Der reale Wert liegt bei 0,3 Prozent. Was wiederum nicht kleinreden soll, wie groß das Problem dieser Fehleinschätzung hierzulande ist, sondern unterstreicht, wie manipulierbar wir sind. Wir schaffen es nur mithilfe unserer Angst, uns ein passendes »Faktenwissen« auszudenken. Unser Reptilienhirn wäre stolz auf uns.

Ein Grund dafür ist die Stimmungsmache in den Medien, ein weiterer der Gruppendruck. Wobei unser Gehirn logischerweise davon ausgeht, dass etwas, was wir die ganze Zeit von allen Seiten hören, der Mehrheitsmeinung entspricht. Und was die Annahme einer solchen Gruppenmeinung mit uns macht, hat der Psychologe Solomon Asch in einem berühmten Experiment gezeigt. Er konnte nachweisen, dass wir durch Gruppendruck dazu zu bewegen sind, sogar Dinge zu ignorieren, die wir mit eigenen Augen sehen. Saßen die Probanden mit einer Gruppe in einem Raum, und alle anderen waren eingeweiht und behaupteten, dass die Linie in der Mitte die längste Linie ist, dann schlossen sich die meisten Versuchsteilnehmer*innen der Mehrheitsmeinung an. Und das, obwohl deutlich zu sehen war, dass es nicht stimmte. Asch hat aber auch beobachtet, dass es einen riesigen Unterschied macht, wenn es in der Gruppe auch nur einen Einzigen anderen gibt, der sich nicht der Mehrheitsmeinung anschließt. Bevor Sie jetzt immer bei jeder Gelegenheit jeder Mehrheit widersprechen, bedenken Sie bitte: Das macht aus dem Einzelnen auch noch keinen Einstein. Denken Sie auch an die Geschichte des Mannes, der im August 2019 bei einer Bürgersprechstunde mit Angela Merkel das Wort erhob und sagte, dass die Meinungsfreiheit in Deutschland ja total eingeschränkt sei und man insbesondere als Anhänger der AfD gar nicht mehr sagen dürfe, was man denke. Woraufhin Frau Merkel entspannt entgegnete, dass er das doch gerade sagen durfte, sogar zur Bundeskanzlerin persönlich. Also, lassen Sie sich nicht täuschen, nicht von anderen und erst recht nicht von sich selbst.

Noch mal sei betont: Nicht nur bei der AfD passieren Dummheiten. Davon abgesehen würde ich sogar sagen, einer der größten hier erwähnten Stimmungsmacher gegen Muslime und Migration saß in der SPD. Die Rede ist natürlich von Thilo Sarrazin (auch wenn er inzwischen doch mal aus der Partei geflogen ist, dann war er zumindest fast ein Jahrzehnt nach *Deutschland schafft sich ab* noch in der SPD aktiv). Und auch in der CDU gibt es Leute, die recht deutlich rechts von der Mitte der Parteilinie unterwegs sind, zum Beispiel Hans-Georg Maaßen, den ich im Kapitel *Unwissenschaft und Technik* schon mal erwähnte, weil er den absurden Artikel des Enkels von Konrad Adenauer zum Klimawandel geteilt hatte.

Nun hat dieser Hans-Georg Maaßen aber auch 2002 als Referatsleiter des Innenministeriums argumentiert, das unbefristete Aufenthaltsrecht eines gewissen Murat Kurnaz sei verfallen, weil dieser über sechs Monate außer Landes gewesen sei und sich nicht bei den Behörden gemeldet habe. Deshalb könne er nicht nach Deutschland zurückgeholt werden. Dass Kurnaz das Land unfreiwillig verlassen hatte und sich nicht melden konnte, weil er in dieser Zeit unschuldig in Guantanamo einsaß, war für Maaßen offenbar nebensächlich. Dumm vor allem für Kurnaz, der deswegen noch bis 2006 ohne Anklage in Guantanamo einsaß. Maaßen machte man hingegen, trotz späterer scharfer Kritik an seinem Verhalten, im Jahr 2012 zum Präsidenten des Verfassungsschutzes. Nun, zumindest, bis es nach einigen weiteren Verfehlungen auch dem Innenminister zu bunt wurde. Aktuell ist Maaßen »nur« noch eine der führenden Figuren der Werte-Union, einer erzkonservativen Splittergruppe der CDU.

Konservative Politik wie die der Werte-Union besteht, stark vereinfacht gesagt, im Festhalten am Bestehenden. Dass man es mit einem solchen Festhalten auch wirklich doll übertreiben kann, beweist ein Vorgang aus dem Jahr 1998 in Oklahoma. Dort starb ein Kandidat für einen Senatssitz einen Monat vor der Wahl, was durchaus auch öffentlich bekannt gemacht wurde. Er erhielt im ersten Wahlgang trotzdem über 50 000 Stimmen. In den Senat schaffte er es leider nicht, sonst hätte da womöglich einige Jahre lang ein Sarg in der Ecke gestanden. Immerhin mal ein Politiker, der auch schweigen kann. Die Politik selbst lebt hingegen weiter, allen Unkenrufen zum Trotz. Wer hat nicht schon alles das Ende der Geschichte herausposaunt. Zuletzt mehrten sich die Stimmen 1990 nach dem Zusammenbruch des Ostblocks, als Francis Fukuyama erklärte, die westliche liberale Demokratie sei das Endergebnis der zivilisierten Welt. Ein guter Versuch, Francis.

Wo wir grade vom Ende der Welt sprechen: Wie man sich politisch zum Umgang mit den EU-Außengrenzen, insbesondere in Bezug auf Migration und Flucht stellt, das ist heftig umstritten. Und manche sehen durch eine potenzielle Öffnung der Grenzen eben tatsächlich das Ende der Welt auf sich zukommen. Das eine solche Angst als Motivation durchaus ein schlechter Ratgeber sein kann, dafür gab es 2017 ein recht spektakuläres Beispiel. Einige Mitglieder der rechtsextremen Identitären Bewegung hatten ein Schiff gechartert, um durch einer Art Anti-Flüchtlings-Mission namens »Defend Europe« die Arbeit von privaten Seenotretter*innen wie Sea-Watch oder Sea-Eye zu stören, denen sie Schlepperei und Beteiligung am Menschenschmuggel vorwarfen. Bevor es so weit kam, wurde jedoch Ende Juli 2017 das Schiff der Identitären, die C-Star, in Famagusta im Norden Zyperns festgesetzt und der Kapitän festgenommen. Einige tamilische Mitglieder der angeheuerten Besatzung waren nämlich vom Schiff auf die Insel geflohen, ohne dass sie eine Einreisegenehmigung gehabt hätten. Der Vorwurf gegen den Kapitän der C-Star lautete also Schlepperei. Derlei Ironie kann man sich nicht ausdenken.

Und trotzdem wird sie noch überboten vom nächsten Vorgang, mit dem es die C-Star kurz darauf in die Nachrichten schaffte. Mitte August 2017 war sie dann inzwischen wieder freigekommen und auf hoher See unterwegs. Und ausgerechnet sie geriet dort in Seenot und trieb aufgrund eines technischen Schadens manövrierunfähig auf dem Mittelmeer umher. Die Leitstelle zur Koordination zur Seenotrettung in Rom hat daraufhin das nächstgelegene Schiff angefunkt und gebeten, zu Hilfe zu eilen. Nun war das nächstgelegene Schiff jedoch die Sea-Eye, eben jene Seenotretter, deren Arbeit die Identitären eigentlich stören wollten. Als sie von der Sea-Eye angefunkt wurden, lehnten sie jegliches Hilfsangebot dann auch konsequent ab.

Eine Woche später meldete die C-Star das Ende ihrer Mission. Die Teilnehmer von »Defend Europe« gaben jedoch noch eine Meldung raus, derzufolge ihre Aktion ein »uneingeschränkter Erfolg« gewesen sei. Vermutlich meinten sie, es sei ein uneingeschränkter Erfolg des Versuches, zu zeigen, wie Dinge scheitern, wenn man sie nicht zu Ende denkt.

Zum Ende der Welt ist es trotzdem nicht gekommen. Vielleicht ist es ja ein milder Trost, dass wenigstens dieses Kapitel ein Ende hat.

10. Kunst oder Kultur?

»Unsere ganze Kultur [ist] letztlich das Produkt von vergeblichen Versuchen, die Dummheit in den Griff zu kriegen.«

Matthijs von Boxsel

Ich werde versuchen, dieses Kapitel über Kultur und Kulturgeschichte nicht allzu lang werden zu lassen. Denn es gibt ein Beispiel, dem ich ungern folgen würde. Am 4. März 1841 hielt der neu gewählte amerikanische Präsident Henry Harrison eine mehr als zweistündige Amtseinführungsrede, erzählte weitschweifig vom antiken Rom und hatte dabei vor allem keine Jacke und keinen Mantel an. Seine Erkältung wurde zu einer Lungenentzündung, und einen Monat später war Henry Harrison der erste US-Präsident, der im Amt starb. Zwar bin ich (noch) kein US-Präsident und schreibe in der Regel bei Zimmertemperatur, aber ich werde versuchen, mich trotzdem kurz zu halten.

Wenn wir über Dummheit im kulturellen Kontext sprechen, dann ist klar, dass es von Kultur zu Kultur unterschiedlich ist, was die Leute dumm finden. Es gibt sicherlich jede Menge global verständliche Dummheiten, das steht außer Frage. Aber während es in Indien dumm ist, jemanden mit der linken Hand zu berühren oder eine Frage zu stellen, die das Gegenüber mit einem klaren Nein beantworten muss, ist davon abzusehen, in China eine Uhr oder eine Birne zu verschenken. Anderes Obst ist übrigens okay. Das hat alles gute Gründe. Die linke Hand wird in Indien nur zu hygienischen Zwecken eingesetzt, wie mal jemand sehr diplomatisch formuliert hat. Wenn Sie jemanden mit links berühren, könnten Sie ihm quasi auch ein benutztes Stück Klopapier auf die betreffende Stelle legen, wie mal jemand anderes undiplomatisch formuliert hat. Die Vermeidung von Nein-Fragen rührt daher, dass es als extrem unhöflich gilt, etwas klar abzulehnen. Das will man also seinem Gegenüber ersparen. Die Birne steht in China für Abschied, denn beides heißt auf Chinesisch *lí*. Schenken Sie Ihrem Geliebten eine Birne, wird er also denken, dass Sie ihn verlassen wollen. Die Worte »Das Geben einer Uhr« sind hingegen auf Chinesisch gleich klingend wie die Worte »Teilnahme an einem Begräbnis«. Beides heißt *sòng zhōng*. Schon klar, dass man eine Uhr deswegen als nicht angemessenes Geschenk betrachtet. Ich verschenke privat übrigens auch keine Birnen, denn Birne klingt fast wie die Ablehnung eines Hopfengetränks. Andere Länder, andere Standardsprüche.

Zu einem der bekanntesten Standardsprüche hierzulande gehört ja die Rede davon, dass früher alles besser war. Insbesondere an den Aussagen zur Jugend von heute lässt sich das über Jahrtausende nachweisen. So zitiert der Psychologe Gustav Keller in seinem Buch *Das Klagelied vom schlechten Schüler* einen aufschlussreichen Satz aus dem antiken Ägypten: »Die Jugend achtet das Alter nicht mehr, zeigt bewusst ein ungepflegtes Aussehen, sinnt auf Umsturz, zeigt keine Lernbereitschaft und ist ablehnend gegen übernommene Werte.« Auf einer 4000 Jahre alten Steintafel aus Chaldäa gab man sich noch dramatischer: »Unsere Jugend ist heruntergekommen und zuchtlos. Die jungen Leute hören nicht mehr auf ihre Eltern. Das Ende der Welt ist nahe.« Ob diese Zitate wirklich stimmen, ist schwierig zu sagen. Aber so schön diese Zitate klingen, die immer wieder angebracht werden, um zu unterstreichen, dass die Älteren seit jeher die Jugend für verdorben hielten, so wenig ist es notwendig, hier auf unsichere oder gar falsche Quellen zuzugreifen. Denn es gibt genügend gesicherte Quellen: »Die Schüler fahren den Lehrern über die Nase und so auch ihren Erziehern. Und überhaupt spielen die jungen Leute die Rolle der alten und wetteifern mit ihnen in Wort und Tat«, beschwert sich Platon im achten Buch seiner *Politeia*, vor gut 2400 Jahren. Wobei er sich später im selben Satz auch über die Alten beschwert, die es den Jungen gleichtun wollen. Schön formuliert hat die Schwierigkeit, die Jugend zu erziehen, auch Philipp Melanchthon 1526 in seiner Rede *De miseriis paedagogorum*: »Wahrlich, ein Kamel tanzen oder einen Esel das Lautenschlagen lehren, wäre erträglichere Mühe ...« Klingt für mich übrigens nach einer Show, die ich mir ansehen würde. »Jugend ist Trunkenheit ohne Wein«, meinte hingegen Johann Wolfgang von Goethe im *West-östlichen Divan*.

Kurz: Über die Jugend beklagte man sich schon immer, ganz unabhängig davon, ob man deswegen gleich das Ende der Welt heraufbeschwört. Und zugleich beschweren sich die jungen Leute immer schon über die Älteren, wie man schon bei Platon sehen konnte. Oder bei George Chapman, der im 16. Jahrhundert schrieb: »Die Jungen glauben, die Alten seien dumm. Dagegen wissen die Alten, dass die Jungen dumm sind.« Nach der ein oder anderen Perspektive sind also alle dumm, bei anderen merkt man es aber scheinbar besser als bei sich selbst. Der Generationenkonflikt ist offenbar eine anthropologische Konstante und gehört mithin zum Menschsein dazu. In den letzten Jahren ist der Begriff der Altersdiskriminierung aufgekommen, oft auch Ageism genannt.

Das passiert zum Beispiel, wenn mich jemand fragt, was ich als Vierzigjähriger überhaupt auf Twitter verloren habe, ob mein Röhrenfernseher kaputt sei. Oder wenn ich sagen würde, dass die Kids heutzutage alle doof sind, wenn sie Capital Bra hören anstatt Musik. Ich meine, ich könnte hingehen und mich über die Texte der aktuell in den Charts stehenden Rapper lustig machen, wie etwa Luciano mit seinem Hit »Yeah«, dessen Text ich im Internet fand:

Flex, flex, flex
Yeah, flex, yeah, drip, yeah, flex, yeah, drip, boh, boh, boh, boh
Yeah, flex, yeah, drip, yeah, flex, yeah, drip, boh, boh, boh, boh
Alle Tathis shaken Bootys auf dem Bass, yeah, boh, boh, boh, boh
Alle Members machen Moshpits auf den Bass, yeah, flex, flex
Yeah, flex, yeah, drip, yeah, flex, yeah, drip
Yeah, flex, yeah, drip, yeah, flex, yeah, drip, boh, boh, boh, boh.

Dieser Text ist zu dem Zeitpunkt, als ich diese Zeilen schreibe, auf Platz 12 der Charts und fast drei Millionen Mal auf YouTube angeklickt worden. Und ja, das klingt auf den ersten Blick dumm. Sogar noch dümmer als die Formulierung, dass etwas auf den ersten Blick klingt. Vielleicht denken Sie sogar, früher habe es in der Musik noch anspruchsvollere Texte gegeben. Nun, im Jahre 1955 kam ein Lied von Little Richard raus, das das Magazin *Rolling Stone* unter die besten fünfzig Lieder aller Zeiten gewählt hat. Ein Textausschnitt gefällig?

Wop bop a loo bop
a lop bam!
Tutti frutti, oh rootie
Tutti frutti, oh rootie
Tutti frutti, oh rootie
Tutti frutti, oh rootie
Tutti frutti, oh rootie
Wop bop a loo bop
a lop bam!

Vielen Dank, Little Richard, für diesen inhaltlich sehr wertvollen Beitrag. Da drippt mir glatt der Flex weg. Boh, boh, boh.

Vor wenigen Jahren musste ich sehr lachen, als die Musikerin Miley Cyrus bei einem Auftritt einen lasziven Tanz vollführte, den man gemeinhin Twerken nennt. Sagen wir es mit den Worten Lucianos: Sie shakte ihren Booty. Das sorgte für einen riesigen Aufschrei in der Presse, wohlkalkuliert von Cyrus, denn man darf nicht vergessen, dass sie ansonsten dafür bekannt war, in einem Musikvideo nackt auf einer Abrissbirne umherzuschwingen. Was man halt so macht, wenn Pause auf dem Bau ist: »Kalle, wir sind drei Tage vor der Zeit mit dem Fundament fertig geworden. Was machen wir, bis der Mann mit dem Estrich kommt?« – »Komm, Jürgen, siehste die Abrissbirne da vorne? Runter mit der Buchse!« Man kennt das.

Wie gesagt, die Provokation mit dem Tanz war geglückt, die Presse gab sich entsetzt ob der verderblichen und ordinären Tanzweise. Wie kann man nur so ungeniert mit seiner Hüfte wackeln? Dass ich darüber lachen musste, lag daran, dass sich manche der Artikel sehr ähnlich wie die Beschwerden der Moralapostel vor über sechzig Jahren lasen, als ein gewisser Elvis damit begann, auf der Bühne seinen Booty zu shaken. Das mediale Entsetzen ging so weit, dass man ihn bei manchen Fernsehauftritten nur noch von der Hüfte aufwärts filmte. Wie einen Tagesschau-Moderator. Nur der Teufel weiß, wie diese täglich um zwanzig Uhr beim Ansagen des Weltgeschehens unter dem Schreibtisch ihren Booty shaken.

Ich bin mehrere Dutzend Seemeilen davon entfernt, mich darüber lustig zu machen, dass man sich auch heute noch über Angehörige anderer Generationen beschwert. Oder wie Oscar Wilde einmal prägnant formulierte: »Das Problem an der Jugend von heute ist, dass man nicht mehr dazugehört.« Nein, im Gegenteil, ich glaube, es ist sehr wichtig, dass wir uns übereinander beschweren, uns gegenseitig kritisieren und auch übereinander lustig machen. Klar, aus unserer Perspektive mag manches, was eine andere Generation so treibt, dumm wirken. Das muss auch so sein, denn wir haben verschiedene Perspektiven und Motive für unsere Handlungen und unser Denken. Also lasst uns diskutieren, streiten und uns aneinander entwickeln, aber dabei nicht vergessen, dass wir uns zwischendurch mal zusammenfinden, gemeinsam Musik mit albernen Texten hören und dazu ordentlich mit dem Gesäß wackeln. Und das, liebe Lesefrösche, gilt natürlich nicht nur zwischen Generationen, sondern auch zwischen Kulturen.

Eine ganz besondere Sorte Dummkopf hat quer durch die Kulturgeschichte eine wirklich wichtige Rolle innegehabt: der Hofnarr. Dabei handelt es sich um eine spezielle Ausprägung eines Spaßmachers, wie es sie in der ein oder anderen Form in allen menschlichen Gesellschaften gab und gibt. Der Ethnologe Max Gluckman beschreibt in seinem Buch *Politics, Law and Ritual in Tribal Society*, wie in der einfach strukturierten Stammesgesellschaft der Tonga in Ostafrika solche Spaßmacher mit Scherz und Spott Kritik üben, aber auch aufzumuntern wissen. Ihr heiterer Umgang und ihre Sonderrolle ermöglichen es dabei, schwierige Themen anzusprechen und auf Dummheiten hinzuweisen, ohne dass jemand beleidigt wäre. In Gesellschaften mit hierarchischen Herrschaftsformen, entwickelten sich eine Sonderform dieser Spaßmacher, eben der Hofnarr, so Gluckman weiter. Diese können mit ihrem Spott und ihren Scherzen sogar auf ansonsten unantastbare Könige und Kaiser zielen. Wie das funktioniert, beschreibt Werner van Treeck so: »Hofnarren stellen Verletzungen der sozialmoralischen Ordnung durch die Herrschenden auf närrische Weise bloß: als Narrheiten. Wo es schwierig ist, das Haupt einer politischen Einheit zu kritisieren, kann eine institutionalisierter Joker moralische

Empörung in Formen zum Ausdruck bringen, die Betroffenheit in Gelächter überführen.«

Der Grund, warum die Kritik eines Narren hinnehmbar ist, liegt in seiner gefühlten Dummheit. »Was den Rücken des Narren rettet, ist der Anschein der Dummheit, er mag nun wirklicher oder verstellter Narr seyn«, so fasste es der Historiker Karl Friedrich Flögel schon 1789 zusammen. Diese Dummheit ermöglicht nämlich auf der einen Seite, Abweichungen aufzuzeigen durch ihre spezielle Perspektive. Und andererseits ist kluge Kritik schnell Anlass zur Verärgerung, wenn sich die Mächtigen erwischt fühlen. Auf den sanften Flügeln der Dummheit jedoch ist es möglich, selbst die Dummheiten der Herrscher aufzudecken, ohne verbitterte Gefühle zu hinterlassen. Das wiederum machte die Narren so beliebt an vielen Höfen, dass dort »der Mann in der Schellenkappe beträchtlich höher im Rang [stand] als die griesgrämigen Herren im Doktorhut, deren zwei oder drei man sich Schanden halber freilich auch hält«, wie Erasmus von Rotterdam mit seinem üblichen Augenzwinkern hervorhebt. An manchen Höfen hatten die Narren einen großen Spielraum, daher rührt der Ausdruck Narrenfreiheit. Das war jedoch nicht überall der Fall. So war das Handeln eines Narren im China der konfuzianischen Tradition an klare Bedingungen gebunden, es sollte geschmackvoll und lehrreich sein. In seinem Artikel über den Humor dieser Epoche weist der Wissenschaftler Weihe Xu jedoch beruhigenderweise darauf hin, dass es zumindest wohl nur ein Gerücht sei, Konfuzius habe einige Narren und Sänger wegen Verstoßes gegen die Hofetikette hinrichten lassen.

Insbesondere beruhigen dürfte das heutige Kabarettisten, die selbstverständlich eine sehr ähnliche Funktion wie Hofnarren erfüllen und bestehende Verhältnisse durch Spott, Scherz und Ironie kritisieren und auf Dummheiten hinweisen. Und dabei gehen die Damen und Herren gerne immer wieder an die Grenzen dessen, was die Kritisierten noch lustig finden – und darüber hinaus. Heutzutage wird dann halt nicht geköpft, sondern geklagt. So verklagte der amerikanische Politiker und ehemalige Senatskandidat Roy Moore den britischen Komiker Sacha Baron Cohen, weil dieser ihn in seiner Show vorgeführt habe und ihm damit »emotionalen Schaden« zugefügt hätte. Herr Moore wollte gerne 95 Millionen Dollar von Herrn Cohen. Na klar, 95 Millionen. Da frage ich mich: Warum nicht gleich 100 Millionen Dollar? Oder gleich alles Geld der Welt? Das Ganze hatte aber wenig Aussichten auf Erfolg, da Moore scheinbar im Vorfeld der Show eine Verzichtserklärung unterzeichnet hatte, ohne das Kleingedruckte zu lesen.

Der französische »Komiker« Dieudonné M'bala M'bala brachte 2014 sogar den damaligen Innenminister Manuel Valls so weit, Auftrittsverbote zu fordern. Die Städte Nantes, Tours und Paris setzten dieses Verbot dann tatsächlich um. Was war passiert? Und warum setze ich den Begriff »Komiker« im Zusammenhang mit Dieudonné in Anführungszeichen? Das liegt ganz einfach daran, dass Dieudonné zum Beispiel in Bezug auf einen kritischen jüdischen Journalisten äußerte, dass er bedauere, dass dieser der Gaskammer entkommen sei. Und das ist nur eines der wirklich zahlreichen und nicht weniger grenzüberschreitenden Dinge, die er sagte und schrieb. Und für die er mehrfach rechtskräftig verurteilt wurde, wegen Aufstachelung zum Rassenhass, Verherrlichung von Terrorismus und Diffamierung. Da Dieudonné auch politisch aktiv ist, war Innenminister Valls' Argumentation, dass dessen Auftritte keine Kunst, sondern politische Veranstaltungen seien. Nun ist dieses Beispiel sicherlich extrem gewählt, aber es zeigt, dass es scheinbar auch heute klare Grenzen gibt, was noch als Narrheit durchgeht und was nicht.

In Deutschland wurde das Thema seit Ende März 2016 vor allem am Fall des Gedichtes »Schmähkritik« von Jan Böhmermann gegen den türkischen Präsidenten Recep Tayyip Erdogan ausführlich diskutiert. Erdogan hatte gegen Böhmermann geklagt, auf Basis des inzwischen abgeschafften sogenannten Majestätsbeleidigungs-Paragrafen. Und sogar die Bundeskanzlerin Angela Merkel hatte sich eingemischt. Ihre Äußerung, das Gedicht sei »bewusst verletzend« gewesen, war wiederum für Böhmermann Anlass, die Bundesregierung auf Unterlassung zu verklagen. Diese Klage scheiterte jedoch. Zusammenfassend kann man sagen: Wenig Spaß, viel Gerichtsverfahren. Wäre ich Kabarettist, würde ich wohl sagen: Ein sehr deutscher Vorgang. Zum Glück kann ich mir das sparen, denn ich bin Sachbuchautor, wie ich dem Umschlag meiner Biografie entnehme. Dass Erdogan übrigens Ernst macht mit dem Spaß, zeigt sich auch an anderer Stelle. So wurde zum Beispiel ein türkischer Mann, der Erdogan mit der Fantasy-Figur Gollum verglichen hatte, zu über einem Jahr Gefängnis auf Bewährung verurteilt. Wegen Präsidentenbeleidigung. Obwohl Erdogan zu dem Zeitpunkt gar nicht Präsident war. Manche Gesetze sind offenbar wie Palmen und biegen sich geschmeidig im Wind.

Klar muss an der Stelle sein, dass alle Beispiele Extreme darstellen, bei denen Grenzüberschreitungen diskutiert wurden. In demokratischen Gesellschaften mit Meinungs- und Kunstfreiheit gibt es heute einen sehr großen Spielraum dessen, was Komiker*innen öffentlich sagen können. Ich finde das persönlich oft lustig, aber meistens nur, weil die zeitgenössischen Narren allzu gerne übersehen, dass auch sie quasi am Hofe arbeiten und stabilisierende Elemente der bestehenden Verhältnisse sind. Da spricht ja auch nichts gegen, daran verdient man ja auch nicht schlecht. Ich hoffe, keiner verklagt mich.

In etwa das Gegenteil eines Narren war Tycho Brahe, der sich jedoch oft bei Hofe aufhielt, denn er galt als bedeutendster Astronom seiner Zeit. Und nein, das sind nicht die mit den Horoskopen, das sind die anderen. Gemeinsam mit seiner Schwester Sophie Brahe gelang es ihm, eine Supernova zu beobachten, was damals nicht nur wegen des explodierenden Sterns ungewöhnlich war, sondern auch wegen der völlig unüblichen Beteiligung einer Frau an einer naturwissenschaftlichen Aktion. Schließlich lebten die beiden im ausgehenden 16. Jahrhundert, da war die Neuzeit noch neu, und das Frittierfett tropfte noch von der Renaissance. Tatsächlich waren die Brahes nicht die Ersten, die eine Supernova beobachteten, das gelang chinesischen Forschern schon Jahrhunderte früher. Aber, wie Sie sich mittlerweile vielleicht denken können, im mittelalterlichen Europa hatte man davon keinerlei Kenntnis erlangt. Man war ganz damit befasst, sich nackte Hühner auf den Kopf zu setzen. So kam es, dass Brahe mit seiner Schrift über die Supernova schlagartig berühmt wurde. Da er im Alter von zwanzig Jahren bei einem Duell mit seinem Cousin Manderup Parsberg einen Großteil seiner Nase verloren hatte und seither eine Prothese aus Gold und Silber trug, muss er auch recht eindrücklich ausgesehen haben. Er hatte buchstäblich einen goldenen Riecher.

Ich kann mir vorstellen, dass Sie an den vorigen Absatz zwei Fragen haben: 1. Wieso duelliert man sich mit seinem Cousin? 2. Wie cool ist eigentlich der Name Manderup Parsberg? Nun: 1. Es ging um eine Meinungsverschiedenheit zu einer mathematischen Formel und 2. Sehr cool. »Jochen, halt dein Maul, die binomische Formel geht komplett anders! A Quadrat plus B Dreieck gleich C Kreis!« – »Das werde ich so nicht hinnehmen! Ich fordere dich zum Duell.« Ein ganz normaler Vorgang. Und schon hat man sich eine goldene Nase verdient.

Aber mal im Ernst: Tycho Brahe war ein Genie. Mit der Exaktheit seines Vorgehens und dem konsequenten Nachprüfen prägte Brahe den Wissenschaftsbetrieb nachhaltig. Seine Messungen waren so exakt, dass später sein Assistent Johannes Kepler auf ihrer Basis die jahrtausendealte Überzeugung widerlegen konnte, dass die Bahnen der Planeten kreisförmig seien. Stattdessen sind sie, wie wir heute selbstverständlich wissen, elliptisch. Kepler und Brahe wussten zudem ganz sicher, dass die anderen Planeten nicht um die Erde kreisten, sondern um die Sonne. Aber Brahe widersetzte sich zeitlebens der Annahme, auch die Erde könne sich um die Sonne drehen. Stattdessen entwickelte er ein System, das erklärte, wie sich Mars, Venus und Co um die Sonne drehen, aber die Sonne um die Erde. Klingt bizarr. Ist es auch. Schon Kepler war davon nicht überzeugt und vermutete richtig, dass auch die Erde sich um die Sonne dreht. Aber beide Systeme deckten sich mit den beobachtbaren Daten, also konnte man lange Zeit nicht wirklich wissen, wer recht hatte. Erst knapp 250 Jahre nach Brahes Tod konnte Léon Foucault im Jahr 1851 experimentell nachweisen, dass sich die Erde dreht. Und damit war Brahe widerlegt. Übrigens, dieses Experiment Foucaults kann man bis heute an einigen Stellen der Welt beobachten. Das foucaultsche Pendel hängt an einem sehr, sehr langen Seil und schwingt gleichmäßig. Dabei kann man beobachten, wie sich die Pendelachse langsam verschiebt – eben, weil sich die Erde darunter wegdreht. Falls Ihnen mal wieder jemand was von der »Hohlerde« oder »Flacherde« oder dergleichen mehr erzählt, nehmen Sie ihn an der Hand und pendeln Sie es gemeinsam aus.

Nun ist aber auch ein Genie wie Brahe nicht vor Dummheiten gefeit. Man kann es ahnen, wenn man die Geschichte seiner Nasenverletzung kennt. Sein Tod war noch weitaus tragischer und dümmer. Brahe war am 13. Oktober 1601 zu einem

Festessen am Hofe Kaiser Rudolphs II. eingeladen. Nun sah es die Etikette vor, dass bei einem solchen Essen niemand die Tafel verließ, bevor nicht zuerst der Kaiser aufgestanden war. Im Grunde kein Problem. Außer man hat wie Brahe vergessen, vorher aufs Klo zu gehen. Nun war Brahe aber ein Mann von eisernem Willen. Er hielt so lange ein, bis seine Blase schweren Schaden erlitt und er zehn Tage später an den Folgen starb. Leider weder das erste noch das letzte Mal, dass wir ein Genie weit vor seiner oder ihrer Zeit verloren haben, weil wir idiotische Regeln und Gesetze haben. Und sich selbst die Klügsten dummerweise manchmal daran halten.

Apropos Essen und Idiotie am Hofe. Im April 1671 war François Vatel der berühmteste Koch seiner Zeit. Und natürlich arbeitete er am Hofe des Sonnenkönigs Ludwig XIV. Bei einer wichtigen Großveranstaltung mit rund 3000 Gästen kam es jedoch zu einer Katastrophe: Die Lieferung der Meeresfrüchte war verspätet. Dabei war bisher alles so gut verlaufen, Vatel hatte sich selbst überboten und zu Ehren des Sonnenkönigs die Creme Chantilly erfunden und serviert. Aber nun das. Eine Verzögerung der Anlieferung brachte alles durcheinander. Vatel war verzweifelt und wusste sich keinen anderen Ausweg, als sich umzubringen. Man fand seine Leiche, als man ihm sagen wollte, dass die Lieferung eingetroffen war.

Ganz andere Schwierigkeiten mit den Mächtigen hatte Wilhelm Tell. Der legendäre Schweizer Freiheitskämpfer ist in einem Theaterstück von Schiller verewigt und im Buch *Deutsche Sagen* der Gebrüder Grimm. Jeder hat die Szene vor Augen, wie Tell als Strafe von einem tyrannischen Landvogt befohlen wird, mit seiner Armbrust einen Apfel vom Kopf seines Sohnes zu schießen. Tell nahm zwei Pfeile, traf mit dem ersten den Apfel und sagte daraufhin, hätte er seinen Sohn getroffen, wäre der zweite Pfeil für den Landvogt bestimmt gewesen. Dieses

Eingeständnis in die Möglichkeit des eigenen Versagens wurde ihm erstaunlicherweise als Bedrohung ausgelegt. Doch nachdem Tell aus der Gefangenschaft entkommen konnte, brachte er den Tyrannen aus einem Hinterhalt zur Strecke und wurde zum Volkshelden, als der er bis heute in der Schweiz gefeiert wird. Erstaunlich genug, denn es ist mittlerweile klar, dass es diesen Wilhelm Tell so nie gegeben hat. Es ist sogar anzunehmen, dass er komplett frei erfunden wurde. Die Apfelschuss-Geschichte jedenfalls gab es schon über hundert Jahre vor der angeblichen Lebenszeit Tells, Saxo Grammaticus hielt sie bereits im 12. Jahrhundert fest in seiner *Geschichte der Dänen*. Dort heißt der Schütze Toko, und auch er wurde gezwungen, auf einen Apfel auf seines Sohnes Kopf zu schießen. Auch Toko nahm einen zweiten Pfeil und bedrohte danach den Tyrannen, worauf er gefangen genommen wurde. Und raten Sie mal, was er nach einer Flucht aus einem Hinterhalt heraus gemacht hat.

Aber warum auch nicht? Viele Geschichten werden immer wieder neu erzählt und wandeln sich mit den Kulturen, die sie passieren, und den Epochen, die sie durchschreiten. Die modernste Ausprägung der Tell-Geschichte ist vielleicht die tragischste, die realste und sicherlich die dümmste. Der Schriftsteller William S. Burroughs, bekannt für seinen exzessiven Lebenswandel, wollte beweisen, dass auch er so gut schießen könne wie der legendäre Wilhelm Tell – und das, obwohl er sicherlich alles andere als nüchtern war. Burroughs legte also seiner Ehefrau einen Apfel auf die Stirn und schoss. Wie diese Geschichte ausging, überlasse ich mal Ihrer Fantasie.

Natürlich muss man eine Legende wie Wilhelm Tell nicht aus der Geschichte streichen, nur weil sie eben aller Wahrscheinlichkeit nach nicht stimmt, man muss es nur wissen. Und auch in der bildenden Kunst ist es lediglich eine beliebte Scherzfrage, wenn jemand sagt: »Ist das Kunst oder kann das weg?« Diese Frage spielt an auf den Umstand, dass manche Kunst vielen Leuten unzugänglich bleibt, besonders dort, wo sie sich auf den ersten Blick nicht von einem Alltagsgegenstand oder gar Müll unterscheidet. Es war Marcel Duchamp, der vor gut hundert Jahren ein falschrum montiertes Pissoir als Ausstellungsstück in eine Kunstgalerie brachte. Damit öffnete er Tür und Tor für neue Interpretationen, was Kunst sei und was nicht. Nun bin ich alles andere als ein ausgewiesener Kunstexperte und kann kaum einen Rothko von einem Rotkohl unterscheiden. Aber ein paar Sachen habe ich schon mitgekriegt im Laufe der Zeit. Im Hamburger Bahnhof, der irritierenderweise in Berlin steht und ein Kunstmuseum ist, sah ich mal ein paar riesige Fettklötze, die entstanden waren, als Joseph Beuys eine Unterführung ausgegossen hatte – eben mit Fett. Und im Rahmen der Vernissage einer Kunstausstellung im niederrheinischen Schloss Moyland wurde ich Zeuge, wie der hochverehrte Musiker Beck als Performance ein sehr schönes Klavier vom Dach des Schlosses runterwarf. Beide Male, das will ich offen zugeben, dachte ich zunächst: Aha. Bevor ich mir dann weitere Gedanken machte, denn dazu zwang mich die Auseinandersetzung mit den Kunstwerken regelrecht. Und dann dachte ich: Aha.

Joseph Beuys ist nun auch ein Künstler, dessen Kunstobjekte schon mehr als einmal irrtümlich für Müll gehalten und ungewollt aufgeräumt wurden. Aber er ist bei Weitem nicht der einzige. Etwas Ähnliches passierte vor einigen Jahren auch mit einem Werk eines meiner persönlichen Favoriten: Martin Kippenberger. Ich habe an anderer Stelle schon davon berichtet, dass bei einer Ausstellung in Dortmund eine Putzfrau einen Eimer mit einer milchigen Flüssigkeit entdeckt und diesen gesäubert hatte. Das Problem war nun, dass jener Eimer eben ein Kunstwerk Kippenbergers war und einen sechsstelligen Wert hatte. Vom künstlerischen Wert mal ganz abgesehen. Doch das war nicht die dümmste Art, mit Kunst umzugehen. Die bleibt für immer reserviert für all die Idioten da draußen, die Kunst absichtlich zerstören, weil sie sie für unwert oder »entartet« halten oder weil sie ihren religiösen Vorstellungen nicht entspricht. Ich würde diesen Menschen als Pazifist niemals Gewalt wünschen, aber vielleicht, dass sie den Rest ihres Lebens jeden Morgen aufwachen mit dem Kopf in einem Eimer mit einer milchigen Flüssigkeit am Boden.

Kommen wir noch einmal zu einem großen Hit der Rockgeschichte, und zwar dem Lied »Blue Suede Shoes« von Carl Perkins. Inhaltlich kann man das sehr leicht zusammenfassen, auch wenn es anspruchsvoller als »Yeah« von Luciano ist, denn im Lied geht es Perkins eigentlich nur darum, dass man mit ihm machen kann, was man will: Man darf ihn umhauen, ins Gesicht treten, sein Haus anzünden, sein Auto klauen. Hauptsache ist, man tritt nicht auf seine blauen Schuhe: »But don't you step on my blue suede shoes.« Vermutlich haben Sie den Song im Ohr. Der Sänger wusste sehr wohl um die besondere Bedeutung dieses Liedes für ihn und seine Karriere, und aus diesem Grund trat er in seinen späteren Jahren immer in den blauen Wildlederschuhen auf, um die es im Song ging. Das Problem daran war, dass seine Fans es zu einer Art kultischen Ritual gemacht hatten, genau das zu machen, was Perkins im Lied nicht will. Wo immer er auftrat oder unterwegs war, kamen Leute auf ihn zu und traten auf seine Schuhe. Das ging so weit, dass er schließlich nach eigenen Angaben unter chronischen Fußschmerzen litt. Andererseits sollte er wohl froh sein, dass die Leute das Gegenteil des Textes machten. Sonst hätten sie ihm vermutlich ins Gesicht getreten und sein Haus angezündet.

Apropos wörtlich nehmen: Im Jahr 1981 führte Hollywoodstar Warren Beatty beim Film *Reds* Regie, in dem es um die

Geschichte der Arbeiterbewegung geht. Beatty legte großen Wert darauf, die Mitwirkenden am Filmset über die Bedeutung der Arbeiterbewegung aufzuklären. Offenbar klappte das sehr gut, denn die Statist*innen traten daraufhin in Streik, um von ihm bessere Bezahlung zu fordern. »I'm old, I'm young, I'm intelligent, I'm stupid. My tide goes in and out«, sagte Warren Beatty einmal. Als er entschieden hatte, die Mitwirkenden eines Filmes über die Arbeiterbewegung schlecht zu bezahlen, war wohl gerade eher Ebbe.

1981 war übrigens auch das Jahr, in dem Wissenschaftler in Ankara erforscht haben, ob Discomusik Mäuse schwul machen könnte. Das Ergebnis ihrer Studie: Ja, die Mäuse werden von Discomusik schwul. Und Menschen blühe dasselbe Schicksal. Wenn Sie jetzt denken: Haha, was für ein hanebüchener Unsinn war das damals, dann liegen Sie nicht falsch. Aber vergessen Sie nicht, dass bis heute in vielen Ländern Homosexuelle Repressionen ausgesetzt sind und teils haarsträubend absurde Begründungen dafür vorgebracht werden. So ist es in Russland verboten, Werbung für Homosexualität zu machen. Darunter fällt eben auch, dass man sich nicht öffentlich dazu bekennen oder gar gleichgeschlechtliche Liebe durch Händchenhalten, Küssen oder dergleichen zeigen darf. Nur das berühmte Foto vom innigen Zungenkuss zwischen Breschnew und Honecker ist weiterhin erlaubt. Klar. Das ist nämlich nicht schwul, das ist sozialistische Bruderliebe. Muss man wissen. Ansonsten ist die Absicht des Gesetzgebers klar, man will dieses alltägliche Szenario verhindern: Eine Person läuft ganz entspannt und überaus hetero eine Straße entlang. Doch plötzlich ist da ein Plakat, auf dem Werbung für Schwulheit gemacht wird. Oder es läuft irgendwo Discomusik. Und ohne sich wehren zu können, zack, ist die Person auch schwul. Worüber sich die russischen Gesetzgeber so Sorgen machen.

Auf der anderen Seite der Welt waren es zwei texanische Wissenschaftler, die im Jahr 1997 ein ganz besonderes Experiment durchführten. Sie bauten eine zwei Meter große Mausefalle. Das hatte aber angeblich mit türkischen Discomäusen nichts zu tun. Ich wäre ohnehin nicht beunruhigt, denn wie sagt der Volksmund so schön: »Der frühe Vogel fängt den Wurm, aber die zweite Maus kriegt den Käse.« Bleiben wir aber noch einen Moment beim Thema Disco und Tanzen. Im Jahr 1518 kam es zu einem Tanzwahn, einer regelrechten Epidemie in Straßburg. Dutzende Leute tanzten, bis sie starben. Das ist tatsächlich passiert, gut dokumentiert und scheinbar nicht mal der einzige Fall einer solchen Tanzepidemie. Die Forschung vermutet als Grund eine Massenpsychose durch Stress. Ich vermute: Jemand hatte aus Versehen viel zu früh Techno erfunden und rief dann: Auf geht's, ab geht's, drei Tage wach. Oder wie Techno-Pionier Sven Väth einst sagte: »Ich feier, bis ich kotze.«

Auch mit bildender Kunst kann man sich doof anstellen. Und hier kommt jetzt bestimmt kein platter Spruch in Richtung Mondrian, der ja »bloß ein paar Quadrate gemalt hat, das kann ich auch«. Das sage ich aber nicht, weil ich ein Kunstkenner bin, der um Mondrians immense Bedeutung weiß, sondern weil ich tatsächlich keine Quadrate malen kann. Das ist aber auch voll schwierig, ich kriege kaum eine gerade Linie hin. Lassen wir das.

Vielleicht war das Vorbild der folgenden Geschichte der Weinhändler William Sokolin. Er erwarb 1986 für 300 000 Dollar eine Flasche Château Margaux von 1787, die einst Thomas Jefferson gehörte. Als er sie im feinen Restaurant Four Seasons in Manhattan verkaufen wollte, hoffte er auf einen Preis von 500 000 Dollar. Doch aus dem satten Gewinn wurde leider nichts. Denn als die Auktion gerade starten sollte, fiel ihm die

Flasche zu Boden und tat, was Glasflaschen machen, die auf den Boden fallen: Sie twerkte und sang dazu Lucianos »Yeah«.

Doch im Kunstbereich gibt es noch einen viel krasseren Fall, der als Beispiel geeignet ist, wenn man jemand erklären möchte, was mit dem Ausdruck Epic Fail gemeint ist. Am 30. September 2006 hatte Steve Wynn, ein Casino-Mogul aus Las Vegas, als stolzer Kunstsammler seinen neusten Erwerb, das Bild »Le Rêve« des jungen Picasso präsentiert. Voller Begeisterung hielt er eine Rede über die erotischen Konnotationen des Bildes und geriet dabei wohl etwas zu sehr in Wallung. Wild gestikulierend stieß er mit seinem Ellbogen gegen das Bild und beschädigte es. Der Wertverlust nach der Restauration wurde mit 54 Millionen Dollar beziffert. Für den Preis kann man sich fast als Komiker von Roy Moore verklagen lassen.

Bleiben wir bei Zahlen. In einer vom amerikanischen Meinungsforschungsinstitut Civic durchgeführten Umfrage vom Mai 2019 gaben 56 Prozent der Befragten an, dass sie dagegen wären, dass arabische Zahlen Teil des Lehrplans an amerikanischen Schulen sind. Das müsste natürlich heißen: »LVI Prozent der Befragten«. LVI steht hier nicht für Leicht verblödete Individuen, sondern ist einfach die römische Schreibweise der Zahl 56. In dieselbe Kerbe schlug im September 2017 in Völklingen der Bürgermeisterkandidat der NPD, der versprach, er würde arabische Zahlen als Hausnummern abschaffen und stattdessen »normale Zahlen« einführen. Normal. In beiden Fällen scheint es das Wort arabisch zu sein, das manche Menschen triggert. Als wäre ein Zahlensymbol böse, weil es womöglich aus derselben Region kommt wie ein Terrorist. Nach der Logik könnte man die gesamte Kultur der Erde aufgeben, denn es gab und gibt in jedem Land Terrorist*innen. Aber warum heißen »unsere« Zahlen arabisch, beziehungsweise sind sie tatsächlich arabisch?

Gut, okay, das habe ich jetzt vielleicht ein bisschen suggestiv formuliert. Die Antwort ist klar: Die von uns als arabische Zahlen bezeichneten Zahlen sind nicht arabisch, sondern heißen nur so, weil sie über den arabischen Raum bis nach Europa gekommen sind. Ursprünglich sind sie aus Indien, wie der Gelehrte al-Adami in seiner Schrift *Die Perlschnur* darlegt: »Im Jahre 156 H erschien vor dem Kalifen al-Mansur ein Mann aus Indien, welcher in der unter dem Namen Sindhind bekannten Rechnungsweise (...) sehr geübt war (...). Al-Mansur befahl, dieses Buch ins Arabische zu übersetzen und danach ein Werk zu verfassen, das die Araber den Planetenbewegungen zugrunde legen können.« Beim *Sindhind* handelt es sich vermutlich um das 628 geschriebene Werk *Siddhanta* des indischen Mathematikers und Astronomen Brahmagupta. Es enthält bereits die Rechenregeln mit den zehn Ziffern, einschließlich der Null. Über das damals maurische Spanien schafften die arabischen Zahlen schließlich den Sprung ins christliche Abendland. Natürlich dauert es dann noch lange, bis sich die Zahlen gegen die römischen Zahlen durchgesetzt hatten, denn im Mittelalter hatten wir es hierzulande nicht so sehr mit Veränderungen.

Aber die Vorteile waren nicht von der Hand zu weisen. Das Stellenwertsystem machte es sehr viel einfacher, große Zahlen darzustellen, nehmen Sie mein Geburtsjahr 1979. In römischen Zahlen hieß das: MCMLXXIX. Da muss man immer erst dreimal hinschauen, addieren und rechnen, welche Zahl überhaupt gemeint ist. Und es gab noch einen gewichtigeren Grund für das Dezimalsystem: Insbesondere Multiplikation und Division wurden dadurch leichter. Warum wir die Zahl 10 als Basis nehmen, dürfte jedem klar sein, der in letzter Zeit mal auf seine Hände geguckt hat und nicht im Sägewerk arbeitet. Selbstverständlich ist das übrigens nicht: Die antiken Babylonier hatten ihr Zahlensystem auf der Basis 60 aufgebaut. Der Himmel weiß, wie viele Finger die Babylonier hatten oder ob die nur rechnen konnten, wenn sie zu sechst waren.

Übrigens haben einige zentrale Begrifflichkeiten des Rechnens arabische Ursprünge: Algebra kommt von al-ǧabr (das Zusammenfügen gebrochener Teile), Ziffer kommt von aṣ-ṣifr (Null, Nichts), das wiederum vom indischen śūnyā (leer) kommt. Ich weiß, ich weiß, ich breite schon wieder den Einfluss anderer Kulturen auf zentrale Elemente unserer Kultur aus. Und ich werde auch nicht müde, das zu machen, solange ein lautstarkes Element unserer Gegenwart die unerträgliche dumme Annahme ist, die »abendländische« oder gar »deutsche« Kultur seien etwas ganz Besonderes und müssten vor Einflüssen von außen geschützt werden. Denn das führt dann am Ende zu Angst vor arabischen Zahlen. Dann ist man plötzlich so weit, dass Professoren aus Flugzeugen geholt und befragt werden, ob sie Terroristen seien, nur weil sie mathematische Formeln notieren. Auch das ist tatsächlich so passiert. Guido Menzio, ein Ökonomie-Professor der Universität von Pennsylvania, wurde von seiner Sitznachbarin bei der Stewardess gemeldet, weil diese seine Differentialgleichungen verdächtig fand. Sie dachte, er sei ein Terrorist, der »seltsame Dinge« notiere. Daraufhin wurde das Flugzeug, das bereits das Gate verlassen hatte, wieder zurückgebracht und Menzio herausgeholt und vom FBI befragt. Immerhin ließen sie ihn, nachdem er seine Formeln vorgezeigt hatte, doch noch fliegen. Ich meine, ich war in der Schule auch nicht immer der größte Fan von Mathe. Aber das geht mir dann doch zu weit.

Man kann sich übrigens noch ein bisschen dümmer anstellen als Leute, die Differentialgleichungen für Terrorismus halten. Das gelang zwei Kunden eines Lebensmittelmarktes in Bielefeld, die sich nach einem Besuch dort im Februar 2019 per Facebook über die türkische Musik, die Verkäuferin mit Kopftuch und die vielen »türkischen und arabischen Produkte« beschwerten. Ich frage mich, was die beiden erwartet hatten – in einem türkischen Supermarkt. Das ist vermutlich die Sorte Leute, die sich freut, wenn es im Urlaub in Italien im Hotel deutsches Essen gibt. Und mit »deutschem Essen« meinen sie dabei Pizza. Manchmal scheint es mir, als hätten wir seit dem Jahr MCCLXXXV nichts dazugelernt.

Apropos MCCLXXXV: Bei der Recherche zu diesem Buch bin ich auf ein schwedisches Pärchen gestoßen, das 1996 seinem Sohn einen recht ungewöhnlichen Namen geben wollte: Er sollte heißen: Brfxxccxxmnpccclllmmnprxvclmnckssqlbb11116, ausgesprochen Albin. Das hat mich doppelt überrascht, denn vor einigen Jahren habe ich mal einen Text über den Trend zu ungewöhnlichen Namen geschrieben. Darin schrieb ich den bescheuertsten Namen, den ich mir ausdenken konnte: Affffafffaffa Bafffaffa XY1 UGUGUG. Erstaunlich genug, aber das ist nicht das erste Mal, dass die Realität noch dümmer ist, als ich es mir ausdenken konnte. Vor fast zwei Jahrzehnten habe ich mal ein Gedicht namens »Identität« geschrieben über einen Pavian, der versucht, bei den Fischen zu leben. Und vor Kurzem stieß ich auf einen Presseartikel über einen Affen, der in einem Teich neben einem Tempel mit Goldfischen zusammenlebt. Keine Sorge, ich habe daraufhin einen Text über den Weltfrieden und das Aufhalten des Klimawandels geschrieben. Es kann nicht mehr lange dauern.

Es gab und gibt jede Menge Kunstfiguren, deren Dummheit eine zentrale Rolle spielt. Man denke nur an Parsifal, der im Narrengewand anfängt und sich erst im Laufe der Geschichte zu einem Helden weiterentwickelt. Oder Don Quichotte, der gegen Windmühlen kämpft. Da gibt es ja eine erstaunliche moderne Variante im Wutbürger, der sich gegen die Schlagschatten von Windkrafträdern wehrt. Leider reiten nur wenige der Wutbürger auf Pferden mit Lanzen bewaffnet gegen die Windkrafträder an, es wäre gewiss ein sehenswerter Anblick. Oder denken wir an Till Eulenspiegel, eine hiesige Variante des weltweit bekannten Narrativs des weisen Narren, der sich scheinbar dumm anstellt und damit letztlich doch cleverer ist als seine Mitmenschen. Bei Till Eulenspiegel geschah das insbesondere dadurch, dass er Sprichwörter allzu wörtlich nahm und damit alle anderen an der Nase herumführte, ironischerweise, ohne ihre Nase zu berühren.

Natürlich muss man an dieser Stelle auch die Schildbürger nennen, die mit ihren sprichwörtlichen Streichen unter Beweis stellen, dass ein dummes Verhalten ganz erstaunliche Folgen haben kann. Über all diese Figuren und viele, viele mehr wird insbesondere in Komödien berichtet. Auch Shakespeare ist ein Meister dieser Narrenfiguren gewesen. Aber wir lachen nicht nur, sondern lernen in den meisten Fällen auch etwas von den künstlichen Narren. Nämlich, dass wir oft nicht mit den nötigen kognitiven Mitteln ausgestattet sind, mit unseren Problemen fertigzuwerden. Aber wir können uns entwickeln und etwas dazulernen. Oder gar unsere Dummheiten zu einer guten Sache werden lassen.

11. Kriminell blöd

»Ich bin nicht dumm, ich habe nur Pech beim Denken.«
Volksmund

Die Göttin Justitia wird stets mit Augenbinde und Waage dargestellt. Das soll uns vermutlich sagen, dass die Gerechtigkeit ausgewogen und unvoreingenommen ist. Vielleicht haben wir das aber auch über Jahrtausende falsch verstanden, und die Gerechtigkeit ist blind und vage. Üblicherweise werden Gesetze gemacht, um unerwünschtes Verhalten zu sanktionieren. Indirekt kann man also an vielen Gesetzen, die die Obrigkeit erlässt, recht gut ablesen, was die Bevölkerung so trieb oder treibt. Das ist insbesondere für Historiker*innen spannend, denn aus manchen Epochen und Gegenden sind kaum mehr Texte erhalten als die Gesetzbücher. So weiß man zum Beispiel, dass in der frühen Neuzeit in vielen Regionen des heutigen Deutschlands sehr exzessive Hochzeitsfeste gefeiert wurden, denn die damaligen Fürsten erließen zahlreiche Gesetze, die es verboten, sich bei solchen Feiern finanziell völlig zu verausgaben. So wandeln sich die Zeiten: Heute heiratet man in Deutschland tendenziell kleiner und hebt sich die finanzielle Verausgabung für die Scheidung auf.

Man könnte etwas vereinfacht formulieren, dass die Grundidee hinter vielen Gesetzen ist, den Menschen zu signalisieren, welche Dummheiten sie besser unterlassen sollten, da ansonsten Strafen drohen. Der Teil mit der Strafe ist dabei nicht zu unterschätzen, denn dass man sich und andere in Lebensgefahr bringt, wenn man in seinem SUV mit 180 km/h durch die Erkenschwicker Innenstadt rast, wäre vielen Leuten nicht Grund genug, das zu lassen. Aber ein drohender Strafzettel hält sie womöglich davon ab. Wir sind schon eine sonderbare Tierart. Oft genug zeigt sich das auch darin, dass die Gesetze, die wir uns auferlegen, selbst sonderbare Ausmaße annehmen. So gab es in einem estnischen Gesetzbuch von 1997 einen Paragrafen, demzufolge es untersagt war, während des Geschlechtsverkehrs Schach zu spielen. Das wirft diverse Fragen auf. Was stört den Gesetzgeber daran, wenn seine Bevölkerung versucht, beim Sex ein paar Züge im Voraus zu denken? Und wie hat der Gesetzgeber überhaupt davon Wind gekriegt, dass es diese Sitte gab? Darf die Dame den Bauern auf E5 schlagen? Was auch immer die Antworten sein mögen, kann nicht mehr geklärt werden, der Paragraf wurde noch im selben Jahr wieder gestrichen. Magnus Carlsen gefällt das.

Neben der Frage, ob dieses oder jenes Gesetz womöglich dumm ist und an der Realität vorbeigeht, werfen wir in diesem Kapitel auch einen Blick auf diejenigen, die die Gesetze übertreten. Ich möchte gleich vorab festhalten, dass durch kriminelle Aktivitäten Menschen zu Schaden kommen, und das ist natürlich nicht lustig. Außer, es sind die Kriminellen selbst, dann scheint mir Schadenfreude kein Verbrechen zu sein. Außerdem eignet sich das Thema hervorragend, einen genaueren Blick auf die Natur der Dummheit zu werfen. Denn bei Kriminalität spielt Dummheit quasi immer eine große Rolle. Schließlich suchen Kriminelle seit jeher nach Lücken und Winkeln, an die niemand gedacht hat. Oder weiterhin nicht denkt. Manche Betrügereien scheinen auf den ersten Blick sehr einfach, sind aber trotz umfassender Versuche der Aufklärung weiterhin erfolgreich wie der Enkeltrick. Falls Sie den nicht kennen, erkläre ich den Trick jetzt hier auch nicht, ich will ja kein Spielverderber sein. Zudem sollte man sich als freischaffender Künstler immer einige Karriereoptionen offenhalten.

Ebenso will ich nicht verraten, ob es wirklich einen nubischen Prinzen gibt, der Ihnen aus dem Nichts heraus Mails schreibt, weil er mit Ihrer Hilfe ein Millionenvermögen auf ein europäisches Konto transferieren möchte: »Gisela, ich hab hier eine dieser E-Mails gekriegt. Da steht drin, dass ich der Alleinerbe eines nigerianischen Ölmilliardärs bin. Ich wusste gar nicht, dass ich da Verwandte habe. Oder dass es da Milliardäre gibt. Oder Öl. Aber egal. Das ist unsere große Chance. Und ich muss nur meine Kreditkartendaten angeben. Zack, schon sind wir reich.«

Fangen wir nicht wieder an von Anlagebetrügern und Steuertricksern, da habe ich mich bereits in vorigen Kapiteln zur Genüge aufgeregt. »Kein Geld ist vorteilhafter angewandt, als das, um welches wir uns haben prellen lassen: denn wir haben dafür unmittelbar Klugheit eingehandelt«, hat Arthur Schopenhauer einst gesagt. Der Himmel weiß, wo dieser König aller Pessimisten diesen allzu optimistischen Gedanken herhatte. Ich fürchte eher, alle Beteiligten eines Großbetrugs sind dumm. Einer der Hauptverantwortlichen des Cum-Ex-Skandals sitzt jedoch im Unterschied zu uns mit den Taschen voller Geld in einem schönen Haus in den Schweizer Bergen. Und bestreitet bis heute in Interviews seine Schuld: Es sei doch der Fehler des Staates, wenn er diese Lücken gelassen habe. Logisch. Es gibt auch kein Gesetz dagegen, tausend Papageien dazu zu trainieren, immerzu über diesen Leuten zu kreisen und ihnen auf den Kopf zu kacken. Nicht dass ich dazu anregen wollte. Auf gar keinen Fall sollte das jemand machen. Aber verboten wäre es vermutlich nicht.

Gesetze und Regeln sind nicht nur Möglichkeiten, unsere Dummheiten in den Griff zu kriegen, wie man an Impfpflicht,

Gurtzwang oder Schulpflicht sehen kann. Nein, Gesetze und Regeln geben uns zudem die Gelegenheit, auf zwei ganz unterschiedliche Arten Dummheiten anzustellen. Einerseits können wir dumme Regeln aufstellen und andererseits können wir auf dumme Art Regeln brechen. Richtige Experten kombinieren das sogar und stellen dumme Regeln auf, um diese dann selbst zu brechen.

So sind etwa im Iran zahlreiche soziale Medien verboten, einschließlich Twitter. Noch im August 2017 bestätigte der iranische Vizestaatsanwalt Abdolsamad Choramabadi das Verbot, das auf Druck religiöser Hardliner wie Ajatollah Chatami eingeführt worden war. Dieser hatte unter anderem argumentiert, alle Twitter-Nutzer seien Söldner Israels, einem Land, das er als Erzfeind Irans betrachtet. Das Gesetz kann man als Freund*in von Meinungs- und Informationsfreiheit durchaus dumm finden, ebenso wie die Begründung. Ich bin seit vielen Jahren bei Twitter und warte bis heute auf die erste Zahlung der israelischen Regierung. Offensichtlich empfanden auch viele Iraner*innen das Gesetz als eher unangebracht, denn Millionen von ihnen verschaffen sich über sogenannte Datentunnel Zugang zur populären Plattform. Einem Zeitungsbericht aus dem November 2017 zufolge war einer von ihnen Ajatollah Chatami selbst. Und zwar nicht heimlich, sondern unter seinem Namen. Gegenüber einer iranischen Nachrichtenagentur äußerte er, dass man auf Twitter gut seine Meinung reflektieren könnte.

Das ist interessant, ich persönlich warte nicht nur auf Geld, sondern bis heute auch auf die erste gut reflektierte Meinung dort. Ob man nun Ajatollah Chatamis Verhalten und seine Begründungen dumm findet, muss man selbst wissen. Das Gesetz gilt jedoch nach wie vor: Twitter ist illegal im Iran und der Ajatollah damit nach seinem eigenen Gesetz ein Verbrecher. Stress mit der Regierung hat er allerdings nicht zu befürchten, denn auch Präsident Hassan Rohani ist fleißig auf Twitter unterwegs. Ob der wohl auch ein Söldner Israels ist? Es kann nicht wirklich erstaunen, dass viele Iraner*innen kein schlechtes Gewissen haben, wenn sie dieses Gesetz übertreten.

Ganz und gar nicht dumm war die offizielle Haltung eines anderen Machthabers, nämlich Thomas Jeffersons, dem dritten Präsidenten der USA, der sich deutlich gegen Sklaverei positionierte. Auf sein Bestreben wurde in die amerikanische Unabhängigkeitserklärung eine Passage aufgenommen, in der der britische König für den Transport von Sklaven verurteilt wurde. Diese Passage wurde zwar im Nachhinein gestrichen, aber Jefferson äußerte seine Kritik und seinen Glauben an die Freiheit und Gleichheit aller Menschen auch an zahlreichen anderen Stellen.

Ein bisschen dunkles Licht wird allerdings auf diese Haltung geworfen durch den Umstand, dass Thomas Jefferson selbst im Laufe seines Lebens etwa 600 Sklavinnen und Sklaven hielt. Selbst als er 1769 im House of Burgesses die Emanzipation der versklavten Menschen forderte, entließ er selbst nur wenige in die Freiheit. Und es kommt noch dicker: Mittels DNA-Analysen ließ sich inzwischen eine von Gegnern Jeffersons bereits zu Lebzeiten geäußerte Vermutung bestätigen, nämlich dass Jefferson mit einer seiner Sklavinnen fünf gemeinsame Kinder hatte. Die betreffende Sklavin hieß Sally Hemings und wurde im Alter von fünfzehn Jahren das erste Mal vom damals 45-jährigen Jefferson schwanger. Sie war zu allem Überfluss auch noch die Halbschwester von Jeffersons Ehefrau, denn Hemings war die Tochter seines Schwiegervaters und einer seiner Sklavinnen. Und selbst nach seinem Tod im Jahr 1826 entließ Jefferson Sally Hemings nicht in die Freiheit, sondern vererbte sie an seine Tochter Martha, die damit offiziell die Besitzerin ihrer Stiefmutter und ihrer Halbgeschwister wurde. Das passt dann schon eher dazu, dass Jefferson bereits 1792 die etwas gefühlskalt daherkommende Rechnung anstellte, dass jedes neugeborene Sklavenkind einem jährlichen Profit von etwa 4 Prozent entspräche.

In Anbetracht der Tatsache, dass die Sklaverei zu einem der dunkelsten Kapitel der Menschheit gehört – und ich wähle hier ausdrücklich den Präsenz, denn leider gibt es sie nach wie vor –, klänge es in meinen Ohren doch sehr euphemistisch, sie als Dummheit abzutun. Ganz sicher jedoch kann man das Verhalten für Jefferson, bei allem Respekt für seine sonstigen Errungenschaften, in diesem Zusammenhang für ausgesprochen dumm halten. Ein gutes Beispiel für das sprichwörtliche Predigen von Wasser, während man Wein trinkt.

Nachdem ich mir aus völlig freien Stücken in den letzten Passagen vermutlich Hausverbot in den USA und im Iran eingehandelt habe, darf auch ich getrost als dumm gelten, denn schließlich handelt es sich um zwei sehr schöne Länder voller wunderbarer Menschen. Und interessanter Gesetze. Die Vielfalt ist in den USA besonders groß, was natürlich daran liegt, dass es aus fünfzig Bundesstaaten besteht und zudem auch auf kommunaler Ebene Gesetze erlassen werden. Da lohnt sich ein genauerer Blick.

Und was dumme Gesetze angeht, sehe ich Arkansas ganz vorne. Dort ist es per Gesetz verboten, den Namen des Staates falsch auszusprechen. Dabei ist die richtige Aussprache eher ungewöhnlich für die englische Sprache: Das letzte s ist stumm, die drei Vokale sollen italienisch klingen und die Betonung liegt auf Silbe eins und drei. Ich finde ja, wer das hinkriegt, sollte zur Belohnung ein phänomenologisches Croissant kriegen. Chico hingegen lässt sich leichter aussprechen, aber leider ist es innerhalb dieser Ortschaft in Kalifornien explizit illegal, eine Atombombe zu zünden. Macht man es doch, kommt neben der atomaren Selbstauslöschung der Menschheit noch eine Strafzahlung von 500 Dollar auf einen zu.

In der EU gehört es zum guten Ton, mindestens einmal in seinem Leben die Nase zu rümpfen über die EU-Verordnung zur Länge von Bananen. Ich habe das bereits in der Einleitung dieses Buches abgewickelt. Wer das schon seltsam findet, möge bedenken, dass es in Connecticut verboten ist, eingelegte Gurken zu verkaufen, die nicht vom Boden hochspringen, wenn man sie aus dreißig Zentimeter Höhe fallen lässt. Das Gesetz von 1948 geht wohl darauf zurück, dass damals von gewissenlosen Gemüsehändlern versucht wurde, matschige Gurken zu verkaufen. Mich erinnert es jedenfalls deutlich an eine Angewohnheit meiner rumpeligen Jugend. Wir gingen gerne in Fast-Food-Restaurants, nahmen die Gurkenscheiben vom Burger und ließen sie mithilfe der Verpackungsfolie an die Decke schnipsen, wo sie regelmäßig kleben blieben. Leider liegt Connecticut nicht oberhalb von Nordrhein-Westfalen, sonst hätten wir uns die Gurken entgegengeworfen. Was für eine zauberhaft-dumme Vorstellung. Ganz am Rande bemerkt: Es ist vollkommen legal, Connecticut falsch auszusprechen. Auch wenn aus unerfindlichen Gründen gilt: Das zweite c ist stumm.

Apropos unerfindliche Gründe. Im Bundesstaat Georgia ist es verboten, ein Brathähnchen mit Besteck zu verzehren. Das Gesetz klingt ein wenig aus der Zeit gefallen, stammt aber aus dem Jahr 1961 und gilt bis heute. Noch 2009 wurde eine Dame namens Ginny D. beim Verzehr eines Hähnchens von einem Polizisten unterbrochen und über das Gesetz informiert. Die Dame war etwas überrascht, da sie noch nie von dem Gesetz gehört hatte und gerade ihren 91. Geburtstag feierte. Glücklicherweise war der Bürgermeister ebenfalls anwesend und ließ die Anklage fallen – unter der Auflage, dass Frau D. ihr restliches Hähnchen ohne Besteck aß.

Apropos mit den Händen: in Galesburg, Illinois, ist es verboten, freihändig Fahrrad zu fahren. Wer es dennoch macht, dem werden vermutlich freihändig Handschellen angelegt. Wirklich sonderbar wird es jedoch in French Lick Springs in Indiana, nicht nur wegen des entzückenden Ortsnamens. Dort ist es seit 1939 Gesetz, dass an jedem Freitag, dem 13., alle schwarzen Katzen eine Klingel um den Hals tragen müssen. In Wells im Bundesstaat Maine ist es hingegen ausdrücklich verboten, auf dem Grabstein eines Fremden Werbung zu machen. Wie eingangs dieses Kapitels erwähnt, weiß man, dass Gesetze in der Regel gemacht werden, um bestehendes unerwünschtes Verhalten zu sanktionieren. Es ist also davon auszugehen, dass zuvor jemand die Grabsteine fremder Menschen als Werbefläche für sich entdeckt hatte: »Ich bin wirklich am Ende mit den Nerven, seit Mutter gestorben ist.« – »Ja, Schatz. Aber sieh nur, bei McDonald's sind diese Woche Chicken Nuggets im Angebot.«

Wo wir gerade von Fett reden: In Minnesota ist es seit 1971 verboten, sogenannte Fettschweinjagden abzuhalten. Zuvor wurden bei diesem Spiel Schweine eingeölt oder eingefettet und mussten dann von Hand wieder eingefangen werden. Wobei mir dieses Gesetz weniger dumm erscheint als die Tatsache, dass es offenbar gebraucht wird. Dasselbe gilt für die Lage in Oklahoma, denn dort ist es gegen das Gesetz, sich auf einen Ringkampf mit einem Bären einzulassen. Wer es doch macht, wird zur Strafe zu einem Ringkampf mit einem Bären gezwungen, schätze ich.

Ein noch größeres Füllhorn der Geschichten ergießt sich über uns, wenn wir den Blick von normativen Regeln abwenden und auf ganz konkrete kriminelle Dummheiten richten. Ich meine, ganz grob gesprochen, haben wir uns mehr oder weniger auf die Regeln unseres Zusammenlebens geeinigt, und es ist natürlich erst mal bedauerlich, wenn diese Regeln dann gebrochen werden. Ein interessantes Phänomen in dem Kontext stellen die Leute dar, die glauben, außerhalb der Regeln zu stehen oder sogar deren Rechtmäßigkeit anzweifeln. In Deutschland gibt es zum Beispiel eine wachsende Anzahl von sogenannten Reichsbürger*innen, die nicht daran glauben, dass es die Bundesrepublik Deutschland wirklich gibt. Sie sägen mithin nicht an dem Ast, auf dem sie sitzen, sondern bestreiten, dass da überhaupt jemals ein Ast gewesen sei. »Aber worauf sitzt ihr denn dann?«, ist man geneigt zu fragen. »Auf dem unsichtbaren Boden des niemals aufgelösten Deutschen Reiches.«

Tatsächlich glauben Reichsbürger*innen, dass Deutschland nach wie vor besetzt ist von den Alliierten, und unsere Regierung halten sie für ein reines Scheinunternehmen. Zahlreiche von ihnen gründen darum eigene Staaten oder erklären sich zum König oder Staatsoberhaupt des Deutschen Reiches und wahlweise ihr Wohnhaus zum souveränen Territorium innerhalb einer nicht souveränen Bundesrepublik Deutschland. So gibt es bei uns in Bochum das Indigene Volk der Germaniten, also die Ureinwohner Bochums. Und der Ureinwohner von Löhne natürlich auch noch, denn dort haben sie ebenfalls einen Sitz. Die Germaniten vertreiben, neben ihren Hauptbeschäftigungen Geschichtsverleugnung und Informationen über angebliche Chemtrails, auch noch Wellness-Produkte und Jacken, das ist ja mehr oder weniger der logische nächste Schritt. Alruna's bioenergetischer Germanitentrunk enthält nach ihren Angaben reichlich Huminsäuren und Fulvicsäuren und ist mehr oder weniger ein flüssiger Dünger aus zersetzten Pflanzen. Bezahlt wird das natürlich in Euro, nicht in Reichsmark. Ist klar. Weniger witzig, aber mindestens genauso dumm ist es, dass Reichsbürger immer wieder mit dem Gesetz in Konflikt geraten und teils ihren Kult um eine »anti-deutsche Verschwörung« mit rechten Ideologien, Gewaltbereitschaft und Waffenbesitz zu einem Drink mixen, gegen den sogar der bioenergetische Germanitentrunk sehr harmlos und gesund wirkt.

Doch werfen wir einen Blick auf die Verbrecher*innen, die nicht die Gesetze an sich aushebeln wollen, sondern sich einfach nur dumm anstellen beim Versuch, das Gesetz zu brechen. Die vielleicht meistzitierte Geschichte eines dummen Verbrechens geschah Mitte August 1975 in einem Ort namens Rothesay in Schottland. Ich bin bei der Recherche so oft über diese legendäre Geschichte gestolpert, dass ich schließlich überprüfen musste, ob sie wirklich stimmt. Und tatsächlich ließ sich ein 44 Jahre alter Artikel aus der Lokalpresse auftreiben, der sie bestätigt.

Was war passiert? Während eines schönen Sommertages hatten sich drei vermutlich angetrunkene Männer entschlossen, eine Bank zu überfallen. Jedoch scheiterten sie bereits beim Betreten der Bank, denn sie liefen falsch herum in die Drehtür und blieben stecken. Das sorgte natürlich für einiges Aufsehen, bis ein hilfsbereiter Mitarbeiter der Bank das Trio befreite. Es wusste zu diesem Zeitpunkt schließlich noch niemand, dass sie eigentlich gekommen waren, um die Bank zu überfallen. Und nach ihrer Befreiung schien es den dreien nicht angemessen, das Verbrechen fortzusetzen, also zogen sie sich zurück. Wie es scheint, tranken sie sich aber nur erneut Mut an, denn kurze Zeit später kamen sie wieder zur Bank. Diesmal schafften sie es sogar, richtig herum durch die Drehtür zu kommen. Lautstark verlangten sie, dass man ihnen 5000 Pfund aushändigen solle. Die Bankangestellten nahmen das Trio jedoch nicht ernst, denn sie erkannten sie natürlich und begannen zu lachen, denn sie hielten das Ganze für einen gelungenen Scherz. Mit dieser Reaktion hatten die drei nicht gerechnet, und vor Schreck reduzierten sie ihre Forderung erst auf 500, dann sogar auf 50 Pfund. Was die Belustigung der Belegschaft jedoch nur noch weiter steigerte. Nun wurde der Anführer langsam sauer. Um seiner Forderung Nachdruck zu verleihen, wollte er auf den Tresen springen. Dabei rutschte er jedoch aus, fiel herab und verstauchte sich den Fuß. Die beiden anderen gerieten in Panik und wollten flüchten. Sie rannten jedoch erneut falsch herum in die Drehtür und blieben stecken. So haben sich alle drei schließlich selbst zur Strecke gebracht und mussten nur noch von der Polizei eingesammelt werden. Ach, wenn es uns doch alle Verbrecher*innen so einfach machen würden.

Oder nehmen wir den Plan von Gary R., einem Schotten, der 2014 eine Bank überfallen wollte. Seine Tatwaffe? Eine Gurke, über die er eine schwarze Socke gezogen hatte. Und ich möchte hervorheben, dass ich mir die Gurke ja noch erklären kann. Gurken sind ja quasi die Schlagstöcke der Natur. Außerdem haben sie eh etwas schwerkriminelles an sich, zumindest, wenn sie nicht aus eigener Kraft vom Boden hochspringen können. Aber was sollte das mit der schwarzen Socke? Sollte die Gurke bedrohlicher wirken? War der Gurke kalt? Man weiß es nicht.

Ein komplettes eigenes Buch ließe sich übrigens füllen mit Leuten, die sich mit gestohlenen Handys selbst fotografieren und vergessen, dass viele Smartphones automatisch die Bilder in die Cloud hochladen. Oder die die Bilder aus Versehen an Bekannte des Opfers verschicken. Oder die sich mit gestohlener Ware oder während eines Einbruchs oder in einem geklauten Auto fotografieren – und das dann selbst veröffentlichen. Gerne auch inklusive Standort. Diese sind dann so einfach zu fassen wie Donald P., ein US-Amerikaner, der mit seinem Fahndungsfoto nicht einverstanden war und sich darum an die Polizei wandte, um ein schöneres Bild von sich einzureichen. Oh, Zauber der Eitelkeit. Es scheint, das Zeitalter sozialer Medien hat der Polizei die Arbeit in dem Bereich deutlich einfacher gemacht. Da lobe ich mir fast schon die eher traditionellen dummen Kriminellen, die es ganz analog schaffen, zu ihrer eigenen Festnahme beizutragen.

Pure Faszination löst für mich der Fall des Mohammad Ashan aus, einem niedrigen Offizier der Taliban, der 2012 an einen Checkpoint in Afghanistan kam. Dort zeigte er auf ein an der Wand hängendes Fahndungsfoto von sich selbst und forderte die hundert Dollar, die dort für seine Festnahme versprochen waren. Schließlich hatte er sich ja selbst festgenommen. Ein pures Genie bei der Arbeit. Ein bisschen schwieriger machte es der polnische Autor Krystian B. der Polizei, der in seinem Buch *Amok* von 2003 unter anderem ausführlich einen Mord schilderte. Das Buch wurde zum Bestseller, und einige Polizist*innen, die es lasen, stellten fest, dass die Details des geschilderten Mordes einem ungelösten Fall stark ähnelten. Sie gruben die Akte wieder aus und stellten fest, dass das Opfer in diesem sehr realen Fall tatsächlich ein Bekannter von B. gewesen war und seiner Vermutung nach eine Affäre mit dessen Frau gehabt hatte. Man sollte sich beim Schreiben von Büchern gerne an der eigenen Biografie orientieren, aber wohl auf keinen Fall Verbrechen zugeben. Ich habe jedenfalls damals den Kuchen nicht gegessen, den Mutter zum Kühlen auf der Fensterbank stehen gelassen hatte. Wirklich nicht. Apfel-Mandel-Kuchen war das. Wirklich lecker. Vermute ich. Wissen kann ich das nicht. Äh ... Ich muss weg.

Fast genauso clever stellte sich ein flüchtiger Moped-Fahrer im Münsterland an. Um nicht von der Polizei erwischt zu werden, versteckte er sich in einem Hühnerstall. Allerdings passierte das auf dem Privatgrundstück eines Polizisten. Dieser schaute natürlich nach, wer denn da in seinem Hühnerstall Motorrad fährt, und bemerkte, dass es sich nicht um seine Oma gehandelt hatte. Und dann sind da noch Joey Miller and Matthew McNelly, die sich das Geld für teure Skimasken sparen wollten und sich daher vor einem Einbruch einfach mit Edding eine Maske ins Gesicht malten. Richtig guter Plan, zumindest bis sie versuchten, nach dem Einbruch die Maske auszuziehen, um unauffällig nach Hause zu gehen. Das klappte ohne Wasser, Seife und sehr viel Zeit nicht. Die beiden wurden von der nächsten Polizeistreife aufgrund ihrer Gesichtsbemalung angehalten und festgenommen.

Den Rekord dafür, es der Polizei einfach zu machen, geht aber an einen Mann aus Ossining, New York. Der 23-jährige Blake Leak hatte einen kleinen Supermarkt überfallen und war dann geflohen. Zwei Polizisten, die ihn verfolgt hatten, stolperten, und Leak nutzte den entstandenen Vorsprung, um sich im Hof eines großen Gebäudes zu verstecken. Das Gebäude war das Hochsicherheitsgefängnis Sing-Sing. Einer der Wächter nahm Blake umgehend fest. Fast ein bisschen süß fand ich hingegen Charles F., einen Texaner, der versuchte, einen Scheck über 360 Milliarden Dollar einzulösen. F. wurde natürlich wegen Scheckbetrugs festgenommen und, wie jemand im Internet kommentierte, hoffentlich zu einer Million Trillionen Jahren Gefängnis verurteilt.

Frank S. hat einen anderen Rekord aufgestellt. Er war gerade frisch aus dem Knast entlassen, als er feststellte, dass niemand ihn abholen kam. Also überfiel er direkt auf dem Parkplatz eine Frau in einem Auto und zwang sie, das Fahrzeug zu verlassen. Er setzte sich hinein, stellte fest, dass der Wagen keine Automatik hatte, sondern eine Gangschaltung, mit der er nicht umgehen konnte. Bis er es gelernt hatte, stand die Polizei schon neben ihm und hat ihn in Rekordzeit wieder ins Gefängnis gebracht. So schnell hat das vor ihm noch niemand geschafft. Und alles nur, weil er zu faul zum Laufen war, wie er später im Verhör angab.

Richtig gemein ist es ja, wenn die Polizei ahnt, dass der ein oder die andere Verbrecher*in eventuell nicht der cleverste Schraubenschlüssel im Werkzeugkasten ist. In diese Kategorie fällt wohl auch der Fall von Chastity Eugina H. Die gute Dame hatte auf der Facebook-Seite ihrer lokalen Polizeiwache gelesen, dass sich alle Meth-User bitte melden und ihre Drogen zur Kontrolle bei der Polizei vorbeibringen sollten, weil angeblich Crystal Meth mit Ebola im Umlauf sei. Also meldete sich Frau H. beim Granite Shoals Police Department in den USA mit ihrem Beutel voll Meth und wurde natürlich umgehend festgenommen.

Auch die folgenden drei Kriminellen haben sich quasi selbst überführt, einmal mit Sprache, einmal schriftlich, und dem Dritten gelang es sogar nonverbal. Doch beginnen wir mit einer Frau aus Calgary in Kanada. Sie rief die Polizei und meldete den Diebstahl ihrer Diamanten. Charanjit M., der Polizist vor Ort, war recht überrascht, als die Frau in seiner Anwesenheit einen Anruf ihres Vaters entgegennahm. Sie unterhielt sich mit ihm auf Französisch und berichtete ihm, dass sie gerade dabei sei, ihre Geldprobleme zu lösen, indem sie die Versicherung betrüge. Was die Frau nicht ahnte: Der Polizeibeamte sprach sechs Sprachen, inklusive Französisch. Recht absehbar, wie sich die Situation weiterentwickelte: »Merci beaucoup. Je vous arrête.«

Schriftlich schaffte die Selbstüberführung ein Mann aus Iowa, der als Hohekünstler des Identitätsbetrugs gelten muss. Er flog auf, als er sich mit einem gestohlenen Ausweis Zugang zu einem Club verschaffen wollte. Das Problem daran? Nun, der Türsteher war ein wenig überrascht, als er auf den angeblichen Ausweis des Mannes schaute – es handelte sich um seinen eigenen Ausweis. Einer von den beiden musste daraufhin ins Gefängnis.

Und wie man es ganz ohne Worte schafft, demonstrierte ein Mann, der vor Gericht vom englischen Rechtsanwalt F. E. Smith verhört wurde. Der Mann gab vor, nach einem Busunfall seinen

Arm nicht mehr richtig heben zu können. Unter Schmerzen zeigte er, dass es nur noch bis maximal zur Schulterhöhe ging. Der Anwalt bat daraufhin den Mann, wie hoch er den Arm denn vor dem Unfall heben konnte, woraufhin dieser seinen Arm komplett in die Luft streckte. Erst in dem Moment dürfte ihm sein Fehler aufgefallen sein.

Zu Gesetz und Verbrechen gehören natürlich auch Strafen. Und die endgültigste Strafe, die es bis heute in vielen Ländern gibt, ist die Todesstrafe. Wie diese ausgeführt wird, ist sehr unterschiedlich. Die Guillotine assoziiert man im Allgemeinen mit der Zeit der Französischen Revolution und der darauffolgenden Schreckensherrschaft, *La Terreur*. Sie wurde tatsächlich jedoch bis 1977 in Frankreich eingesetzt. Da war die Revolution schon lange vorbei. Mit der Ära der Guillotine endete glücklicherweise auch die Ära der Todesstrafe, zumindest in Westeuropa. Eine Weile lang galt der elektrische Stuhl als »humanere« Methode der Hinrichtung. Das lass ich jetzt einfach mal so stehen.

Ein besonderer Fall war jedoch Kaiser Menelik II. von Abessinien, dem heutigen Äthiopien. Er hatte 1890 vom elektrischen Stuhl gehört und sich sofort drei davon bestellt. Erst als diese geliefert wurden, stellte er fest, dass er sie nicht benutzen konnte. Denn es gab in seinem Land zu dieser Zeit noch keine Stromversorgung. Kurz entschlossen ließ er einen der Stühle umdekorieren und benutzte ihn fortan als Thron. Wir lernen: Todesstrafe ist dumm. Legendär ist bis heute, was Britney Spears vor vielen Jahren in einem Interview mit der Illustrierten *Gala* zu diesem Thema sagte: »Ich bin für die Todesstrafe. Wer schreckliche Dinge getan hat, muss eine passende Strafe bekommen. So lernt er seine Lektion für das nächste Mal.«

Die Todesstrafe forderten 1545 auch einige französische Winzer, die Insekten verklagten. Der Tatvorwurf war die Zerstörung zahlreicher Rebstöcke, was die Winzer in ihrer Existenz bedrohte. Es kam zum Gerichtsverfahren, die Insekten erhielten einen Anwalt – trotzdem verloren sie den Fall. Vielleicht war ein damals schon historischer Fall ihr Vorbild. Im 13. Jahrhundert wurde in Mayenne ein Mückenschwarm verklagt. Nicht überliefert ist, ob diese hinter Gittern kamen oder in Ketten gelegt wurden. Oder mit dem Flohgewehr erschossen wurden.

Auf ein etwas größeres Tier war nach einem Zeitungsbericht von 1924 der Gouverneur von Pennsylvania, ein gewisser Gifford Pinchot wütend, denn seine Katze war getötet worden. Anderen Quellen zufolge ist hingegen nur ein Sofa zerstört worden. Als Schuldigen jedenfalls identifizierte Pinchot den Hund Pep, einen schwarzen Labrador, den er daraufhin ins Gefängnis brachte. Von Pep wurde sogar ein Mug Shot gemacht, ein Verbrecherfoto, bevor er in die Haftanstalt Eastern State Penitentiary in Philadelphia kam, wo er tatsächlich den Rest seines Lebens verbrachte, zusammen mit anderen Schwerverbrechern wie Al Capone, der von 1929 bis 1930 ebenfalls dort einsaß.

Ich kann mich nun nicht in jede Lebenssituation eines Kriminellen oder einer Kriminellen hineinversetzen. Und es gibt sicher Fälle, in denen Notsituationen Menschen dazu bringen, Gesetze zu übertreten. Vielleicht sollte man trotzdem ein bisschen nachdenken vorher. Und im Idealfall, ich weiß, es klingt vermutlich verwegen, aber im Idealfall sollte man über die Option nachdenken, kein Verbrechen zu begehen. Was die Option eines Bankraubs angeht, denken Sie immer an die in anderem Zusammenhang bereits zitierten, weisen Worte Bertolt Brechts: »Der Bankraub ist eine Initiative von Dilettanten. Wahre Profis gründen eine Bank.« Daran ist nichts Illegales. Aber wundern Sie sich nicht, falls eines Tages tausend Papageien über Ihnen kreisen.

Die vorliegenden Dummheiten in diesem Kapitel gründen fast alle in der Verfehlung eines Zwecks, mithin in der Anwendung von Wissen. Die absurden Gesetze tragen wenig bis gar nichts dazu bei, das Leben der Bürger*innen besser oder sicherer zu gestalten, und machen im Zweifel Leute mit Gabeln, einem ausgesprochenen Konsonanten zu viel oder Präsidenten mit einem Twitter-Account zu Kriminellen. Die Verbrecher*innen flüchten in die falscheste Richtung, veröffentlichen und verraten sich und ihre kriminelle Aktivität oder ziehen Socken über ihre Gurke.

Mangelndes Wissen kann man den Kriminellen nur selten attestieren, denn im Grunde ist vermutlich jeder und jedem klar, dass man seine Verbrechen eher geheim halten oder mit einer Schusswaffe einigermaßen vorsichtig sein sollte. Aber es gibt halt jeweils eine starke Gegenmotivation, die hier in den meisten Fällen die vermeintliche Chance gewesen sein dürfte, sich mit illegalen Mitteln schnellen Reichtum zu verschaffen. Zu welch spektakulärem Scheitern dieser Ausgang des Menschen aus der eigenen Unschuldigkeit führt, darüber kann man schon mal lachen. Was mich hingegen wirklich ein wenig betrübt, ist der Umstand, wie leicht wir scheinbar dazu bereit sind, uns zu Opfern machen zu lassen. Und dann taten- und wortlos zusehen, wenn es dem Staat nicht oder nur sehr eingeschränkt gelingt, die Verbrecher*innen zur Rechenschaft zu ziehen. Vielleicht müssen wir als Gesellschaft sehr viel mehr Papageien trainieren.

12. Dumm bei der Arbeit

»We don't make mistakes, just happy little accidents.«

Bob Ross

Immer eine gute Gelegenheit für Dummheiten ist Arbeit. Nicht nur, weil wir viel Zeit mit Arbeit verbringen, sehr viel mehr übrigens, als uns die maschinelle Revolution mal versprochen hatte, sondern weil es einfach viele Berufe gibt, die sich hervorragend dazu eignen, folgenreiche und groß angelegte Dummheiten zu begehen.

Zum Beispiel kann man Bomberpilot sein. Ein solcher ließ im Jahr 1958 eine Atombombe aus seiner Boeing B47E fallen. Das ist nie eine gute Sache, aber in dem Fall war es noch ein bisschen dümmer, denn es passierte aus Versehen. Obwohl, das kann ja jedem mal passieren. Ich weiß, ich sollte mich mal locker machen. Gerade ich, dem vorhin erst ein moldawischer Austauschstudent in den Cappuccino gefallen ist, sollte jetzt nicht den Moralapostel spielen, das steht mir einfach nicht zu. Also, weiter im Text, das Flugzeug mit der Bombe befand sich zu dem Zeitpunkt mitten in der Heimat, genauer gesagt am Himmel über South Carolina in den USA. So fiel die Bombe in den Gemüsegarten einer Familie. Es entstand ein zehn Meter tiefes Loch. Glücklicherweise war gerade niemand dabei, Tomaten zu pflücken, und die Bombe ging auch nicht hoch. Ob die Bombe deswegen nicht explodierte, weil sie dachte, sie sei in Chico, Kalifornien, wo Atombomben ja explizit verboten sind, ist leider nicht überliefert.

Ebenso wenig gibt es ein Foto des Gesichtsausdrucks der Bauernfamilie, die eines Morgens aus dem Fenster und statt einem Gemüsegarten einen zehn Meter tiefen Krater mit einer Atombombe in der Mitte sah. »Elaine?« – »Ja, John?« – »Sag mal, hast du im Garten eine Atombombe gepflanzt?« – »Na klar, John. Ich hoffe, dass daraus Weltfrieden wächst. Man muss sie zweimal die Woche gießen.« – »Ah. Okay.«

Unter ganz besonderen Umständen kann eine vermeintliche Dummheit auch ein ganz hervorragendes Resultat hervorbringen. Im Jahr 1964 sank ein Schiff voller Schafe in einem Hafen in Kuwait. Das ist dramatisch genug, insbesondere für die Schafe. Aber es resultierte noch ein weiteres großes Problem daraus: Würde man das Schiff nicht zeitnah heben, würden die Kadaver der Schafe das Wasser vergiften. Nur blieb die Frage, wie man das Schiff hochkriegen sollte, denn für Kräne war es nicht erreichbar.

Der dänische Ingenieur Karl Kröyer hatte eine Idee beziehungsweise erinnerte sich an etwas, das er in einem Comic gelesen hatte. Noch genauer gesagt klaute er eine Idee von Donald Duck, der im Comic *Die gesunkene Yacht* ein Schiff anhebt, indem er es mit Tischtennisbällen füllt. Nun mag es außerordentlich unkonventionell wirken, wenn ein Ingenieur einen verrückt anmutenden Plan von Donald Duck als Vorlage nimmt – nicht wenige würden sagen, bei sehr ernsten Problemen eine Lösung in einem Comic zu suchen sei sogar schlicht dumm. Kröyer probierte es trotzdem mit der Methode. und siehe da, allen Unkenrufen zum Trotz funktionierte es tatsächlich. Kröyer setzte 65 Tonnen kleiner Bälle aus Polystyrol ein – und tatsächlich stieg das Schiff wieder an die Oberfläche. Das Patent an dem Verfahren erhielt übrigens Kröyer – und nicht Donald Duck.

Atari und Hewlett-Packard werden sich vielleicht bis heute ärgern, dass sie gewisse junge Herren namens Steve Jobs und

Steve Wozniak abgelehnt haben, die gerne bei ihnen arbeiten wollten. Stattdessen gründeten die beiden halt eine eigene Firma namens Apple. Den beiden war jedoch auch selbst bewusst, dass sie recht jung und exzentrisch waren, darum gründeten sie die Firma gemeinsam mit Ronald Wayne, der als eine Art Vater auf die beiden Genies aufpassen sollte. Wayne stieg jedoch schon 1976 aus der Firma wieder aus. Die Aufgabe wurde ihm zu krass, er beschrieb den Versuch der Zusammenarbeit mit den beiden mal mit den Worten, es sei »wie einen Tiger am Schwanz festzuhalten«. Und so akzeptierte Wayne für seine zehn Prozent Firmenanteil eine Abfindung in Höhe von 800 Dollar. Jep, er hat 10 Prozent von Apple für 800 Dollar verkauft. Falls Sie nicht wissen, warum ich das bemerkenswert finde: Heute, gute vierzig Jahre später, wären seine 10 Prozent mehr als 30 Milliarden Dollar wert. Falls Sie nicht wissen, warum ich das bemerkenswert finde: Das ist ein kleines bisschen mehr als 800 Dollar. Aber Ronald Wayne nimmt diesen Verlust immerhin mit Humor. In einem Interview sagte er 2013 der *Daily Mail*: »Wenn ich bei Apple geblieben wäre und die Einschränkungen meiner Lebensphilosophie akzeptiert hätte, wäre ich jetzt vielleicht der reichste Mann auf dem Friedhof.« Dank seines Ausstiegs blieb er entspannt und hat überlebt. Heute handelt er übrigens mit Briefmarken aus seinem Mobile Home in der Wüste Nevadas heraus. Es scheint, er hat seinen Frieden gefunden und seinen Weg gemacht. Dumm kann man das also eigentlich nur nennen, wenn man Geld wichtiger findet als Glück. Das wiederum wäre aber dumm.

Manchmal sind es jedoch auch gerade die kleinen Dinge, die das Leben dumm machen. Nehmen wir zum Beispiel einen Farbschaber. Sie wissen schon, so ein kleines flaches Werkzeug, mit dem man Farbe von Wänden kratzen kann. Im September 1978 ließ ein Arbeiter einen solchen Farbschaber fallen. Das kleine Ding war damals lediglich einen halben Dollar wert. Kaum bemerkenswert im Prinzip, manch einer wäre nicht mal hinterhergeklettert, sondern hätte sich schlicht einen neuen Schaber gekauft. »Im September 1978 ließ ein Arbeiter einen Farbschaber fallen« wäre vermutlich auch die langweiligste Schlagzeile der Welt. In diesem konkreten Fall lagen die Dinge allerdings etwas anders. Der Farbschaber fiel genau in den Torpedoschacht eines Atom-U-Boots und war leider nicht mehr herauszukriegen. Das Boot musste also ins Trockendock und die Reparatur kostete am Ende 171 000 Dollar. Also den Gegenwert von 342 000 Farbschabern oder etwa das etwa 21-Fache der gesamten Firma Apple zu diesem Zeitpunkt.

Nachdem wir bereits gesehen haben, wie ein Cartoon helfen kann, große Probleme bei der Arbeit zu lösen, kommen wir nun zu einem sehr cartoonartigen Arbeitsunfall. Im Jahr 1980 haben Arbeiter unter dem Lake Peigneur nach Öl gebohrt. Dabei haben sie leider vergessen, vorher zu prüfen, ob vielleicht ein Bergwerk unter dem See ist. Als sie also durch den Grund des Sees hindurch bis in eine Salzmine hineinbohrten, haben sie dem See quasi den Stöpsel gezogen, und er ist komplett leergelaufen. Mit dem See verschwanden der fünf Millionen Dollar teure Bohrer, diverse Boote, eine kleinere Insel und ein Gewächshaus in dem Loch. Alles abgespült in den Untergrund. Nur nicht Leone Viator Junior und sein Neffe. Die beiden saßen zu der Zeit in einem kleinen Boot zum Angeln auf dem See, zum Glück in einiger Entfernung zu dem Loch. Doch der See lief so plötzlich leer, dass sie mit einem Mal auf dem Trockenen saßen. In diesem Kapitel geht es scheinbar viel abwärts, immer wieder wird gesunken oder gefallen, und da macht auch die nächste Geschichte keine Ausnahme.

Im September 1980 fiel einem Arbeiter in Arkansas ein Schraubenschlüssel runter. Ich weiß, was Sie jetzt sagen wollen:

»Lass mich raten, Sebastian, der Schraubenschlüssel fiel in den Torpedoschacht eines U-Bootes, und dieses musste dann für 171 000 Dollar repariert werden?« Im Prinzip ein sehr guter Gedanke, Sie haben schon gelernt, dass Geschichte sich gerne mal wiederholt. Aber diesmal lief es etwas anders. Der Schraubenschlüssel fiel nicht in einen Torpedoschacht, sondern auf eine Atomrakete. Bei einem solchen Vorgang sollte eigentlich nicht viel passieren, denn natürlich explodieren Atomraketen nicht bei der kleinsten Erschütterung. Sonst wäre das Loch im Gemüsegarten in Nevada auch wesentlich größer ausgefallen. Allerdings beschädigte das Werkzeug eine Benzinleitung. Das war denkbar ungünstig. Sofort wurde der Gebäudekomplex evakuiert. Und tatsächlich explodierte das komplette Gebäude. Die Atombombe wurde dabei 200 Meter hoch in die Luft geschleudert. Und fiel dann wieder runter. Aber sie explodierte nicht. Trotzdem haarsträubend, die Geschichte. Jetzt versteht man besser, warum im kalifornischen Chico Atomexplosionen streng verboten sind, oder?

Falls Sie vorhin dachten, dass die 171 000 Dollar für die Reparatur des U-Bootes rausgeschmissenes Geld waren, sollten Sie die folgende Geschichte vielleicht überspringen. Im Jahr 1976 wurde in Michigan das Merrill Township Community Center eröffnet. Baukosten des Projektes waren 280 000 Dollar, ich erspare Ihnen jetzt mal die erneute Rechnung, wie oft man Apple dafür hätte kaufen können. Nun ist der Punkt, dass dieses Community Center leider nicht ganz so viele Besucher*innen hatte wie erhofft. Nämlich genau null. Ein Sprecher des Projektes erklärte, dass man zwar ein volles Programm mit Kursen, Tanzabenden und Beratungsangeboten bereitgestellt hatte, um neuen Schwung in die Gemeinde zu bringen. Allerdings sei das Zentrum inmitten eines abgelegenen Waldes gebaut worden. Während der Bauphase ist dann leider das Geld für die Errichtung einer Straße ausgegangen. Es gab also schlicht keine Möglichkeit, das Community Center zu erreichen. Also blieb die Community halt zu Hause.

Unfreiwillig zu Hause blieben in ganz anderem Kontext im Jahr 1981 in Ameglia in Italien gleich mehrere große Kriegsschiffe, die für die malaysische Regierung gebaut wurden. Allerdings liegt Ameglia nicht am Meer, sondern am Fluss Magra. Um zum Meer zu gelangen, mussten die Schiffe unter der Colombiera-Brücke hindurch, beziehungsweise hätten gemusst, denn die Brücke war zu niedrig oder die Schiffe zu hoch. Oder sogar beides. Jedenfalls konnten sie nicht geliefert werden. Die Firma hat sogar noch versucht, bei der Stadt zu erwirken, dass sie auf eigene Kosten die Brücke ab- und wieder aufbauen würden, das wurde jedoch abgelehnt. Und so blieb man auf den Schiffen sitzen. Was lernen wir daraus? Waffenexporte sind dumm. Also, dieser hier auf jeden Fall.

Kaum professioneller war die Arbeitshaltung eines Arbeiters namens Woods, der als Mechaniker für die US Navy beim Jacksonville Air Depot arbeitete. Da es dort immer wieder zu technischen Problemen bei Flugzeugen kam, startete die Navy im Jahr 1987 eine Untersuchung und fand heraus, dass der Mechaniker schlicht kein Mechaniker war. Es handelte sich um einen Hochstapler, der keinerlei Ahnung von Flugzeugen hatte. Dennoch hatte er über Jahre Teile der Flugzeuge auseinander- und wieder zusammengebaut. Dass dabei immer wieder einzelne Schrauben überblieben, störte ihn offenbar nicht groß. Auch, wenn genau das der Grund für die Häufung der technischen Schwierigkeiten war. Aber hey, ich sag mal so, wenn ich versuchen würde, ein Flugzeug auseinander- und wieder zusammenzubauen, würden auch Teile überbleiben. Vermutlich sogar alle Teile. Insofern schon ein bisschen beeindruckend, was der Mann geleistet hat.

Die Navy zeigte sich recht humorbefreit in dieser Sache und löste einen weltweiten Alarm aus. Alle Flugzeuge der Bauarten A-4 Skyhawk, der A-6 Intruder und der EA-6b Prowler mussten am Boden bleiben und komplett durchgecheckt werden. Insgesamt über 300 Maschinen waren betroffen. Und das hatte ein einzelner Mann geschafft. Er darf als noch größerer Pazifist gelten als die Möwe aus dem Kapitel *Krieg, Gewalt und Katzenbildchen*, die im Benin drei Kampfflugzeuge mit einem Golfball zerstört hat: »Pah, Möwe, drei Flugzeuge, lächerlich. Watch and learn.«

Im Jahr 2000 gab es am anderen Ende der USA ein Gerichtsverfahren gegen die Pacific Gas & Electric Company. Dieser wurde vorgeworfen, die Vegetation um die Stromleitungen herum nicht genügend zurückzuschneiden. Das Gerichtsverfahren musste allerdings zwischenzeitlich unterbrochen werden. Es gab einen Stromausfall, da Bäume auf die Leitungen gefallen waren. Danach kamen die Argumente der Anwälte der Firma vermutlich nicht mehr ganz so selbstbewusst rüber.

Moment, sagen Sie, kenne ich den Namen Pacific Gas & Electric Company nicht irgendwo her? Ja, vielleicht aus jüngeren Nachrichten, aktuell steht die Firma im Verdacht, Ende 2018 durch unzureichend gesicherte Leitungen die verheerenden Waldbrände in Kalifornien verursacht zu haben. Diese Waldbrände, die insbesondere die Stadt Paradise in Kalifornien verwüsteten, bedrohten aber auch die Nachbarstadt Chico – zum Glück sind dort, wie wir wissen, Atombomben verboten. Und bestimmt auch Waldbrände.

Eine Sache noch zum Thema Atombomben. Ich weiß, ich schreibe in diesem Buch viel über diese Bomben, es ist aber auch wirklich eine der dümmsten Sachen, die der Mensch je erfunden hat. Angeblich hat Einstein mal gesagt, dass eine Maus keine Mausefalle bauen würde, der Mensch aber Atombomben. Wer weiß, vielleicht stecken da ja die Mäuse hinter. Womöglich wollen sie sich auf grausame Art rächen für all die Experimente mit Discomusik, die die Menschheit an ihnen durchgeführt hat. Aber vielleicht hatte ich heute auch einfach schon zu viel Kaffee.

Andere sind im Umgang mit Atombomben jedenfalls deutlich optimistischer als ich. So schlug der amerikanische Präsident Donald Trump, der sich vermutlich auch nicht wundern darf, mehrmals in diesem Buch erwähnt zu werden, im August 2019 vor, man könnte doch Hurrikans, die sich den USA annähern, mit Atombomben zerstören. Aber sicher, Herr Trump. Und wenn es regnet, ballern wir die Tropfen mit AK47 Sturmgewehren aus der Luft. Deswegen heißen die ja Sturmgewehre.

Es ist mir wichtig festzuhalten, dass Trump an dieser Stelle nicht den dümmsten Vorschlag zum Thema gemacht hat. Die demokratische Präsidentschaftskandidatin Marianne Williamson schlug vor, man könne den Kurs des Hurrikans Dorian doch per Gedankenkraft umlenken. Einfach zwei Minuten meditieren, dann läuft das. Inzwischen ist der entsprechende Tweet mit einer Atombombe zerstört oder zumindest gelöscht worden, aber wie es halt so ist: Das Internet vergisst nichts.

Nicht nur für Bewerberinnen um das Amt der US-Präsidentin gilt, dass die Dummheiten bereits starten können, bevor der Job beginnt. Schon das Bewerbungsgespräch bietet reichhaltige Möglichkeiten, seine Fähigkeiten zur situativen Dummheit unter Beweis zu stellen. Oder zu demonstrieren, dass man richtig dolle Lötfehler auf der Platine hat. Es finden sich im Netz zahlreiche Sammlungen von völlig in die Hose gegangenen Bewerbungsgesprächen, darunter so feine Beispiele, dass es kaum relevant ist, ob sie wirklich wortgetreu so stattgefunden haben. Schließlich ist uns allen klar: Das könnte so passiert sein. Und mehr muss man über die Menschheit in dieser Situation nicht wissen.

Da wäre etwa die Dame, die einen Fragebogen für ihren potenziellen Arbeitgeber ausfüllte. Es gab die Rubrik »Beschreiben Sie mit einem Wort Ihre größte Stärke im Beruf«. Ihre, zugegeben etwas mehr als ein Wort umfassende, Antwort war: »Ich kann sehr gut und gewissenhaft Anweisungen ausführen.« Nun ist verständlich, wenn man bei einem Bewerbungsgespräch aufgeregt ist und sich mal verspricht oder etwas missversteht. Aber so kunstvoll eine Anweisung falsch befolgen, dass man gleichzeitig behauptet, man sei gut darin, Anweisungen zu befolgen, das ist schon eine hohe Schule des Scheiterns.

Ein Personaler schildert, dass die allermeisten Leute, die kein Hobby haben, unter Hobbys in eine Bewerbung Lesen schreiben. Nun sind die Bewerber*innen in der Regel nicht darauf gefasst, dass das jemand liest und ernst nimmt. Trifft man sie zum Gespräch und fragt sie nach ihrem Lieblingsbuch, können seiner Aussage nach 90 Prozent keine Antwort geben. So schnell kann eine Jobchance wieder weg sein, denn kein Personaler will belogen werden. Also sagen Sie in Zukunft einfach: Mein Lieblingsbuch ist *Cogito, ergo dumm*. Problem gelöst. Den Job kriegen Sie dann wahrscheinlich auch nicht, aber Sie sind mit etwas mehr Würde gescheitert.

Gut ist ja, wenn auch die Bewerber*innen ein paar Fragen stellen und schauen, ob man wirklich zusammenpasst. Vielleicht knapp am Ziel vorbei war die erste Frage eines Bewerbers, wo denn von der potenziellen Arbeitsstelle aus gesehen die nächste Bar wäre. Oder der Bewerber, der während des Gesprächs eine mitgebrachte Pizza aß und mit vollem Mund antwortete.

Im Prinzip sehr ehrlich und gut fand ich hingegen die Aussage eines Bewerbers, er sei mehr so der soziale Typ und weniger ein Zahlenmensch. Für eine Bewerbung sicherlich gut, aber leicht suboptimal für einen Job in der Buchhaltung. Bis heute lachen muss ich über den Bewerber, der bei seiner

Wunschfirma im Bewerbungsbogen bei Familienstand angegeben hat: gehoben. Das ist doch gut zu wissen, wenn jemand aus einer gehobenen Familie zu einem in die Firma kommen möchte: »Eine regelrechte Ehre, Herr von und zu, der Dritte. Nehmen Sie doch gerne einen unserer Jobs, wie wäre es mit meinem? Darf es eine Pizza dazu sein?« Das wird nur übertroffen von der Angabe des Beziehungsstatus: »Läuft.«

Manchmal muss man aber auch mal an seine Grenzen gehen, um zu zeigen, dass man bereit ist, alles zu geben. So wie ein junger Mann, der für ein Bewerbungsgespräch weit gereist war und bekannte, dass sei ihm aufgrund von Bewährungsauflagen eigentlich gar nicht gestattet. Aber für seinen Traumjob würde er gerne das Risiko eingehen, ins Gefängnis zu kommen. Es mag überraschen, aber das ist nicht exakt das, was potenzielle Arbeitgeber*innen hören wollen. Da kann man auch gleich sagen, dass man seinen vorigen Job verloren hat, weil man dort den Chef verprügelt hat. Und ja, auch das hat jemand gemacht.

Ganz wichtig ist heutzutage, dass man unter seinem Klarnamen öffentliche Profile auf sozialen Medien hat, damit jeder potenzielle Arbeitgeber sehen kann, was man für Tier-GIFs liebt, welchen YouTuber man am liebsten erschießen würde und auf welchen Partyfotos man kotzend in der Ecke liegt. Also, das ist wichtig, wenn man wirklich sehr dringend als Beispiel in diesem Buch landen möchte.

Über funktionale Dummheit habe ich mich ja schon im Kapitel über *Politik und Wirtschaft* ausführlich ausgelassen. Am anschaulichsten kann man das Problem an funktionaler Dummheit an Kapitän Ahab erklären. Denn er ist das literarische Paradebeispiel für jemanden, dessen Vorgehen von vernünftigen Mitteln gekennzeichnet ist. Man darf allerdings nicht innehalten und hinterfragen, ob das, was mit diesen Mitteln erreicht werden soll, überhaupt einen Sinn ergibt. Sonst merkt man sofort, dass hier etwas nicht stimmt.

In der Arbeitswelt ist es natürlich so, dass eine gewisse Begrenzung des Grübelns über seine Tätigkeit durchaus von Vorteil sein kann. So kann man sich wie Beppo Straßenkehrer auf die vorliegende Arbeit fokussieren und sie schaffen, anstatt sich mit Grübeleien davon abzulenken. Andererseits wirkt diese absichtliche Reduktion des Denkens ins Extrem gedacht so, als wolle man den Menschen zu einer Maschine machen.

Adam Ferguson, der Mitbegründer der Soziologie, wies schon 1767 darauf hin, dass die Manufakturen davon profitieren würden, wenn die Arbeiter nicht nachdenken und wenn »die Werkstatt ohne besondere Anstrengung der Fantasie als eine Maschine betrachtet werden kann, deren einzelne Teile Menschen sind«. Das war locker 150 Jahre vor der Erfindung des Fließbands. Und da hört der Spaß dann natürlich endgültig auf, auch wenn man vielleicht gar nicht körperlich an einem Fließband steht.

»… ein Callcenter-Mitarbeiter beschrieb seinen Job als Fließband im Kopf.« So berichten die Wirtschaftswissenschaftler Phil Taylor und Peter Bain treffend und schmerzhaft wie ein Dartpfeil ins Auge. Allerdings ist es so, dass aufgrund der recht einfachen Struktur dieser Tätigkeiten bereits viele Jobs in Callcentern und insbesondere in Service Chats von sogenannten Bots erledigt werden. Da ruft man dann an und kann seine Probleme einem Rechner erzählen. Damit das Gespräch natürlich verläuft, darf der Computer übrigens nicht allzu schlau sein. Aber dazu mehr im Kapitel *Künstliche Dummheit*.

Hoffen wir, dass eines Tages wahr wird, was John Maynard Keynes schon vor achtzig Jahren gehofft hat, und die Maschinen uns jegliche quälende Arbeit abnehmen werden. Und Qual kann hier durchaus auch bedeuten, dass zum Beispiel einer aktuellen

Umfrage zufolge 37 Prozent der Angestellten in England das Gefühl haben, mit ihrer Arbeit nichts zur Gesellschaft beizutragen. Das ist natürlich bitter. Und trotzdem herrscht ein gefühlter Druck auf dem Arbeitsmarkt, der uns in Bullshit-Jobs reinzwingt, die wir eigentlich gar nicht machen wollen, in denen wir uns dann trotzdem völlig verausgaben, um nicht hinter der Konkurrenz zurückzubleiben. Wann hören wir mit diesen Dummheiten auf?

Noch etwas wird bei der Einschätzung von Arbeit gerne übersehen: »Wenn wir von Effizienz und Produktivität besessen sind, ist es schwierig, den wahren Wert der Bildung und der Gesundheitspflege zu erkennen«, so der Historiker Rutger Bregman. Es kommt im politischen Prozess schnell dazu, dass in erster Linie die Kosten dieser Dinge gesehen werden, denn ihr Nutzen ist nicht in derselben Weise messbar, weil man nicht so einfach die Bedeutung einer Arbeit für eine Gesellschaft in Dollar, Pfund und Euro ausdrücken kann. Wenn ich einer älteren Person über die Straße helfe, fließt dabei kein Cent, aber war das deshalb kein Beitrag zum Funktionieren der Gesellschaft? Sagen Sie jetzt bitte nicht, dass das ein absurdes Beispiel ist, denn in vielen sozialen Berufen verdienen die Menschen kaum mehr als ich beim Helfen der älteren Person. Noch weiter kürzen ist da irgendwann nicht mehr möglich, während Maschinen die Produktion immer effizienter machen, werden in Relation dazu die Kosten für diese Dinge also logischerweise steigen.

Eigentlich könnten wir froh sein, dass wir durch die Ersparnis an der einen Stelle mehr Kapazitäten haben für soziale Ausgaben. Aber das ist dann halt nicht »effizient«. Andererseits schauen wir da vielleicht auch zu oberflächlich drauf, wenn wir nur die direkt messbaren Kosten eines Produktes oder die Höhe eines Gehalts betrachten. Die britischen Ökonominnen

Susan Steed und Helen Kersley schätzen, dass jedes Pfund, das ein Werbemanager verdient, siebenmal mehr Kosten verursacht. Das rührt daher, dass Stress, Überkonsum und Umweltverschmutzung daraus resultieren und diese entsprechend Ressourcen verbrauchen. Hingegen gehen sie davon aus, dass »jedes Pfund, das an einen Müllmann bezahlt wird, Gesundheit und Nachhaltigkeit im Wert von zwölf Pfund« erzeugt. Das sind natürlich Schätzwerte, und es ist leicht, diese im Detail zu hinterfragen. Aber sie müssen auch gar nicht centgenau stimmen, um den Punkt zu unterstreichen, dass wir uns dumm anstellen, den Wert öffentlicher Dienstleistungen einzuschätzen, und dabei versuchen, diese objektiv zu quantifizieren. Medizinische Versorgung und eben auch Bildung verschlingen nicht Geld, sondern bringen der Gesellschaft sehr viel Gewinn ein. Also, selbst wenn man »nach Zahlen regieren will«, wie es Bregman nennt, müsste man das einberechnen und dafür sorgen, dass diese Arbeit entsprechend honoriert wird. Das widerspricht nicht mal dem Effizienzdenken, sondern führt es nur noch konsequenter und breiter durch.

Wenn man was nicht hinkriegt, ist es durchaus Zeugnis einer ehrenwerten Arbeitshaltung, wenn man es noch mal probiert. Also, außer beim Fallschirmspringen vielleicht. Aber als im Jahr 1978 in New York der Akrobat Tito Gaona auf einem Werbeplakat die Frage stellte, ob ihm in der Show die Sensation gelingen würde, das schwierigste akrobatische Kunststück des 20. Jahrhunderts zu schaffen, nun, da konnte er wohl noch nicht ahnen, dass es nicht gleich beim ersten Versuch klappen würde. Was er vorhatte, war fürwahr beeindruckend: Zwanzig Meter über dem Boden wollte er vom Trapez aus einen vierfachen Salto machen und von seinem Partner in der Luft gefangen werden. Neun Monate lang lief die Show im Madison Square Garden, deren Teil dieser Act war, und Gaona scheiterte nicht nur einmal. Jeden Abend, für die gesamten neun Monate, verfehlte er am Ende des Kunststücks den Fänger und fiel hinab ins Sicherheitsnetz. Neun Monate lang, jeden Abend. Was natürlich die Frage aufwarf, ob der Trick jemals geklappt hatte. Tito Gaona antwortete darauf, dass er es genau einmal bei den Proben hingekriegt hätte. Leider hätte es da außer seiner Familie niemand gesehen. Na klar, Tito. Zwinker, zwinker, knuff, knuff.

13. Kinder und Betrunkene

»*Die meisten Menschen werden als Genies geboren und sterben als Idioten.*«

Charles Bukowski

Ach, kommen Sie runter, natürlich sind Kinder und Betrunkene keine schlechteren Menschen, nur weil sie sich manchmal irrationaler verhalten. Selbstverständlich gibt es Achtjährige, die vernünftiger sind und mehr wissen als die allermeisten Erwachsenen. Aber im Schnitt sehe ich wenig Erwachsene lauthals schreien, weil ihr Fläschchen leer ist. Außer vielleicht im Publikum bei sportlichen Großereignissen oder Konzerten. Und bei PEGIDA sogar nüchtern.

Denken Sie auch daran, dass bei Erasmus von Rotterdam die Torheit die Tochter des Geldes und der Jugend ist – und gesäugt wurde sie von Wein und Wildheit. Und Erasmus musste wissen, was er so schrieb, immerhin konnte er Latein. Aber lassen wir das. Eigentlich möchte ich in diesem Kapitel fast ausschließlich über Kinder sprechen und kaum über Betrunkene, ich wollte die werte Leserschaft nur durch diese Parallelisierung ein wenig auf die Palme bringen. Ich weiß, ich weiß, eine billige Provokation und ein rhetorischer Taschenspielertrick. Mir leuchtet das ein, denn ich bin gerade beim Schreiben sehr betrunken.

Doch genug von mir, reden wir über Kinder. Gerade wenn diese mit Altersgenossen unter sich sind, kommen sie gerne mal darauf, Unfug anzustellen. Wie sagte eine amerikanische Mutter so schön: »One kid, one brain. Two kids, no brain.«

Werfen wir zum Aufwärmen mal einen Blick auf einige Geschichten, die Menschen im Internet geteilt haben über die Dummheiten, die sie als Kinder anstellten. Die Twitter-Userin @MotherOfDoggons berichtet, dass sie etwas durchgezogen hat, von dem ich als Kind oft träumte, aber mich nie daran wagte. Sie hatte sich im Alter von vier Jahren Schwimmflügel über die Füße gezogen, getrieben von der Idee, damit über Wasser laufen zu können. Bevor Sie jetzt zum nächsten Pool rennen: Das Experiment ist hart gescheitert und sie wäre beinah ertrunken. Ihr Tweet aus dem Dezember 2018 wurde zehntausendfach geteilt, und viele User*innen berichteten darunter eigene Erfahrungen. Darunter die Geschichte des Kindes, das traurig war, aber nicht mehr weinen wollte und sich darum Haarwaschmittel in die Augen kippte. Immerhin stand auf der Flasche »ohne Tränen«. Ein anderes Kind hatte in der Schule gelernt, wie Regen entsteht. Als es dann eines Tages keine Lust hat, zum Training zu gehen, kippte es im Garten Wasser auf den Boden, in der Hoffnung, es würde verdunsten und Regen verursachen. Doch es fiel nicht ein Tropfen. Vermutlich hatte der Himmel sich Haarwaschmittel in die Augen gekippt. Dass auch Erwachsene im Umgang mit Kindern ihre Aktionen nicht zu Ende denken, beweist die Geschichte der Zweijährigen, die sich Beeren in die Nasen gesteckt hatte. Nachdem ein Arzt diese entfernt hatte, erhielt sie als Belohnung ein Spielzeug. Auch diese junge Dame lernte schnell. Im Laufe der nächsten Zeit steckte sie sich noch drei weitere Male Beeren in die Nase, um mehr Spielzeug zu kriegen.

Können Betrunkene da mithalten? Die Antwort lautet natürlich Ja. Und auch für Betrunkene gilt, dass sie den größten Blödsinn machen, wenn mehrere von ihnen zusammenarbeiten. So wie im bayrischen Mühlhausen. Dort war Ende 2018 ein Betrunkener ohne Führerschein im Auto unterwegs und rammte die Tür eines Supermarktes. Ein Zeuge nahm ihm daraufhin den Autoschlüssel ab und rief die Polizei. Für die Polizist*innen war das im Prinzip ein sehr einfacher Fall. Eine Wende nahm er erst, als am Ende der Unfallverursacher einen Bekannten anrief, um ihn abzuholen. Denn selbst fahren durfte er natürlich nicht mehr. Der Angerufene war ein guter Freund und machte sich sofort auf den Weg, sodass er eintraf, als die Polizei noch vor Ort war. Nachdem ihnen aus seiner Richtung ein deutlicher Geruch aufgefallen war, machten die Polizist*innen auch bei ihm einen Alkoholtest. Und schon waren beide Männer ihren Führerschein los.

Nicht überliefert ist, ob sie daraufhin einen weiteren Bekannten angerufen haben, um sie abzuholen. Aber ich mag die Vorstellung, dass auch dieser betrunken erschien und erwischt wurde und der nächste dann auch, weil sich diese Geschichte seither im Loop wiederholt. Vielleicht sollte mal jemand nachsehen, ob seit November 2018 auf einem Supermarktplatz im bayrischen Mühlhausen inzwischen Hunderte von Betrunkenen stehen und verzweifeln, weil sie nicht wegkommen.

Noch dümmer als Kinder und Betrunkene sind nur noch Eltern. Natürlich nicht alle, sondern nur diejenigen, die das gerade gelesen und sich über diesen Satz geärgert haben. Spaß beiseite, ich meine natürlich solche Expert*innen wie eine Mutter aus Middletown in Ohio. Sie wurde in einem Geschäft beim Klauen erwischt, während sie ihre beiden kleinen Kinder dabeihatte. Eines der Dinge, die sie zu klauen versucht hatte, war ein Buch mit dem Titel *101 Ways to Be a Great Mom*. Ich habe dieses Buch der Autorin Vicki Kuyper nicht gelesen, das muss ich zugeben, aber ich bezweifle, dass darin einer der 101 Wege, eine großartige Mutter zu sein, ein gemeinsamer Ladendiebstahl aufgeführt ist. Aber was weiß ich schon?

Es gibt viele Geschichten, in denen Kinder klüger sind als Erwachsene, aber die nächste hier ist sicher eine der spektakulärsten. Das liegt wohl daran, dass in diesem Fall die Erwachsenen Expert*innen sind und glaubten, etwas besonders Tolles begriffen zu haben. Im Oktober 1971 stellte das römische Fort Arbeia in South Shields England im Rahmen einer Ausstellung einen neu gefundenen römischen Sesterz aus. Die Münze war ein Sensationsfund und zog entsprechende Aufmerksamkeit, zumal sie sehr alt war. Die Wissenschaftler*innen datierten sie auf 135 bis 138 vor Christus. Zu dieser Zeit, fast hundert Jahre vor den Feldzügen von Gaius Julius Cäsar, kamen nach dessen Berichten in *De bello gallico* nur sehr wenige Kaufleute über den Ärmelkanal. Entsprechend groß war die Begeisterung über die Münze.

Die neunjährige Fiona Gordon sah das alles anders. Sie erkannte die Münze als Werbegeschenk eines lokalen Getränkehändlers wieder. Zum Beweis zeigte sie den verblüfften Wissenschaftler*innen das Logo des Getränkehändlers. Es stellte ein R dar, das für den Firmennamen Robinsons stand. Die Experten hatten irrtümlich geglaubt, der Buchstabe stünde für römisch. Selbstverständlich hat der jugendlich-unkontrollierte Forschungs- und Experimentierdrang nicht immer so brillante Folgen wie im Fall von Fiona Gordon. Aber selbst wenn dieser Wissensdurst Kinder Dinge machen lässt, die oft dumme Ergebnisse haben oder die albern sind oder schlicht sinnlos auf uns wirken, ist das nicht eine frühe Form des Bruches mit den Konventionen, diese Denkweise, die wir dann wiederum bei Roger Bacon oder Albert Einstein als genial bezeichnen? Dass Kinder Genies sind, beweist übrigens allein schon der Dreijährige, der auf die Frage nach seinem Gewicht antwortete: »Hmmm, so viel wie fünfzig Eichhörnchen.«

Wenn man heute durch Erziehungsratgeber blättert, nachdem man diese gemeinsam mit den Kindern geklaut hat, dann kann man über viele eher bizarre Tipps darin staunen. Doch in der Vergangenheit waren die Ratschläge an junge Eltern nicht weniger beeindruckend. So riet man vor hundert Jahren Schwangeren, dass sie stets nur schöne Gedanken haben sollten, wenn sie schöne Kinder haben wollten. Wenn ich darüber nachdenke, wie dumm das ist, bin ich glücklicherweise gerade nicht schwanger. Aber gut, vor hundert Jahren war es auch noch nicht ungewöhnlich, seine Neugeborenen in Schmalz zu baden. So empfahl es zumindest Anna Martha Fullerton 1895 in ihrem Buch *Handbook of Obstetric Nursing for Nurses*. Ich wiederhole: Schmalz. Vielleicht, weil Säuglinge von alleine nicht rutschig genug sind.

Ein Artikel aus der *Lewiston Daily Sun* vom 28. Januar 1928 gibt hingegen zunächst den guten Hinweis, man solle bei der Benennung seiner Kinder auch auf die Initialen achten. Ein Name wie Alberta Susan Spear sei dringend zu vermeiden. Dann aber geht der Artikel dazu über, zu fordern, man solle auch keine allzu soften Namen vergeben. Einem Namen wie Lenora Molloy mangele es einfach an Rückgrat. Nun weiß ich nicht, ob eine Dame diesen Namens dem Autor des Artikels übel mitgespielt hat, aber es erscheint mir doch ein wenig harsch, es ihr auf diese Weise heimzuzahlen. Ich persönlich mag den Namen Lenora Molloy und überlege, mich dahingehend umzubenennen. Fühlen Sie sich herzlich eingeladen mitzumachen. Vielleicht liegt es bei mir aber daran, dass auch ich ein wenig soft bin. Bei der Recherche zu diesem Kapitel stieß ich in einem englischsprachigen Artikel auf den Hinweis, in den 1950ern sei ein beliebtes Essen für Babys *tripe* gewesen. Dieses Wort kannte ich nicht, also bat ich das Internet um eine Übersetzung, die es auch binnen Sekundenbruchteilen ausgab: Tripe bezeichnet Gekröse. Aha, dachte ich, vielen Dank, liebes Internet, Gekröse. Und was heißt Gekröse? Als Synonym wurde mir das Wort Kaldaunen angeboten. Aha, dachte ich, vielen Dank, liebes Internet, Kaldaunen also. Mich beschlich langsam das Gefühl, ich hätte eventuell über Nacht meine Muttersprache verlernt. Als eine weitere Recherche ergab, dass Kaldaunen ein altes Wort für Kutteln sei, wusste ich zwar immer noch nicht genau Bescheid, hatte aber ein sehr ungutes Gefühl. Einen Schritt weiter kannte ich zwar endlich die Antwort auf die Frage, was die Leute in den 1950ern ihren Säuglingen zu essen gaben, aber jetzt würde ich sie sehr gerne wieder vergessen.

Wer gab eigentlich all diese Hinweise und Tipps, fragen Sie? Nun, jede*r, die selbst Kinder hat, weiß, dass das jede andere Person sein kann. Wenn es um Erziehung geht, sind wir eine Nation von Bundestrainer*innen. Manchmal ist es aber auch gleich die Regierung, die Rat weiß. Im Handbuch *The Canadian Mother and Child* von 1947 empfahl der Leiter der Abteilung für Mutter-Kind-Gesundheit, ein gewisser Ernest Couture (natürlich ein Mann!), Schwangere sollten auf keinen Fall viel Radio hören oder gar ein Hockey-Spiel anschauen. Hingegen sei es völlig in Ordnung, eine Partie Bridge zu spielen und vor allem den Haushalt zu machen. Gut, dass uns Herr Couture mal Bescheid gesagt hat, was so geht und was nicht.

Den überzeugendsten Auftritt als Ratgeber jedoch hat in meinen Augen Walter Sackett Junior. In seinem Buch *Bringing up Babies* von 1962 empfiehlt er, ab dem zweiten Lebenstag eines Babys langsam mal die »defizitäre« Muttermilch durch Cerealien zu ergänzen. Ab dem zehnten Tag könne man Gemüse beigeben und ab der neunten Woche äße es dann »Speck und Ei, ganz wie der Vater«. Wenn Sie jetzt denken: Moment mal, derlei Dinge kann doch ein so kleines Baby unmöglich verdauen, dann bedenken Sie, dass ein weiterer Tipp von Sackett helfen könnte: Um das Baby an die »normalen« Ernährungsgewohnheiten der Familie zu gewöhnen, solle man ab dem sechsten Lebensmonat Kaffee zu trinken geben. Übrigens, kein Witz, am besten schwarz, ohne Milch. Wir wissen ja jetzt: Milch ist ohnehin defizitär.

Gerne gebe ich zu, dass wir heute in einem Zeitalter leben, in dem wir an manchen Stellen übervorsichtig sind. Ich kenne Eltern, die weinen sich in den Schlaf vor Angst, ihr zwölfjähriges Kind könne durch schlechte Einflüsse von außen an Honig geraten und von dem vielen Zucker darin psychisch zerrüttet werden. Diesen Eltern sage ich dann immer: »Mach dich locker, Sören. Ich rauch mit dem Kleinen schon seit letztem Jahr heimlich Crack. Das bisschen Honig macht den jetzt auch nicht mehr kaputt.«

Aber Kaffee an Säuglinge, das finde sogar ich extrem. Am erstaunlichsten jedoch fand ich übrigens, dass Sackett auch noch den Tipp gab, Babys unter keinen Umständen nachts zu füttern, egal wie viel sie schreien. Wenn das Neugeborene immer kriege, was es wolle, laufe man Gefahr, bereits in diesem frühen Alter »den Samen des Sozialismus zu säen«. Um seinen Punkt zu unterstreichen, verglich Sackett allzu fürsorgliche Eltern explizit mit Hitler und Stalin. Auf diese völlig angemessene Eskalation trinke ich jetzt erst mal einen schwarzen Kaffee mit einem Neugeborenen.

Ob der Psychologe Karl Landauer vielleicht zu viel Kaffee getrunken hat, ist mir nicht bekannt. Aber er legte in seinem Werk recht forsch und deutlich dar, dass es für Kinder ganz akut ist, schwach, hilflos, ja dumm zu sein, denn sie erleben sich selbst immer im Kontrast zu den Erwachsenen und sind von ihnen abhängig. Das zwingt die Kinder im Grunde dazu, mehr Fragen zu stellen, als zehn Weise beantworten können. Aber dieses Fragen wird ihnen leider allzu oft ausgetrieben, indem man ihnen nicht nur Antworten gibt, sondern damit weitere Fragen für unnötig erklärt. Horkheimer und Adorno greifen diesen Gedanken in ihrem Text *Zur Genese der Dummheit* wieder auf und betonen, dass der Lernprozess, der jede gewonnene Erkenntnis mit einem kleinen Rückschlag verbindet, leicht die Lust am Lernen nimmt. Sie wählen dafür das schöne Bild der wieder und wieder ausgestreckten Schneckenfühler, die sich irgendwann nur noch zaghaft hervorwagen oder ihre Tätigkeit ganz einstellen. Dann jedoch hat Bildung keine Intelligenz gefördert, sondern nur Dummheit zementiert.

Ich denke, wir können uns trotzdem darauf verständigen, dass bei allen Bedenken Erziehung und Bildung notwendig sind, da Babys noch nicht komplett fertig und umfassend informiert auf die Welt kommen, sondern noch einiges zu lernen haben. Natürlich können wir darüber lachen, was zur Erziehung früher geraten wurde, aber dabei stehen wir auf dünnem Eis. Denn es gibt wenig Anhaltspunkte dafür, dass wir heute alles richtig machen. Erfreulicherweise läuft nicht mehr alles falsch, das will ich gerne zugeben. Andererseits übergab die Regierung Merkel Anfang 2017 das Bildungsministerium an Anja Karliczek, eine freundliche Bankkauffrau und Hotelerbin aus Nordrhein-Westfalen, die offen zugab, vom Bildungswesen wenig zu wissen. Außer eben, dass sie selbst drei schulpflichtige Kinder hat und da so einiges mitkriegt. Da denkt man doch sofort: »Ach, du kriegst einiges mit, was deine Kids aus der Schule erzählen? Das ist doch super, hier ist ein Regierungsposten, hier sind 18 Milliarden Euro Budget und unser Vertrauen darin, dass du die Zukunft unserer Jugend in eine gute Richtung führst.«

Ich will Frau Karliczek jetzt nicht alleine herausstellen. Aber andere scheinen mir doch etwas qualifizierter für ihre Regierungsposten, Wolfgang Schäuble baute seine politische Karriere darauf auf, dass er seit 25 Jahren nicht die Wahrheit über die CDU-Spendenaffäre sagte. Oder Ursula von der Leyen, die als Qualifikation zur Verteidigungsministerin einst mitbrachte, dass sie sieben schulpflichtige Kinder hat und da so einiges mitkriegt. Oder Andreas Scheuer, dessen Qualifikation für die Regierung ist, dass er offenbar einfach die Welt brennen sehen will. Aber Spaß beiseite. Spätestens im internationalen Vergleich wird klar, dass unser Bildungssystem offenbar nicht an einem Punkt ist, an dem man es einfach von einer fachfremden Kauffrau verwalten lassen könnte.

Alle drei Jahre führen die allermeisten der OECD-Mitgliedstaaten und einige weitere Länder den sogenannten PISA-Test durch, einen Leistungsvergleich der Schüler*innen. An der bisher größten Erhebung, die im Dezember 2019 veröffentlicht wurde, nahmen etwa 600 000 Schüler*innen aus 79 Ländern teil. Weder in Mathematik und den Naturwissenschaften noch im Leseverständnis kam Deutschland dabei auf die besten Plätze, im Gesamtdurchschnitt lagen wir gerade mal im soliden Mittelfeld. Daran darf man sich zu Recht stören, vor allem, weil es jede*n betrifft – Politik, Wirtschaft, Gesellschaft, wirklich alle, die hier noch eine Weile leben wollen, sollten sich doch eigentlich dafür einsetzen, dass die jungen Leute optimal für die Zukunft gerüstet sind. Machen wir uns nichts vor, wenn wir dem jahrtausendealten Narrativ von der schlimmen Jugend von heute aufsitzen, dann zeigen wir vor allem mit dem Finger auf uns selbst. Dann sind wir wie ein Koch, der sich über seine Speisen aufregt, weil diese ihm nicht schmecken. Das ist eine Metapher, Sie Schmock, spucken Sie sofort den Jugendlichen wieder aus!

Allerdings sollte man vorsichtig damit sein, einfach ein besseres Abschneiden bei PISA zu fordern. So viel Spaß Wettbewerb macht und so wichtig es ist, dass die Kids Mathe und Naturwissenschaften beherrschen und ein gutes Leseverständnis haben, darf man infrage stellen, ob der ausschließliche Fokus auf diese Fähigkeiten berechtigt ist. Der Hirnforscher Ernst

Pöppel wirft die Frage auf, warum ein junger Wissenschaftler, dem er begegnet ist, zwar randvoll mit Wissen war, »sich trotzdem keine neuen Zusammenhänge vorstellen kann, keine neuen Studien designen, keine eigenen Ideen entwickeln«. Ist dieser dann klug und zugleich dumm? Die Soziologen Richard Arum und Josipa Roksa berichten zudem von einer landesweiten Studie in den USA, die ergab, dass der höhere Bildungsweg die kognitiven Fähigkeiten der Studierenden nicht signifikant verbessere. Man weiß vielleicht hinterher etwas mehr, aber ist nicht klüger geworden.

Oder haben wir ein falsches Bild davon, welches Wissen und welche Fähigkeiten für Menschen wichtig sind? Wenn man ausschließlich auf ein gutes Abschneiden bei PISA hinwirkt, klammert man Sozialkompetenz, emotionale Intelligenz, Kunst, Geisteswissenschaft und Sport aus. Pöppel betont völlig zu Recht, dass diese ebenfalls notwendig sind und den Menschen ausmachen. Besonders deutlich wird das, wenn man menschliche Intelligenz in Relation zur künstlichen Intelligenz setzt. Aber darauf komme ich im Kapitel *Künstliche Dummheit* noch zu sprechen. Womöglich ist es aber tatsächlich eine gesamtgesellschaftliche Dummheit zu glauben, man solle die Schüler*innen per PISA zu möglichst funktionalen Menschen machen.

Ein schönes Argument für den Einsatz von Kreativität im Klassenzimmer liefert der australische Komponist und Musikdozent James Humberstone. Er betont, dass es ironischerweise Länder wie Südkorea und Finnland sind, die den Fokus nicht nur auf die bei PISA vermessenen Felder richten, sondern großen Wert auf eine musikalische Ausbildung aller Lehrkräfte legen. Wieso ist das ironisch? Nun, diese Länder stehen trotzdem oder gerade deswegen bei den PISA-Rankings ganz vorne. Es scheint also, dass man im doppelten Sinne einen großen Fehler macht, wenn man zu sehr auf die Ergebnisse schielt und daher womöglich die musische Ausbildung und den Raum für Kreativität in der Schule zusammenstreicht. Oder, wie Humberstone es ausdrückt: »Es spricht einiges dafür, dass die Regierungen sich selbst in den Fuß schießen.« Wie soll man es auch anders nennen, wenn die Verantwortlichen sich beim Versuch, andere klüger zu machen, selbst dumm anstellen?

Der internationale Schüler*innenvergleich ist natürlich nicht das einzige Beispiel für die Fixierung auf sichtbare und messbare Ergebnisse des Bildungssystems. Ein sicherlich krasses Beispiel ist die Geschichte von David Helgren, einem Dozenten aus Miami, der 1983 ein Quiz mit seinen Geografiestudierenden machte. Es stellte sich heraus, dass die meisten wirklich kaum in der Lage waren, auf einer leeren Karte die ungefähre Position wichtiger Städte und Länder zu verorten. Es mangelte offensichtlich an geografischem Basiswissen, wenn ein amerikanischer Studierender auf einer Karte nicht zeigen kann, wo New York liegt. Helgren war wenig begeistert und berichtete öffentlich über den Test und das Ergebnis. Die Presse nahm die Geschichte dankbar auf, denn aufgedeckte Missstände sind natürlich ein Grundnahrungsmittel der Medien. Helgrens Reaktion kann man im *Journal of Geography* nachlesen, aber was meinen Sie, wie war die Reaktion seiner Universität? Nun, sie feuerte David Helgren wegen der schlechten PR.

Denken wir auf der anderen Seite an Hwang Woo Suk. Erinnern Sie sich nicht mehr, wer das war? Kein Problem, ich helfe Ihnen gerne wieder auf die Sprünge: Woo Suk ist ein südkoreanischer Genetiker, der 2004 weltweit für Aufsehen sorgte, weil er behauptete, menschliche Stammzellen aus geklonten Embryonen gewonnen zu haben. Weil das gut in den wissenschaftlichen Mainstream dieser Zeit passte, war man schnell dabei, das zu glauben. Schließlich waren schon Jahre vorher andere Tiere geklont worden, und spätestens seitdem war spekuliert worden, dass sich in absehbarer Zeit jemand an das Klonen eines Menschen wagen würde. Das stellte sich schnell als Fälschung raus, und selbst renommierte Magazine wie *Science* waren darauf reingefallen und mussten den entsprechenden Artikel zurückziehen.

Noch später stellte sich heraus, dass Woo Suk eher aus Versehen bei seinen Experimenten tatsächlich wichtige und richtige Ergebnisse erzielt hatte. Aber das ist eine ganz andere Geschichte, ebenso wie die ethischen Fragen rund um das Klonen von Tieren oder gar Menschen. Worauf ich hinauswill, ist die scheuklappende Fokussierung auf die Ergebnisse und damit, zumindest im Universitätsbetrieb, auf neue Artikel für Fachzeitschriften. Denn an diesen werden nicht nur die Forscher*innen, sondern auch die Universitäten gemessen. Je mehr Artikel und je größer ihr »Impact«, also je mehr die Artikel zitiert werden, umso besser. Ein ergebnisorientiertes System, dessen möglicherweise schädliche Folgen man absehen kann, auch ohne studiert zu haben.

Ach ja, bevor einer von Ihnen Erwachsenen allzu sehr von den eigenen intellektuellen Fähigkeiten im direkten Vergleich mit denjenigen von Kindern überzeugt ist, hier noch ein Zitat. Denn ich habe noch nicht genug Zitate in diesem Buch untergebracht, und dieses hier stammt von einem, von dem wohl niemand bestreiten würde, dass er mindestens mal auf dem Feld der Mathematik und Naturwissenschaften zu den wichtigsten Figuren der letzten paar Jahrhunderte zählt, Isaac Newton: »Ich weiß nicht, wie die Leute mich einschätzen, ich selbst jedenfalls komme mir vor wie ein kleiner Junge, der am Meeresufer spielt und seine Zeit damit verbringt, hin und wieder einen besonders glatten Stein oder eine besonders schöne Muschel zu finden. Und vor mir liegt – gänzlich unentdeckt – das große Meer der Wahrheit.« Ich finde, viel schöner kann man nicht über unsere Dummheit sprechen.

Aber vergessen Sie Kinder und Betrunkene, eigentlich habe ich dieses Kapitel nur geschrieben, um im letzten Abschnitt versteckt etwas über Tiere zu schreiben, denn als Dummheitsforscher habe ich natürlich auch ein Lieblingstier. Das sind keine Lemminge. Diesen hamsterähnlichen Tieren wird ihr dummes Verhalten nämlich fälschlich unterstellt. Richtig gelesen, die Legende von den Lemmingen, die aus purer Ahnungslosigkeit (oder Todessehnsucht) über eine Klippe springen, stimmt einfach nicht. Mehr noch, man weiß sogar auf den Tag genau, wann die Legende entstand und wer sie verursacht hat: Es war Walt Disney, und es passierte am 12. August 1958, denn an diesem Tag kam der Naturfilm *White Wilderness* in den USA ins Kino. Erst Jahre später enthüllte ein Journalist, dass die Macher des Films die Lemminge selbst über eine Klippe gedrängt hatten, um für spektakuläre, mit dramatischer Orchestermusik untermalte Bilder zu sorgen. Doch die Enthüllung kam zu spät, die Lemminge gelten bis heute als Paradebeispiel für hirnlose Massen, die vor lauter Gruppenzwang sogar den eigenen Tod in Kauf nehmen. Dabei sind die Idioten in dieser Geschichte nur wir Menschen, bereit zu einer solchen Grausamkeit, um ein bisschen Aufmerksamkeit zu ergattern.

Aber mindestens ein dummes Tier gibt es doch! Es handelt sich um den Kakapo. Das ist eine Art großer, flugunfähiger Papagei, der in Neuseeland lebt. Zumindest noch. Denn die Tatsache, dass er lange Zeit ohne natürliche Feinde war, hat ihn recht unvorsichtig gemacht, um es mal diplomatisch zu formulieren. Nun kamen mit den ersten Europäer*innen, die in Neuseeland landeten, auch bis dahin unbekannte Tiere auf die Insel, beispielsweise der Fuchs. Und so ein Fuchs, der zum ersten Mal einen Kakapo sieht, der kriegt natürlich Appetit auf das bunte Hühnchen. Der Kakapo hingegen sieht den Fuchs freudig auf sich zukommen und denkt: nichts. Er kennt keine

Fressfeinde, also ahnt er nichts Böses, sondern bleibt einfach sitzen und lässt sich fressen. Das ist ja noch eine regelrecht verständliche Dummheit. Doch das reicht dem Kakapo nicht. Um zu unterstreichen, dass sie wirklich nicht die hellsten sind, klettern Kakapos gerne auf Bäume, denn sie vergessen scheinbar, dass sie nicht fliegen können. Also starten sie und gleiten elegant wie ein nasser Sack Reis zu Boden.

Weil er nun wirklich keine Gelegenheit auslässt, wurde ein Kakapo namens Sirocco im Jahr 2009 sogar weltweit berühmt. Das lag an einem BBC-Team, das sich für eine Doku über die neuseeländische Natur im dortigen Urwald befand. Als das Team auf Sirocco stieß, näherte sich der Vogel dem Zoologen Mark Carwardine und sprang auf dessen Kopf. Dort begann er mit den Flügeln zu schlagen und Stoßbewegungen zu machen. Was den Moderator der Dokumentation, den ebenfalls anwesenden legendären Komiker Stephen Fry, dazu brachte zu sagen: »Sorry, aber das ist eine der lustigsten Sachen, die ich je gesehen habe. Du wirst von einem seltenen Papagei gebumst.« Wobei man den Kakapo jetzt nicht als Maßstab nehmen sollte, die Intelligenz der Tiere im Allgemeinen in Zweifel zu ziehen. Auch nicht, wenn Georg Wilhelm Friedrich Hegel in seiner *Enzyklopädie der philosophischen Wissenschaften* von 1830 behauptet: »Wenn es aber richtig ist, dass der Mensch durchs Denken sich vom Tiere unterscheidet, so ist alles Menschliche dadurch und allein dadurch menschlich, dass es durch das Denken bewirkt wird.«

Ich weiß nicht, wie es Ihnen geht, aber ich habe schon mal einen echt nachdenklichen Hund gesehen. Gut, der hat nur gegrübelt, weil sein Herrchen gerade einen Stock hatte verschwinden lassen wie ein drittklassiger Jahrmarktzauberer, aber immerhin: Er hat ganz klar nachgedacht. Vielleicht projiziere ich auch nur meine eigene Denkfähigkeit, ich muss da immer an eine Anekdote denken, die man vom chinesischen Philosophen Meister Chuang berichtet. Richard Restak zitiert diese in seinem Buch *Die großen Fragen – Geist und Gehirn* so: »Chuang Tzu und Hui Tzu wandelten zusammen auf einem Uferdamm am Fluss. Da sagte Chuang zu Hui: ›Sieh doch die Fische herauskommen und sich tummeln. Das ist die Lust der Fische.‹ Hui Tzu erwiderte: ›Du bist doch kein Fisch. Woher willst du da die Lust der Fische kennen?‹ Chuang Tzu sprach: ›Du bist nicht ich. Woher also weißt du, dass ich nicht von der Lust der Fische weiß?‹«

Also ja, woher will Hegel eigentlich wissen, dass der Unterschied zwischen Menschen und Tieren das Denken ist? Oder habe ich jetzt sein Argument nur wie ein drittklassiger Jahrmarktzauberer verschwinden lassen? Noch gemeiner zum armen Hegel war da nur ein anderer Philosoph, nämlich Arthur Schopenhauer, da er diesen für ein Paradebeispiel der Dummheit und Einfalt (französisch: Niaiserie) hielt und das in kunstvoller Weise auszudrücken wusste: »Jedoch die größte Frechheit im Auftischen baaren Unsinns, im Zusammenschmieren sinnleerer, rasender Wortgeflechte, wie man sie bis dahin nur in Tollhäusern vernommen hatte, trat endlich im Hegel auf und wurde das Werkzeug der plumpesten allgemeinen Mystifikation, die je gewesen, mit einem Erfolg, welcher der Nachwelt fabelhaft erscheinen und ein Denkmal Deutscher Niaiserie bleiben wird.«

Wenn man so liest, wie die weisesten Philosophen miteinander umspringen oder über die Lust der Fische grübeln, dann ist man vielleicht sogar geneigt, Thomas Hobbes zuzustimmen, der betonte, dass es eben nicht die Klugheit ist, die den Menschen vom Tier unterscheidet. Wobei seine Begründung vermutlich den Zehnjährigen unter den Leser*innen nicht gefallen dürfte. Er schreibt weiter: »Es gibt Tiere, die einjährig mehr beobachten und das, was zu ihrem Wohl beiträgt, klüger verfolgen, als dies ein zehnjähriges Kind kann.« Wobei ich mir recht sicher bin, dass er dabei nicht an den Kakapo gedacht hat.

14. Dumme Sprache

*»Dumme Gedanken hat jeder,
aber der Weise verschweigt sie.«*

Wilhelm Busch

Es gibt eine Menge Sachen, die wir sagen, obwohl wir wissen, dass sie nicht stimmen. Ich meine allerdings nicht eine Lüge in herkömmlichem Sinne, auch wenn wir die Unwahrheit sagen. Schlimmer noch: Alle wissen, dass es nicht stimmt, was wir sagen. Noch schlimmer: Menschen sind gestorben, weil sie unsere Behauptung bestritten haben. Und wir alle wissen, dass das passiert ist und diese Leute absolut recht hatten. Doch wir sagen es weiter.

Oder haben Sie noch nie gesagt: »Schau mal, der schöne Sonnenuntergang.« Nun bestreite ich nicht die Schönheit dieses Vorgangs, im Gegenteil. Der springende Punkt ist, dass die Sonne einfach nicht untergeht. Das hat sie noch nie gemacht, und sie wird es auch nie machen. Das wusste schon Kopernikus, auch als Nicolaus Copernicus bekannt. In seinem Buch *De revolutionibus orbium coelestium* von 1543 beschrieb er erstmals sein heliozentrisches Weltbild. Es wird sein Glück gewesen sein, dass man das damals nicht als Ketzerei betrachtete, sondern für so abwegig hielt, dass man es schlicht als Hirngespinst abtat. Ein Hauptargument der damaligen Gegner: Würde die Erde sich drehen, müsste man ja einen Fahrtwind spüren. Im Prinzip eine schöne Vorstellung: Beständig würde uns das Haar am Hinterkopf flattern und den Hunden geschähe das Gleiche mit der herausgestreckten Zunge.

Aber wie kontra-intuitiv das kopernikanische Weltbild war und wie weitab vom üblichen Denken, kann man sehr gut daran sehen, dass wir es heute eben seit Jahrhunderten besser wissen, aber immer noch sagen, dass die Sonne auf- und untergeht. Vermutlich mögen wir uns nicht unentwegt vorstellen, dass wir uns um uns selbst drehen, die Erde wiederum um die Sonne und die Sonne um den Mittelpunkt der Milchstraße. Wie ein sehr großes Kirmeskarussell, da kann einem schon mal schwindelig werden.

Dass besseres Wissen und nicht mal Weisheit vor Torheit schützt, kann man auch daran sehen, dass sich Goethe und Schopenhauer ausführlich um die Urheberschaft der Metapher stritten, der Tod sei nicht das Ende, sondern nur wie die Sonne, die hinter dem Horizont verschwinde. Deutlich schöner und musikalischer verpackte die Band Tomte das alles 150 Jahre später in einem ihrer Lieder: »Die Schönheit der Chance, dass wir unser Leben lieben, so spät es auch ist – das ist nicht die Sonne, die untergeht, sondern die Erde, die sich dreht.« Kopernikus wäre begeistert gewesen, Schopenhauer hätte eine Zivilklage eingereicht.

Es gibt übrigens noch mehr falsche Dinge in unserer Sprache. Wenn wir schon bei Musik sind, reden wir von der dunklen Seite des Mondes. Diese ist natürlich nicht dunkler als alle anderen Seiten des Mondes. Kreide besteht in der Regel nicht aus Kreide, sondern aus Gips oder Magnesiumoxid: »Herr Lehrer, mir ist das Magnesiumoxid abgebrochen, kann ich ein neues Stück haben«, hört man niemanden sagen. Das liegt aber auch daran, dass mittlerweile alle Whiteboards, Smartboards oder Snowboards in den Klassenräumen haben. Es geht aber noch weiter: Bleistifte haben keine Mine aus Blei. Die Mine besteht hauptsächlich aus Grafit, also Kohlenstoff. Ich bin stark dafür, das Wort »Bleistift« komplett zu streichen, am besten mit einem fetten, roten Filzstift. Wobei ich mir da auch nicht mehr so sicher wäre.

Haben Sie gerade gedacht: »Gut, dass der letzte Abschnitt zu Ende ist, bevor mein Weltbild völlig zermürbt wird?« Dann muss ich Ihnen leider eine unangenehme Wahrheit gestehen: Ich bin noch lange nicht fertig. Ich spiele nur mit Ihren Gefühlen, ich Schelm. Hier sind noch weitere Beispiele für dumme Sachen, die wir alle sagen: Napoleon war nicht wirklich sehr klein, sondern maß 5 Fuß und 6,5 Zoll, also etwa 1,69 Meter, damit war er durchaus größer als die meisten seiner Soldaten. Die Durchschnittsgröße seiner Soldaten lag nämlich bei 1,62 Meter. Die Behauptung, er sei sehr klein gewesen, beruht vermutlich auf einem Übertragungsfehler zwischen zwei gleichnamigen Maßen, nämlich dem Französischen Fuß im Vergleich zum Englischen Fuß.

Es gibt eine weitverbreitete Theorie, nach der das Wiener Schnitzel nicht aus Wien kommt, sondern aus Italien importiert wurde. Das ist zum Glück nicht ganz sicher nachweisbar. Es könnte auch sein, dass es von einer byzantinischen Prinzessin in Wien eingeführt wurde. Was bedeuten würde, dass die Türken zwar Wien nicht erobern konnten, aber wenigstens vollschnitzeln. Das gilt jedoch als relativ unwahrscheinlich. Wer sich heute durch Wien bewegt, wird zum Glück trotzdem keinerlei Schwierigkeiten haben, etwas Türkisches zu essen zu finden. Es ist halt nur ein rotierender Klotz und keine liegende flache Scheibe. Man könnte quasi von einer kopernikanischen Snack-Wende sprechen.

Glückskekse kommen nicht aus China, sondern aus Japan, und Buddha war nicht dick. Die korpulenten Figuren mit Glatze, die Sie vermutlich als Buddha im Kopf haben, basieren vielmehr auf dem chinesischen Volkshelden Budai. Dieser wird als Inkarnation eines Bodhisattva betrachtet, der einst die

Lehren des Buddhismus wiederbeleben wird, nachdem der historische Buddha, Siddhartha Gautama, vergessen sein wird. Was die Statuen angeht, geht der Plan ja schon mal gut auf.

Die eiserne Jungfrau ist höchstwahrscheinlich kein mittelalterliches Folterinstrument gewesen, sondern erst im 18. Jahrhundert erfunden worden. Man hatte dabei allerdings auch keine Folter im Kopf. Der Historiker Wolfgang Schild nimmt an, dass man lediglich ein möglichst gruseliges Ausstellungsstück für ein Museum erschaffen wollte. Okay, einen habe ich noch – und der ist noch einleuchtender als die Sache mit dem Sonnenuntergang: Eine Blackbox in einem Flugzeug ist üblicherweise und logischerweise nicht unauffällig schwarz, sondern in leuchtendem Orange lackiert. Sie heißt eigentlich auch gar nicht Blackbox, sondern hört auf den weniger fluffigen Namen »Flugdatenschreiber«.

Und, weil es so viel Spaß macht: Diäten, die einen Detox, also eine Entgiftung des Körpers herbeiführen sollen, entgiften den Körper überhaupt nicht. Das machen die Leber und die Nieren. Und denen ist in der Regel herzlich egal, welcher Diät sie nachgehen, solange diese ihrem Körper keine Giftstoffe zuführen. Der britische Ernährungsverband bezeichnet die Idee einer Detox-Ernährung daher als »Unsinn« und »Marketing-Mythos«. Man fühlt sich nach einem Detox höchstens besser, weil man weniger Mist gegessen hat. Dafür hat man mehr Mist geglaubt.

Der folgende Ausdruck beinhaltet keine Täuschung, aber er hat dafür eine schräge Entstehungsgeschichte. Ich bin großer Fan des im Französischen und Italienischen vorkommenden Wortes *vasistas*. Es bezeichnet Oberlichter und Kippfenster und taucht zuerst im Jahr 1776 in verschiedenen französischen Texten auf, damals noch so geschrieben: *wass-ist-dass*. Man ist sich nicht ganz einig, ob es daher kommt, dass Deutsche durch ein Oberlicht schauten, dort Franzosen sahen und riefen: »Was ist das?«, oder ob Deutsche damals in Frankreich zum ersten Mal ein Oberlicht gesehen haben und diese Frage stellten. So oder so hat jemand es verwechselt und gedacht, das sei das Wort für Oberlicht. Und an diese putzige kleine Dummheit wird bis heute in mehreren Sprachen im Alltagsgebrauch erinnert, wenn auch minimal anders geschrieben. Immerhin eine Französisch-Vokabel, die ich nie vergessen werde.

Doch es gibt noch ein prachtvolleres Beispiel für ein Relikt einer Dummheit in einem bis heute gebräuchlichen Wort. Dazu wechseln wir von Europa in die USA, genauer gesagt nach Iowa. Die Hauptstadt des US-Bundesstaats heißt Des Moines und ist benannt nach einem indianischen Wort. Das kam folgendermaßen zustande: Im Juni 1673 traf sich Pater Jacques Marquette mit Vertretern vom Stamm der Peoria. Diese erzählten ihm, ihr verfeindeter Nachbarstamm am Ufer eines nahe gelegenen Flusses hieße Moingoana. Marquette notierte sich das Wort und zeichnete das vermutlich auch auf einer Karte ein. Jedenfalls wurde nach dem Namen dieses Stammes der dort gelegene Fluss und später dann auch die an den Ufern des Flusses liegende Stadt benannt. Erst Anfang des 21. Jahrhunderts fand der Sprachforscher Michael Mc Cafferty der Universität von Indiana heraus, was Moingoana in der Sprache der Peoria eigentlich bedeutete: Kotgesicht. Nun gibt es Forscher*innen, die diesen Umstand bestreiten, aber die Wahrheit ist, dass es sich wohl nicht mehr klar beweisen lässt, denn von jenem Stamm lebt niemand mehr. Also wähle ich die lustigere Variante und verneige mich 350 Jahre später vor dem Peoria, der diesen dummen Witz über den gegnerischen Stamm gemacht hat und ihn bis heute in jeder Landkarte verewigt hat.

Neben den Dummheiten, die sich in der Sprache verewigt haben, gibt es natürlich jede Menge Dummheiten, die Leute sagen. Und glücklicherweise gibt es das Internet, das wirklich sehr viel besser darin ist, sich derlei zu merken oder bei Bedarf zu sammeln. Auf den Aufruf des Twitter-Users @markedly schilderten Tausende das Dümmste, was sie je gehört haben. Und ich will das nicht spoilern, aber ein paar der genannten Dinge sind wirklich spektakulär.

Der Journalist John Brammer berichtete, dass er einen Artikel über die Armut unter amerikanischen Ureinwohnern in Reservaten verfasst hatte. Daraufhin habe ihn ein Leser kontaktiert und ihm einen Artikel geschickt, der den Titel trug *10 Indian Billionaires*, versehen mit dem Hinweis, das passe ja wohl nicht zusammen. Dieser Artikel handelte von zehn indischen Milliardären. Und ja, das wäre auch sonst ein sehr dummer Versuch gewesen, die Armut einer Bevölkerungsgruppe zu widerlegen.

Ich mochte auch die Dame, die meinte, sie könne nicht schwanger werden, denn sie habe ein sehr gutes Immunsystem. Scheint mir ein sehr guter Plan zur Verhütung zu sein, so ein Immunsystem. Mein Favorit ist jedoch ein Mann, der im Zoo einen Wutanfall bekam. Er stand vor dem Okapi-Gehege und echauffierte sich darüber, dass das ja wohl abartig sei. Welcher Perverse in der Zoodirektion habe denn zugestimmt, eine Giraffe und ein Zebra zu kreuzen? Vermutlich hatte er direkt davor eine Vorlesung über Evolution beim Rapper Kollegah.

Übrigens, das Lustigste, das ich je in Bezug auf das Tierreich gehört habe, war ein Gesprächsfetzen im Bochumer Bahnhof. Zwei Männer liefen an mir vorbei, und ich hörte, wie der eine zum anderen sagte: »Ich habe mein ganzes Geld in meine Katze gesteckt.« Aus Sicht des Geldes war das Tier im Grunde ein sehr pelziger Safe. Oder gar eine Trojanische Katze. Das erinnert mich an mich selbst. Nicht weil ich Geld in Tiere stecke, denn ich habe weder das eine noch das andere, ich kann höchstens Luft in Luft stecken. Aber wenn ich nicht gerade über Dummheit schreibe, bin ich viel auf Bühnen unterwegs und das hauptsächlich bei Poetry-Slams und auf Lesebühnen. Einer meiner bekannteren Texte ist ein Gedicht namens »Trojanische Worte«, das von Euphemismen wie »friedenserhaltende Maßnahme« oder »Kollateralschaden« handelt. Mein heißer Favorit daraus ist das Schönreden von »pleitegehen«. Stattdessen sagt man einfach: »Negative Zuwachsraten«. Sexy.

Aber es ist immer ein bisschen traurig, wenn so ein Gedicht abgeschlossen ist und man es in die Welt hinauslässt. Sie werden halt schnell groß und flügge. In diesem Fall aber ist es besonders schade, dass das Gedicht abgeschlossen ist, denn ich könnte es quasi täglich durch neue Beispiele ergänzen. Spätestens seit den »alternativen Fakten« ist das Thema auch wirklich ein bisschen präsenter. Das hindert Medien, Politik und Wirtschaft nicht, ungebremst weiter die Dinge durch geschickte sprachliche Darstellung in ihrem Sinne auszulegen.

Das hat natürlich eine deutliche Schattenseite, wie man an meinen obigen Beispielen schon sehen kann. Manchmal grenzt es aber auch ans Absurde, was da so gemacht wird. Ich denke da gerne an den Dresdner Politologen Werner Patzelt. Als es im Jahr 2018 nach einem Mord auf offener Straße in Chemnitz zu Ausschreitungen gekommen war und daraufhin einige Tage lang, um es mal sehr, sehr milde zu formulieren, ein ziemliches Chaos auf den Straßen herrschte, diskutierte ganz Deutschland, ob es sich vonseiten rechtsextremer Gruppierungen um Hetzjagden auf ausländisch aussehende Menschen handelte. Nun kam (Achtung, Metapher!) ein Schiedsrichter aufs Feld gerannt und machte das Zeichen für den Videobeweis. Und siehe da, wir alle konnten die Hetzjagden in ihrer ganzen Schrecklichkeit mit eigenen Augen sehen. Nun gab es Leute, die versuchten (vergeblich) diese Vorfälle trotzdem zu bestreiten, Stichwort kognitive Dissonanz. Nicht mehr lange danach mussten diese Leute dann ihr Amt als Verfassungsschutzpräsident aufgeben. Oder Ähnliches. Und dann gab es eben Werner Patzelt, der immerhin bis 2019 Professor für Politikwissenschaft an der TU Dresden war. Er schrieb damals in seinem Blog, er könne keine Anzeichen für Hetzjagden erkennen, es habe sich lediglich um »Nacheileverhalten« gehandelt. Man sollte nicht, aber man muss es sich mal auf der Zunge zergehen lassen, dieses Wort Nacheileverhalten. So kann man es auch sagen. Oder?

Im Jahr 2019 wurde in Deutschland über ein anderes Wort diskutiert, auch im Kontext mit rechten Gruppierungen. Diesmal ging es um Todeslisten, die Rechtsextreme von ihren politischen Gegner*innen führten. Und spätestens seit dem NSU und dem Mord am Kassler Regierungspräsidenten Walter Lübcke im Juni 2019 gibt es gute Gründe, solche Listen ernst zu nehmen und sich zu fragen, ob man eigentlich selbst darauf gelandet sein könnte. Womöglich reicht es da ja schon an manchen Stellen, sich öffentlich für Geflüchtete einzusetzen. Das BKA sah sich also in diesem Zusammenhang mit zahlreichen Anfragen konfrontiert. Die Reaktion war unter anderem ein Tweet am 26. Juli 2019, in dem von »rechtsextrem motivierten Adresssammlungen« die Rede war.

Rechtsextrem motivierte Adresssammlungen. So kann man ... Ne, Moment. So einfach ist das mit den Euphemismen nicht. Es geht ja eben immer auch um das sogenannte Framing eines Sachverhalts. Je nachdem, wie man über eine Sache spricht, so stellt man sie auch dar. Ein Ausdruck wie Ausländer oder ausländisch, wie ich ihn oben verwendet habe, hat laut dem Autor Max Czollek in seinem Artikel *Wer überrascht ist, der hebe den rechten Arm* eine ausschließende und distanzierende Funktion. Die Hetzjagden, die in Chemnitz passiert sind, würde er eher als einen Angriff auf ein Viertel der deutschen Bevölkerung bezeichnen. Denn so viele Deutsche haben das, was das Statistische Bundesamt als Migrationshintergrund bezeichnet. Dieser rückt jedoch gegenüber der Tatsache, dass es sich um Deutsche handelt, allzu häufig aus dem angeblichen Hintergrund in den Vordergrund. Zugleich werden all jene »Chemnitzer mit Nacheileverhalten« in einem Tweet des sächsischen Ministerpräsidenten Michael Kretschmer als »Chaoten« bezeichnet. »Wir lassen nicht zu, dass das Bild unseres Landes durch Chaoten beschädigt wird«, schrieb er. Das ist ironischerweise absolut richtig. Auch wenn darüber tatsächlich weltweit in der Presse berichtet wurde und der Fall Deutschland lange Zeit in Atem hielt und bis heute nachbebt, wurde der Ruf des Landes nicht von Chaoten beschädigt. Sondern von Rechtsextremen und Neonazis, denn so bezeichnet man diese Leute, wenn man es nicht verharmlosen oder gar beschönigen will.

Ach, übrigens, wenn wir schon dabei sind: Noch dümmer, als mithilfe von Framing diese Probleme öffentlich kleinzureden, ist es, wenn man diese zum Anlass nimmt, über Ostdeutschland die Nase zu rümpfen. Wenn Sie glauben, »der Ostdeutsche« tendiere halt zu Rechtsextremismus, dann machen Sie es sich nicht nur viel zu einfach, blenden eine gesamtdeutsche strukturelle Situation aus und hängen einem billigen Stereotyp nach, dessen Falschheit man sehr einfach belegen kann. Nein, wir wollen die Dinge ja beim Namen nennen: Derartige Pauschalurteile über Personengruppen sind schlicht dumm.

Manchmal möchte ich aufgrund solcher Dummheiten ja nicht nur Deutschland oder Europa oder die westliche Welt, sondern gleich den ganzen Planeten verlassen und in den Tiefen des Weltraums entschwinden. Einer, der das fast geschafft hat, ist der Astronaut Russell Schweickart. Er wurde in einem Interview im Jahr 1976 auf eine Frage angesprochen, die vermutlich nicht als erste aufkommt, wenn man mit Leuten spricht, die im Weltraum waren. Es ging um die Frage, wie Astronauten eigentlich aufs Klo gehen. Dieses Interview ist bis heute auf der Internetseite der NASA zu finden, darum kenne ich jetzt die Antwort. Diese involviert eine Art Kondom mit Ventil, ich will da jetzt aber auch nicht zu sehr ins Detail gehen. Wie gesagt, man kann es nachlesen.

Nun sind männliche Geschlechtsorgane nicht alle gleich groß. Also bot die NASA ihren Astronauten drei verschiedene Größen zur Auswahl: klein, mittel und groß. Das führte laut Schweickart allerdings dazu, dass viele Astronauten sich von ihrem Ego dazu verleiten ließen, die Variante »groß« zu wählen. Nun, wie man sich denken kann, war das ein selbstbestrafender Fehler. Berichten zufolge sah sich die NASA am Ende genötigt, die Größeneinteilung zu ändern. Man benannte »small, medium and large« um in »large, gigantic and humongous«, also groß, gigantisch und enorm.

Zu Umbenennungen kam es in der Vergangenheit aber auch aus noch dümmeren Gründen. Vielleicht erinnern Sie sich noch daran, dass 2003 weltweite Kontroversen über den Krieg im Irak geführt wurden. Dass Frankreich sich damals nicht an der Seite der USA am Einmarsch im Irak beteiligen wollte, führte in den USA zu Boykotterklärungen französischer Waren. Die antifranzösische Stimmung ging aber so weit, dass die republikanischen Politiker Robert Ney und Walter B. Jones einen radikalen Schritt machten: Sie strichen von der Speisekarte des Abgeordnetenhauses in Washington alle Erwähnungen von French Toast und French Fries. Letzteres war das amerikanische Wort für Pommes frites, was an sich schon schräg ist, denn diese waren keine französische Erfindung. Nun aber stand da dieser Name und musste ersetzt werden. Ab sofort hießen die Pommes Freedom Fries (etwa: Freiheitsfritten).

Ganz neu war die Idee nicht, denn schon im Zweiten Weltkrieg hatte man in den USA das aus dem Deutschen übernommene Wort Sauerkraut und den Hamburger umbenannt – in Liberty Cabbage (Freiheitskohl) und Liberty Sandwich. Das hielt sich jedoch nach Ende des Zweiten Weltkriegs nicht lange. Und auch die Freedom Fries verschwanden wieder. Nachdem man dahintergekommen war, dass die Bush-Regierung unter Vorspiegelung falscher Tatsachen den Irak-Krieg angezettelt hatte, änderte man still und heimlich den Namen zurück. Darauf esse ich jetzt erst mal einen Amerikaner.

Manchmal führt Wut aber auch zu gutem Essen. So kam es am 24. August 1853 im Hotel Moon Lake Lodge in den USA zu einer Auseinandersetzung zwischen dem Koch George Crum und dem Großindustriellen Cornelius Vanderbilt. Der reiche Gast soll sich mehrmals hintereinander darüber beschwert haben, dass die Bratkartoffeln zu dick geschnitten seien. Daraufhin schnitt der Koch aus Wut die Kartoffeln so dünn, dass man sie nicht mal mehr mit der Gabel essen konnte. Doch statt sich zu ärgern, war Vanderbilt begeistert – so wurden die Kartoffelchips erfunden.

Ein anderes berühmtes Lebensmittel entstand der Legende nach durch einen Krieg. Die Rede ist von Kipfel oder Hörnchen, das vermutlich sogar aus Österreich kommend die Idee für das französische Croissant war. Die Form orientiert sich an einem Sichelmond und wurde gewählt, um nach der zurückgeschlagenen Belagerung Wiens durch die türkische Armee deren Symbol zu verspotten. Ob das stimmt, ist nicht gesichert, aber lecker. So, Themenwechsel jetzt, bevor ich ins Buch beiße.

15. Alte Medien

»Idioten sind eine weise Einrichtung der Natur, die es den Dummköpfen erlaubt, sich für klug zu halten.«

Orson Welles

Im Jahr 2019 ein Kapitel zu schreiben, in dem ich mich über Printmedien oder das analoge Fernsehen auslasse, kommt manchen vielleicht ein bisschen so vor, als würde ich nachtreten. Verstehe ich gut, auch ich hänge zu viel im Internet rum und blende manchmal aus, welchen enormen Einfluss alte Medien haben. Ja, LOL, ey, teilweise gucken Leute das noch! Das fällt mir wie Rezo von den Augen!

Ob die Menschen an den sogenannten »alten« Medien hängen sollten, ist eine andere Frage – ich persönlich werfe gerne mal einen Blick in die Zeitung, stehe aber diesem oder jenem Printmedium sehr kritisch gegenüber. Nehmen wir eine große deutsche Tageszeitung, deren Namen ich nicht nennen will, aber sie wird im Netz kritisch von der Seite *bildblog.de* beobachtet. Dort las ich Ende 2015 allen Ernstes diese Frage als Schlagzeile: »Schmierte Per Mertesacker einem Kind beim Einkaufen Popel in die Haare?« Da ist mir vor Schreck glatt ein bisschen Schnodder in die Frisur eines Kindes gefallen. Na logisch.

Ich werde mir den Umstand sparen, hier anhand von diesem oder ähnlichen Beispielen irgendwelche Printmedien wegen darin verbreiteter Dummheiten auseinanderzunehmen. Klar, das machen diverse Blogs schon in sehr lobenswerter Weise, ich könnte mich darauf ausruhen, ein paar Links anzuhängen.

Aber ehrlich gesagt kriege ich langsam Kopfschmerzen. Ich arbeite seit Monaten an diesem Buch, und all die Dummheiten, mit denen ich mich jeden Tag auseinandersetze, knabbern langsam an meiner Hirnrinde. Ich weiß genau, wenn ich jetzt hier ein Medley aus den dümmsten *BILD*-Schlagzeilen der letzten fünfzig Jahre zusammenstelle, dann fallen mir wahrscheinlich alle Haare aus, und ich ändere meinen Namen in Snackira, die Knusperprinzessin.

Lassen wir das. Ich bin bei Weiten nicht der Erste, der sagt, dass es ihm reicht. Bereits im Jahr 1965 hat Lionel Burleigh beschlossen, dass er genug von schlechten Zeitungen hatte und sein eigenes Magazin rausbringen wollte. Unter großem Aufwand schrieb er Artikel und machte landesweit Werbung, verkaufte Anzeigen im Heft und so weiter. Erst als die Zeitung in Druck ging, gönnte er sich eine Pause in einem Hotel. Zumindest bis ihn ein Hotelmitarbeiter ansprach, da soeben 50 000 Ausgaben der Zeitung beim Hotel angeliefert worden waren. Burleigh hatte wirklich alles für seine großartige neue Zeitung gemacht. Außer, sich um einen Vertrieb zu kümmern. So blieben die Zeitungen leider vor seiner Tür liegen.

Das Problem, nicht zu den Konsument*innen bis nach Hause zu kommen, kennt das Fernsehen gar nicht, aber stellt man sich auch bei diesem Medium gerne mal dumm an. Von all den Dingen, die im Fernsehen so schiefliefen, möchte ich eine hervorheben, von der Sie vielleicht noch nicht gehört haben. Es handelt sich um das Format *You're in the picture*, eine Quizshow, im Jahr 1961 moderiert von Jackie Gleason. Die Aufgabe der Teilnehmer*innen war es, den Kopf durch ein Loch in einem Bild zu stecken und dann zu erraten, was auf dem Bild zu sehen war. Da es sich jedoch um sehr unbekannte Bilder handelte, war es quasi unmöglich, hinter das Geheimnis zu kommen. So kam es dann auch, keine einzige Aufgabe wurde gelöst. Eine

Woche später sah die Show dann anders aus. Die Deko war abgebaut, es gab keine Bilder und keine Kandidat*innen. Jackie Gleason saß einfach im Studio, trank eine Tasse Kaffee, in der nach seinen Angaben sehr viel Schnaps war, und betrauerte dreißig Minuten lang das Scheitern der Pilotsendung. Das Publikum war fasziniert und schaltete eine Woche später wieder ein. Auch diesmal saß Gleason wieder alleine da und erzählte. Zumindest bis sich plötzlich ein Schimpanse zu ihm setzte. Ich weiß nicht, wie es Ihnen geht, aber ich bedauere sehr, dass sich daraufhin der Hauptsponsor der Sendung zurückzog, eine Müslifirma, die ich nicht nennen werde, aber sie wird im Netz kritisch von der Seite *kellogsblog.de* beobachtet. Die Begründung war damals, dass es sich nicht mehr, wie abgemacht, um eine Quizsendung handelte. Diese Begründung finde ich sehr fadenscheinig. Gleason hätte doch dem Schimpansen jederzeit ein paar Fragen stellen können. Oder andersherum. Schade um die Chance.

Wir haben gesehen, was bei Printmedien schieflaufen kann und exemplarisch auch, was im TV passieren kann. Man erahnt daraus, wie es dann erst rundgeht, wenn sich die Pfade dieser beiden Medien kreuzen. In der Ausgabe 40/1979 berichtete ein Printmedium, nämlich der *Spiegel*, über das Fernsehen. Es war damals Wahlkampfzeit in Westdeutschland, und der amtierende Kanzler Helmut Schmidt hatte sich einen brillanten Schachzug überlegt, um ein Zeichen zu setzen. Er ließ die Verkabelung von elf deutschen Großstädten stoppen. Würden die Bürger mit privaten Kabel- und Satellitenfernsehen reizüberflutet, so könne dies »die Strukturen der demokratischen Gesellschaft verändern«. Und Schmidt setzte noch einen drauf: »Wir dürfen nicht in Gefahren hineintaumeln, die akuter und gefährlicher sind als die Kernenergie.« Der *Spiegel* nannte diesen Vergleich »gewagt«, was ich jetzt vonseiten des *Spiegels* als besonders ehrenhafte Zurückhaltung werte. Immerhin war man damals von dieser Entwicklung betroffen, zumindest, wenn man Forschungsminister Hauff Glauben schenken wollte, der im selben Artikel zitiert wird mit der Aussage, dass das Aufkommen des privaten Fernsehens »die Existenz von Zeitschriften wie *Spiegel*, *Stern* und *Bunte* gefährdet«. Justizminister Vogel sah das alles entspannter. Nicht. Er wird zitiert mit den Worten: »Wir können doch nicht zulassen, daß durch Informationsüberflutung die Privatheit der Familie zerstört wird.« Nicht nur mag ich die Vorstellung, dass man damals RTL als Gefahr für das Traditionsmedium *Bunte* betrachtet hat oder das Traditionssozialgefüge Familie. Ein mildes Schmunzeln entlockt mir der Umstand, dass all diese Politiker damals das Privatfernsehen offenbar so fürchteten, als habe es mehr Macht als das Internet und die gleichgeschlechtliche Ehe auf einmal. Um mal zwei heutzutage von Populisten gerne herbeizitierte angebliche Bedrohungen unserer Tradition aufzugreifen.

Es nutzte alles nichts. Am 2. Januar 1984 ging RTL (damals noch RTLplus) auf Sendung und zwar aus einem Kreißsaal, in dem der Moderator Rainer Holbe tatsächlich die Geburt des Senderlogos simulierte. Alle Geschmacksfragen waren also binnen Sekunden geklärt, und in Berlin haben Vogel, Hauff und Schmidt vermutlich vor Schreck ihre *Bunte* fallen gelassen. Die klassischen Printmedien wollten dem Vorgang wohl zuvorkommen. Zumindest beim *Stern* dachte man sich scheinbar, wir warten nicht so lange, wir machen uns lieber selbst kaputt. Bereits am 22. April 1983 gab die Zeitschrift bekannt, in Besitz der Tagebücher Adolf Hitlers zu sein. Wie wir heute wissen, hatte Helmut Schmidt diesmal kaum Zeit, vor Schreck etwas fallen zu lassen. Denn die Bücher wurden natürlich genauestens unter die Lupe genommen, und am 6. Mai 1983 gab das Bundesarchiv bekannt, dass es sich um eine krude Fälschung handle –

eines Fälschers mit »eingeschränkter intellektueller Kapazität«. Ob der Betreffende, ein gewisser Konrad Kujau, mit dieser Beschreibung des Bundesarchivs einverstanden gewesen ist, ist nicht überliefert. Auch nicht, ob man sich bei der Konkurrenz ins Fäustchen gelacht hat, zum Beispiel beim *Spiegel*. Na ja, zumindest, bis man 2018 selbst auf einen Fälscher reinfiel. Und wer ist die Einzige, die uns bis heute nicht in diesem Ausmaß belogen und betrogen hat? Die *BUNTE*! Hihi.

Doch der Gipfel der unmoralischen Dummheiten ist damit noch lange nicht erreicht gewesen. Der US-Sender CBS hat im Mai 2015 eine neue Reality-Show namens *The Briefcase* gestartet. Darin wurde einer verarmten oder verschuldeten Familie ein Koffer voller Geld gegeben, und dann wurde ihnen gesagt, dass sie die 101 000 Dollar behalten können – oder einen Teil einer anderen, ihnen unbekannten Familie geben können. Was sie nicht wussten: Die andere Familie ist ebenfalls völlig verarmt und verzweifelt – und wird vor dieselbe Entscheidung gestellt. Die Show hielt sich nur wenige Monate und erhielt harsche Kritik, was niemanden wundern dürfte, der Moral nicht nur für eine Kirschsorte hält. Die Kirschen heißen Morellen, ihr Forellen. Und wundern muss man sich trotzdem, nämlich, dass CBS diese Sendung des Produzenten Dave Broome überhaupt jemals angenommen hat, statt ihn kleinzufalten und in einem Koffer zu seiner Familie zu schicken. Broome hatte wohl gehofft, an seine Erfolge mit *The Biggest Loser* anzuknüpfen, einer ebenfalls fragwürdigen, wenn auch nicht ganz so fragwürdigen Diät-Sendung.

Die Produktionsfirma Indecline hingegen war schon 2002 deutlich tiefer auf der nach unten offenen Moral-Skala gelandet. Denn damals haben sie die Reihe *Bumfights* gestartet. Es handelt sich um eine Reality-Show, in der Obdachlosen Geld oder Nahrung gegeben wird – als Gegenleistung für diverse Aufgaben.

Dazu gehörte das Ausrauben einer Frau, der Konsum von harten Drogen vor der Kamera oder das Verrichten der Notdurft auf dem Bürgersteig. Bestandteil der Show war auch der Bum Hunter, der Jagd auf Obdachlose macht. Der erste Teil der Reihe wurde, nicht zuletzt aufgrund der öffentlichen Kontroverse, einer der bekanntesten Independent-Filme. Es folgten noch drei weitere Filme, bis das Projekt im April 2006 eingestellt wurde.

Da war es allerdings längst zu spät. Bereits im Jahr 2004 hatten sich vier Teenager in Australien dabei gegenseitig gefilmt, wie sie einen Obdachlosen erst zwangen, gestohlene Kekse zu essen, und ihn dann anzündeten. Der Mann starb. Die Jugendlichen riefen weder die Polizei noch die Feuerwehr noch einen Krankenwagen. Sie gingen heim und zeigten das Video ihren Freunden. Vor Gericht nannten sie als Grund für ihre Tat, dass sie auch gerne mal so etwas wie *Bumfights* machen wollten. Keine Ahnung, wie es Ihnen geht, aber dass nicht mal dieser international durch die Medien gehende Vorfall die Filmemacher davon abhielt, 2006 noch *Bumfights 4* rauszubringen, verschlägt mir den Atem.

Zum Glück haben wir so etwas im Deutschen Fernsehen nicht. Hier haben wir einen hohen ethischen Standard, hier entwürdigen sich höchstens Geltungsbedürftige bei *Deutschland sucht den Superstar*, hier magern sich junge Frauen und Mädchen krank wegen *Germanys Next Top Model*, hier müssen abgestürzte und bankrotte Stars und Sternchen zur Belustigung der Massen Maden fressen im *Dschungelcamp*, weil sie sich nicht anders zu helfen wissen. Sogenannte Pannenshows ziehen ihr Unterhaltungspotenzial daraus, dass jemand hinfällt und sich teils schwer verletzt. Dazu werden dann heitere Melodien und Cartoon-Geräusche eingespielt, damit man versteht, dass das lustig ist.

Oder man trifft sich eben bei Nackt-Datingshows wie *Naked Attraction* und bespricht in aller Ausführlichkeit, ob der Arsch der einen Kandidatin schöner ist als der Penis des anderen. Manchmal möchte ich mir im Sinne von Vogel, Hauff und Schmidt einfach eine Schaufel schnappen und alle Fernsehkabel wieder aus dem Boden reißen. Danach würde ich mit dem Spaten die Satelliten vom Himmel werfen. Aber dann wiederholen sie auf irgendeinem Spartenkanal diese eine *Friends*-Folge, in der Joey zu doof ist, Französisch zu lernen. Und alles ist vergeben und vergessen. Denn wenn wir mal ehrlich sind, ist das meiste im Privatfernsehen natürlich dumm, aber es wäre nicht nur elitär, sich darüber zu erheben, sondern vor allem auch gelogen. Die Menschheit hat genau das Privatfernsehen, das sie verdient.

16. Virtuelle Verdummung?

»Zeig mir einen vernünftigen Menschen, ich kuriere ihn.«
Carl Gustav Jung

Das Internet ist wie das Leben: Es saust durch unterirdische Glasfaserkabel und wird per Funk in den Weltraum katapultiert, um dort von Satelliten weitergeleitet zu werden. Und natürlich ist das Internet als zentrale Schnittstelle des Denkens von Milliarden von Menschen ein prachtvoller Ort, an dem Dummheiten gedeihen wie Blumen auf einem Misthaufen. Nur halt andersherum. Gedankt sei den Pionieren der Benutzeroberflächen, die aus den umständlichen Befehlszeilen der ersten Privatcomputer anklickbare Symbole machen. Man kann sich das heute gar nicht mehr vorstellen, dass man früher, um ein Programm zu laden, Zeilen wie Load »$«, 8, 1 wissen und fehlerfrei eintippen musste. Und damit war das Programm nur geladen, noch nicht gestartet. Nein, in unserer goldenen Gegenwart gibt es sogar Apps und Touchscreens, auf die wir nur noch mit unseren Fingern patschen müssen, um unser Ziel zu erreichen. Nur dank der Genies, die unsere Dummheit mit in Betracht gezogen haben, ist die Zauberwelt des Internets wirklich allen zugänglich.

Ich denke dabei zum Beispiel an einen Mann namens Paul Bullen. Er teilte auf Twitter am 10. Februar 2019 einen am Vortag erschienenen Artikel der englischen Zeitung *The Guardian*. In dem Artikel ging es um ein Projekt der Fotografin Laura Dodsworth, die eine Bildserie mit einhundert Fotos von

Vulven gemacht hatte. Die Künstlerin will mit ihrer Darstellung von Geschlechtsorganen ein Gegengewicht zur verzerrten Körperwahrnehmung zum Beispiel in der Pornografie setzen. Dazu kann man die ein oder andere Meinung haben, doch Paul Bullen kommentierte den Artikel lediglich mit den Worten »The correct word is vagina«. Ich glaube, ich muss das nicht übersetzen und auch nichts weiter dazu sagen, ob der Mann jetzt recht hatte. Das taten ohnehin genug andere.

Es gibt einen schönen Neologismus, der die Erklärungen von Männern bezeichnet, die glauben, von einem Gesprächsgegenstand mehr Ahnung zu haben als ihr (in der Regel weibliches) Gegenüber, obwohl sie damit offensichtlich falsch liegen. Dieser Begriff heißt mansplaining, eine Mischung aus man und explaining also. Der Grundgedanke zu dem Begriff stammt aus einem Essay der amerikanischen Schriftstellerin Rebecca Solnit von 2008 mit dem schönen Titel »Men Explain Things to Me; Facts Didn't Get in Their Way«. Da zeigt sich schon der direkte Zusammenhang zwischen Dummheit und Mansplaining. Man (Mann) verzichtet zugunsten eines anderen Motivs auf die Nutzung des Verstands. In diesem Fall geht es um den Versuch der Erhaltung einer etablierten kommunikativen Machtposition der Männer.

Nun kann man über diesen Begriff, seine Grundlagen und seine Verwendung prächtig diskutieren. Aber es kann nicht verwundern, dass Paul Bullen quasi sofort vorgeworfen wurde, etwas zu mansplainen. Worauf dieser mit einer schon ans Erstaunliche grenzenden Resilienz entgegnete, dies sei eine falsche Verwendung des Begriffs mansplaining, damit sei etwas ganz anderes gemeint. Spätestens jetzt begann das Internet vor Euphorie zu vibrieren, denn Paul Bullen hatte tatsächlich Mansplaining mansplaint. Doch es wurde noch bunter, denn nun stieg Dr. Jennifer Gunter ein, eine kanadische Gynäkologin und Bestsellerautorin des Buches *The Vagina Bible*. Man sollte meinen, sie könnte ungefähr eine Ahnung haben, worüber sie spricht, als sie anhand einer Grafik den Unterschied zwischen Vagina und Vulva erläuterte.

Doch davon ließ sich Paul Bullen nicht beeindrucken, im Gegenteil. Er konterte: »Diese Frage setzt keinesfalls derartiges Fachwissen voraus. Tatsächlich könnte dies sogar Teil des Problems sein.« Und im nächsten Schritt holte er aus und verfasste eine zwanzigseitige Abhandlung darüber, wieso man ihn seiner Ansicht nach falsch verstanden hatte und er nach wie vor der Ansicht ist, von Anfang an recht gehabt zu haben. Da konnten Dr. Gunter und der Rest des Internets dann auch nur noch den Kopf schütteln und sagen: »Ja, LOL, ey.« Wie einfach wäre es gewesen, einen durchaus verzeihlichen Fehler einzugestehen? Und scheinbar doch so unendlich schwer. Behalten wir das im Hinterkopf als Paradebeispiel dafür, wie Menschen oft nicht imstande sind, sich selbst und anderen gegenüber ihre Dummheiten zuzugeben.

Besonders erschreckend finde ich aktuell, mit welcher Unbeirrbarkeit Menschen bis in die höchsten Machtpositionen bestreiten, dass es in der Wissenschaft einen umfassenden Konsens über den menschengemachten Klimawandel gibt. Das passiert natürlich auch im Internet, aber ich will jetzt nicht schon wieder den Twitter-Account von Donald Trump hervorzaubern. Zumindest noch nicht. Nehmen wir als Beispiel lieber erst mal einen Mann namens Gary P. Jackson, der auf einen Tweet der Australierin Katie Mack antwortete. Mack hatte sich darin besorgt über den Klimawandel und dessen Folgen geäußert. Gary Jackson nahm das zum Anlass zu schreiben: »Vielleicht sollten Sie erst mal etwas richtige WISSENSCHAFT lernen, statt den Kriminellen zuzuhören, die die Lüge von der globalen Erwärmung verbreiten.« Katie Mack entgegnete sehr höflich: »Ich weiß ja auch nicht, Mann, ich habe doch schon einen Doktortitel in Astrophysik. Noch mehr wäre an dieser Stelle womöglich zu viel des Guten.« Autsch. Doch wie wir von Paul Bullen wissen, ist man ja Teil des Problems, wenn man über etwas Bescheid weiß.

Natürlich ist das Internet voll mit Sammlungen über Dummheiten im Internet, denn das Internet liebt sich selbst in all seinen Facetten. Eine der schönsten Sammlungen, die ich gefunden habe, ist ein Video auf dem YouTube-Kanal J.T. Sexkik mit dem Titel *77 Actual WikiHow Articles*. WikiHow ist, ganz einfach gesagt, eine Plattform, auf der man Anleitungen veröffentlichen und finden kann. Nun ist es regelrecht haarsträubend, für was man dort Anleitungen findet.

Da wären zum Beispiel Anleitungen zu scheinbaren Alltäglichkeiten: »Wie man mit den Händen klatscht«, »Wie man ein Buch liest« oder »Wie man zu McDonald's geht«. Da gibt es offenbar Leute, die denken, dass es an der Zeit ist, dem Rest der Welt zu erklären, wie man diese schwierigen Aufgaben bewältigen kann. Aber natürlich werden auch schwierigere Themen angesprochen: »Wie man ein Zauberer wird« oder ein Artikel, den Paul Bullen vermutlich gelesen hat: »Wie man eine Diskussion gewinnt, obwohl man weiß, dass man unrecht hat«. Die Anleitung, die ich ihm und einem großen Teil der Menschheit gerne ans Herz legen würde und von der auch ich noch viel lernen kann, heißt jedoch: »How to keep your thoughts inside your head« – »Wie man seine Gedanken innerhalb des Kopfes behalten kann«. Ich weiß es auch nicht, mir fallen die Dinger ständig aus dem Mund oder an den Fingern entlang in die Tastatur. Was macht man da?

Wenn man seine Gedanken nicht für sich behalten kann oder möchte und eventuell sogar noch darüber hinaus zeigefreudig drauf ist, gibt es aber auch gute Nachrichten. Das

Internet hat in den letzten Jahren genau diesen Befund in zahlreiche neue Berufsbilder verwandelt, und vermutlich das bekannteste ist Influencer oder Influencerin. Übrigens: Wenn Sie schwierige Rätsel mögen, dann zeigen Sie mir den einen »Kabarettisten« in Deutschland, der keinen Witz darüber im Programm hat, dass »Influencer« klingt wie »Influenza«. Kleiner Tipp: Ich bin es nicht, ich bin Sachbuchautor, wie ich zu betonen nicht müde werde. Influencer*innen sind hingegen, ganz einfach gesagt, Menschen, die im Netz eine große Zahl von Anhänger*innen haben und diese natürlich mit ihrem Handeln beeinflussen können. Oft gibt es Schnittmengen zwischen klassischen Prominenten und Influencer*innen, aber es gibt auch solche, deren enorme Bekanntheit sich weitgehend aufs Internet beschränkt. Wobei, was heißt 2019 schon »aufs Internet beschränkt«? Einem bekannten deutschen Rapper, dessen Namen ich aus persönlicher Aversion nicht nennen mag, wurde in einem Interview mit einem großen Privatfernsehsender vom Moderator angeboten, er habe jetzt die große Chance, mal im Fernsehen Werbung für sich zu machen. Farid Bang sagte daraufhin: »Ach, mein Publikum ist doch größer als ProSieben, da habe ich euch schon.«

Und ja, da hat er einen Punkt. Wenn man genug Einfluss im Netz hat, können einem die alten Medien scheinbar weitgehend egal sein. Vielleicht ist das auch einer der Gründe, warum manche Politiker*innen ihre Außenkommunikation auf soziale Medien konzentrieren. Das hat natürlich auch den Vorteil, dass man zunächst mal ganz entspannt an kritischen Nachfragen oder Recherchen von Journalist*innen vorbeikommt. Der direkte Weg zum Publikum bedeutet freie Fahrt für jede Dummheit.

Und nun hole ich ihn doch noch einmal hervor: Im Juli 2019 äußerte sich US-Präsident Donald Trump bei Twitter sehr abfällig über die Stadt Baltimore. Dort kam Elijah Cummings her, ein erklärter Gegner von Trump und Kritiker insbesondere seines Umgangs mit Migranten an der Südgrenze der USA. Während erschreckend viele von Trumps Tiraden auf Twitter regelrecht verpuffen, da die Menschen offenbar an der Stelle inzwischen Hornhaut entwickelt haben, gab es wegen der Äußerungen zu Baltimore einigen Gegenwind. Unter anderem äußerte sich David Simon in einem Tweet, in dem er meinte, Trump hätte keine Ahnung von Baltimore und den Menschen dort. Das wiederum brachte einen anderen Twitter-User auf die Palme, der David Simon vorwarf, selbst keine Ahnung zu haben. Dabei seien die Missstände in Baltimore so krass und offensichtlich, es gäbe schließlich sogar eine Krimi-Serie, die genau dieses Thema in den Mittelpunkt stelle, nämlich die preisgekrönte Serie *The Wire*. Ob David Simon diese nicht kenne, fragte der User weiter. Dabei darf es als recht wahrscheinlich gelten, dass Simon sich nicht nur in Baltimore gut auskennt, sondern auch mit der Serie vertraut ist. Er war schließlich ihr Autor.

Und während sich zahlreiche Leute über diesen User lustig machten, ist er dennoch nicht der einzige geblieben, der Simon Ahnungslosigkeit vorwarf. Eine Frage bleibt mir jedoch: Verrennt man sich mit solchen Diskussionen und verpasst das eigentliche Problem, nämlich rassistische Äußerungen eines US-Präsidenten? Oder kann man eben doch über beides sprechen? Dummheit allerorten?

Wechseln wir nach Deutschland. Björn Höcke ereiferte sich 2019 beim sogenannten Kyffhäuser-Treffen, einem jährlichen Treffen des völkisch-nationalen Flügels der AfD, Deutschland sei für ihn eine »Maulkorb-Demokratie«. Das ist nur ein Beispiel dafür, dass von Populist*innen immer wieder die Meinungsfreiheit in Zweifel gezogen wird und von Zensur die Rede ist. Oft genügt da schon eine Gegenrede mit anderer Meinung, zack, wertet das jemand als Zensur und Maulkorb für sich. Die Empfindsamkeit ist da scheinbar sehr hoch. Dabei kann man gar nicht oft genug betonen, dass Meinungsfreiheit nicht bedeutet, dass einem nicht widersprochen werden darf. Auch öffentlich. Ich habe jede Freiheit, zu behaupten, dass Giraffen vom Otter abstammen und im Grunde genommen grüne Hühner sind, die statt Eiern Popcorn legen. Oder dass man einen Fisch an Land werfen kann und er sich dort in einen Leguan verwandelt. Aber wenn jemand kommt und entgegnet, das sei unwissenschaftlich und vermutlich sogar falsch, kann ich dieser Person nicht Zensur vorwerfen. Höchstens mangelnde Kenntnis von Giraffen und Fischen.

Nun hat Höcke Anfang Juli 2019 auch einigen Gegenwind für seine Behauptung gekriegt, auch und insbesondere im Internet. So wurde ihm auf Twitter vom Autor und Comedian Markus Barth vorgehalten, eine »Maulkorb-Demokratie« anzuklagen, während er seit Jahren die Freiheit hat, ungehindert sogar rassistische Dinge öffentlich zu sagen, wie etwa die Behauptung, es gäbe zwei Menschentypen: Da wäre einmal der »europäische Platzhaltertyp« und auf der anderen Seite der »afrikanische Ausbreitungstyp«, ich sprach das Thema oben im Kapitel *Politik und Wirtschaft* schon einmal kurz an. »Rechtsextremismusforscher sehen Björn Höcke damit in einer Linie mit der Rassentheorie des Nationalsozialismus«, schreibt dazu die ARD. Sagen darf er diese Dinge offenkundig trotzdem, denn diese Aussage tätigte er schon im November 2015. Einen Maulkorb trägt er bis heute nicht. Eine doppelte ironische Wendung jedoch war es, dass dann wiederum Leute versucht haben, Markus Barths Tweet zu dem Thema von Twitter löschen zu lassen. Ob man diesen Menschen erklären kann, dass sie damit die freie Meinungsäußerung, für die sie doch eintreten wollten, hier einzuschränken versuchen? Oder darf ich das heutzutage gar nicht mehr sagen?

Sind wir wirklich allesamt so dumm, dass wir nicht verstehen, dass wir sagen können, was wir wollen, aber das nicht bedeutet, dass alle das feiern werden? Man darf jeden Scheiß erzählen, der einem gerade in den Kopf kommt, aber natürlich darf dann jede*r andere sagen, dass es Scheiß ist. Zumindest, wenn man die Situation nicht so elegant zu lösen vermag wie die Bundeskanzlerin gegenüber der »kritischen« Zwischenfrage eines Zuhörers im Kapitel *Politik und Wirtschaft*. Manchmal habe ich das Gefühl, es ist einfach zu einfach.

Folgen Sie mir nun bitte kurz auf einen kleinen Umweg über Lyrik, Affen und Belohnungen für kaputte Beziehungen, damit wir am Ende bei einer zentralen Dummheit des Internets landen. Der Dichter Raoul Schrott ist eine erstaunliche Version eines Poeten, denn ihn treibt neben der Lyrik ein großes Interesse an Naturwissenschaften an. Aktuell arbeitet er am Mammutprojekt *Atlas des Sternenhimmels*, für das er bis 2022 weltweit Geschichten und Beschreibungen des Sternenhimmels zusammenträgt. Denn ihm war aufgefallen, dass es so eine Zusammenstellung noch nicht gibt. Das mag ein guter Hinweis darauf sein, wie kreatives Denken, auch von außerhalb kommend, die Wissenschaft bereichern kann.

Aber das nur am Rande, denn hier soll es darum gehen, dass Schrott sich auch der Gehirnforschung zugewendet hat, in seinem Buch *Gehirn und Gedicht*, das er 2011 gemeinsam mit dem Neuropsychologen Arthur Jacobs verfasst hat. Darin geht es unter anderem auch um die Vermutung, dass man anhand der Größe des Frontallappens der Gehirns Rückschlüsse auf die Gruppengröße ziehen kann, in der ein Primat lebte oder lebt. Denn dieser Teil des Gehirns ist unter anderem für Verhaltensformen zuständig, die sich innerhalb einer Gruppe herausbilden. Dort liegt zum Beispiel das motorische Sprachzentrum Broca-Areal, und der Frontallappen spielt »für höhere kognitive Aufgaben wie Humor, Emotionen und Persönlichkeit eine bedeutende Rolle«, heißt es im *Lexikon der Neurowissenschaft*. Dass weiter davon die Rede ist, dass Patienten mit Beschädigungen in diesem Bereich einen auffällig verschobenen Humor haben, der weg von ironischem Wortwitz hin zu Slapstick und Albernheiten führt, nehmen wir zur Kenntnis.

Es leuchtet ein, dass dieser Bereich des Gehirns schon beim Primaten deutlich ausgeprägter als bei anderen Säugetieren und beim Menschen am größten. Ich habe das getestet und einer Katze einen Witz erzählt. Sie lachte nicht mal über sehr alberne Witze, sondern hörte mir aufmerksam zu und schlug mir dann mit der Tatze ins Gesicht, pinkelte ins Wohnzimmer und aß ein bisschen Katzenstreu. Vermutlich war das Ironie. Wenn man nun schaut, in welcher Korrelation Gruppengröße und Größe des Frontallappens stehen, kann man schlussfolgern, dass unser Gehirn für eine soziale Gemeinschaft von rund 150 Leuten ausgelegt ist. Natürlich gibt es Menschen, die deutlich mehr Freunde und Bekannte haben, andere halten es dagegen kaum mit anderen Leuten im selben Raum aus, geschweige denn mit sich selbst. Der Neurologe Ernst Pöppel betont, dass wir offenkundig, um zu funktionieren, auf Sozialkontakte angewiesen sind. Daher belohnt die Natur soziale Interaktionen durch Ausschüttung von Botenstoffen im Gehirn. Das mag auf den ersten Blick einleuchten, aber Pöppel hält es für »eine absurde Dummheit der Evolution, denn dadurch ist man seinem Belohnungssystem manchmal schlichtweg ausgeliefert, selbst wenn ein anderes Verhalten letztendlich vorteilhafter wäre«.

Ein Beispiel dafür sind kaputte Beziehungen, von denen man sich aber nicht trennen kann, weil sie für das eigene Funktionieren und das Selbstbild notwendig scheinen. Einsamkeit ist eben auch keine gute Alternative. In einer von Julianne

Holt-Lunstad geleiteten Meta-Studie über die Gefahren der Einsamkeit und der sozialen Isolation wurden 2015 die Ergebnisse von 148 Studien zu diesem Thema untersucht. Ihr Team kam zu dem Schluss, dass Einsamkeit ähnlich gesundheitsschädigende Folgen haben kann wie Rauchen oder starkes Übergewicht. Oder, um es kurz und hart zu sagen: Man kann an den Folgen von Einsamkeit und sozialer Isolation sterben. Zum Glück haben wir nicht nur die Wahl zwischen Einsamkeit und schrecklichen Beziehungen. Mein Vorschlag: Suchen Sie sich doch einfach gute Leute als Freundinnen und Freunde aus. Wechseln Sie bei Bedarf. Und wenn Ihnen Ihre Familie nicht mehr gefällt, suchen Sie sich einfach eine neue. Gehen Sie in der Fußgängerzone wahllos auf Passanten zu und sagen Sie den magischen Satz: »Du bist jetzt meine Mama.«

Bei langfristigen Beziehungen kommt es zu spannenden Phänomenen, zum Beispiel passen sich durch die Neuroplastizität, also die Fähigkeit unserer Gehirne, sich durch Erfahrung selbst zu verändern, die Denkweisen einander an. Vermutlich kennen Sie das: Mit gut bekannten Personen brauchen Sie nicht viel zu reden, ein Blick genügt, und schon weiß man, was der oder die andere denkt. Zwei Doofe, ein Gedanke, sagt man auf Deutsch. In England ist man weniger bescheiden, da heißt der Satz: Great minds think alike.

Tatsächlich ist es ja so, dass wir Menschen in Netzwerken leben. Wenn wir aufzeichnen, wen wir so kennen und wie diese Leute sich untereinander kennen, entsteht ein recht komplexes Netz. Und wenn das alle Menschen auf der Welt machen würden und man diese Netzwerke dann zu einem großen Netzwerk verbindet, dann kriegt Mark Zuckerberg warme Gefühle. Schon 1967 hat der amerikanische Psychologe Stanley Milgram angenommen, dass jeder Mensch jeden anderen über durchschnittlich sechs Ecken kennt. Seine Theorie prüfte er damals per Brief. Für die, denen das nicht bekannt ist: Briefe sind so eine Art antike E-Mail für Leute, die den Regenwald hassen und deswegen so viel Papier wie möglich einsetzen wollen. Als man Milgrams Experiment 2003 wiederholte, kam man zu einem ähnlichen Ergebnis in Bezug auf das Kleine-Welt-Phänomen: Jede kennt jeden um rund sechs Ecken.

Es schien eine Konstante. Nun, zumindest bis soziale Netzwerke erfunden wurden. Inzwischen hat sich der Wert fast halbiert, zumindest, wenn Sie bei Facebook angemeldet sind. Dann sind Sie über rund 3,5 Zwischenschritte verbunden mit jedem und jeder anderen der 2,3 Milliarden aktiven Facebook-Nutzer*innen. Und das unabhängig von Alter, Geschlecht, Herkunft, Religion, Wohnort. Das bedeutet, Sie sind über dreieinhalb Schritte mit dem US-Präsidenten verbunden, aber auch mit einem Farmer im australischen Outback. Drei Zwischenschritte klingen ausformuliert so: Sie kennen jemanden, der jemanden kennt, der jemanden kennt, der den US-Präsidenten kennt. Aber wenn Sie Facebook außen vor lassen, ist es noch abgefahrener, finde ich, denn dann trifft es ja auf jeden Menschen auf der Welt zu, alle rund 7,6 Milliarden Leute: Um sechs Ecken kennen Sie sie alle.

Spannenderweise ist das eine weitere Parallele zu unserem Gehirn, denn darin ist jede Nervenzelle mit jeder anderen Nervenzelle über maximal vier Stationen verbunden. Und dabei handelt es sich um 100 Milliarden Neuronen, also dreizehnmal mehr, als es Menschen auf der Welt gibt. Die Nervenzellen sind mit etwa 100 Billionen Synapsen miteinander verbunden. Und während Sie denken, dass Sie das hier einfach lesen, hat in Wirklichkeit Ihr Gehirn etwas über sich selbst gelernt. Dass es das kann, ist phänomenal und funktioniert nur durch die extreme Vernetzung. Sollten wir Menschen uns also auch so viel wie möglich vernetzen? Die Antwort ist ganz klar: Jein.

Kritiker*innen führen ins Feld, dass uns die extreme Vernetzung sehr wenig bringt und durch rein virtuelle Freundschaften unserem Gehirn und dessen Belohnungssystem falsche Anreize liefert. Andere Aspekte der Freundschaft wie körperliche Nähe, gemeinsame Aktivitäten und Tandemfahren geraten dabei ins Hintertreffen. Um es kurz zu sagen: Du kannst meinen Like-Button klicken, bis deine Maus zusammenbricht, aber eine langfristige Beziehung mit aufeinander eingestelltem Denken wird da nicht draus. Und dennoch feuert unser Gehirn jedes Mal kleine Belohnungshormondosen, wenn wir das Gefühl haben, gemocht zu werden – auch im Netz. Da kann man rational auch wenig dran drehen, so tickt die Maschine halt.

Aber, so betont Ernst Pöppel: »Instant Happiness gibt es nicht. Und wenn man etwas bereut, dauert es einfach eine Weile, bis man sich selbst wieder in die Augen schauen kann. Emotionale Stabilität lässt sich nur erreichen, indem wir uns Zeit lassen.« Eine Studie unter der Leitung des amerikanischen Mediziners und Psychologen Brian A. Primack legt sogar nahe, dass die Nutzung von sozialen Netzwerken zu Einsamkeit führt. Andere Studien, wie eine umfassende internationale Umfrage des Internet-Dienstleisters Kapersky, legen bei aller Kritik auch nahe, dass soziale Netzwerke andererseits Freundschaften sogar festigen können. Das ist im Grunde eine banale Erkenntnis: Natürlich kann man auf diesem Weg Kontakt halten und sich auf komplett andere Art verbinden, als es per Post, Mail oder Telefon der Fall wäre. Zum Beispiel lade ich regelmäßig Selfies des Autors Elias Hirschl runter, schneide per Photoshop seinen beeindruckenden Mittelscheitel aus, setze ihn als Schnauzbart in sein Gesicht ein und lade das Bild so wieder hoch. Machen Sie das mal per Festnetztelefon.

Über die soziale Funktion sozialer Netzwerke kann man trefflich streiten. Was mich zu der Frage führt, ob uns in sozialen

Netzwerken neben der oft berufenen Schwarmintelligenz nicht auch eine Schwarmdummheit droht. Sie kennen Online-Posts der Art: »Wie heißt noch mal dieses Dings, wo man so drückt und dann ist das total laut und manscht alles zu Pamp?« Da schreiben dann hundert Leute verschiedenste Vorschläge drunter, bis jemand schließlich sagt: »Das heißt Mixer, Bettina.«

Fragen Sie mich nicht, warum die Dame in dem Beispiel Bettina heißt. Jedenfalls ist sie ein hervorragendes Beispiel für Schwarmintelligenz. Mir fehlt eine Info, also lasse ich mir vom Schwarm meiner Freund*innen helfen. Für das Gegenteil, also die Schwarmdummheit, liefert der Germanist und Philosoph Niels Werber in seinem Buch *Ameisengesellschaften. Eine Faszinationsgeschichte* ein dramatisches Beispiel. Er berichtet, eine Untergattung der Wanderarmeise namens Ecitonae sei vermutlich ausgestorben, weil einige von ihnen angefangen hatten, im Kreis zu laufen. Und der Rest folgte einfach nur seinem natürlichen Instinkt, der Gruppe zu folgen, und legte dabei weitere kreisförmige Spuren, denen wieder andere folgten. Es entstand im wahrsten Sinne des Wortes ein Teufelskreis, an dessen Ende die rotierenden Ameisen austrockneten.

Wenn es um soziale Netzwerke geht, spricht man in letzter Zeit viel von Filterblasen. Diesen Begriff prägte der Internetaktivist Eli Pariser 2011 in einem Buch mit dem Titel *The Filter Bubble: What the Internet Is Hiding from You*. Solche Filterblasen entstehen, weil Internetseiten und insbesondere soziale Netzwerke einen Algorithmus einsetzen, um vorauszusagen, welche Informationen für welche Nutzer relevant sind. Nun ist ein Algorithmus keine taktsichere Algenart, der Name leitet sich von Al-Chwarizmi (Latein: Algoritmi) ab, einem persischen Universalgelehrten des Frühmittelalters. Ja, auch das kommt aus dem Nahen Osten. Und viele reden heute über den Algorithmus, als wäre es ein dunkles Zauberwort, dessen Ursprung und Bedeutung niemand versteht. Dabei ist es so einfach: Ein Algorithmus ist im Grunde nur ein genau definiertes Rechenverfahren in mehreren Einzelschritten. Der Vorgang ist dabei, angewendet auf soziale Netzwerke im Internet, im Prinzip erst mal neutral: Sie suchen zum Beispiel nach Informationen über Angeln, sind mit vielen Anglern befreundet, das wird alles registriert, und der Algorithmus berechnet daraus, dass Sie ein Presseartikel über das Fliegenfischen interessiert, der Kontakt zu einem Vorstandsmitglied im lokalen Angelverein oder das Video »Drillen am Polder« des niederländischen »Hecht-Papstes« Jan Eggers. Vermutlich denken Sie dann: recht so, Herr Algorithmus. Schande über jene, die nicht gerne den lieben langen Tag am Polder drillen! Oder nicht mal wissen, was zum Hecht das heißen soll.

Das ist so weit ja auch völlig unproblematisch. Schwierig wird es, wenn Sie nicht nach Angeln suchen, sondern sich zum Beispiel über eine Verschwörungstheorie informieren wollen oder Ihnen auf der Arbeit jemand erzählt, dass diese oder jene Bevölkerungsgruppe zur Kriminalität neigt, und Sie wollen das mal im Internet überprüfen. Da ist aber Schluss mit Drillen und Poldern, liebe Freunde, da öffnet sich die Büchse der Pandora. Denn, da sind wir uns sicher ausnahmsweise mal alle einig: Das Internet ist voll mit sehr viel Quatsch, Falschmeldungen, als Nachrichten verkleideten wirren Theorien und Videos, in denen bewiesen werden soll, dass Außerirdische die Pyramiden von Gizeh als Landeplatz gebaut haben. Muss man wissen.

Werfen Sie doch bei Gelegenheit mal einen Blick auf die Seite *HOAXmap.org*, einer virtuellen Karte von Falschmeldungen über angebliche kriminelle Aktivitäten von Asylsuchenden. Allein aus den Jahren 2015 bis 2016 finden Sie dort viele Hundert Fälle, jeweils mit Link zum Nachweis, dass es sich jeweils um Fälschungen handelte. Da wird die Neutralität des Algorithmus zum Problem. Denn der Computer weiß ja nicht von allein, welche Meldungen, Videos oder Posts eine Fälschung sind. Er bemisst Relevanz aus Reichweite und empfiehlt, was andere mit ähnlichen Interessen schon interessiert hat. So gerät man in eine Echokammer, in der das eigene Denken immer weiter bestätigt oder gar radikalisiert wird. Das gilt ausdrücklich auch für Dummheiten. Es gibt zwar Hinweise darauf, dass der Algorithmus immer wieder mal entgegengesetzte Informationen an die Oberfläche spült und die Nutzer*innen diese aktiv wegklicken, wie etwa Eytan Bakshy in einem Artikel für das Magazin *Science* darlegte. Es leuchtet ein, ganz ohne die Lenkung des Users geht es nicht. Auf der anderen Seite halten Sie sich vor Augen, dass 70 Prozent der auf YouTube gesehenen Videos auf Vorschlägen basieren, die der Algorithmus macht. Und klar, wenn Sie sich für Videos über den Anschlag des 11. September interessieren, dann wird da manchmal auch eine ernst zu nehmende Doku vorgeschlagen werden. Aber das bildet leider offensichtlich die Ausnahme. Ohne greift dann irgendwann auch der Mechanismus zur Umgehung einer kognitiven Dissonanz, und nicht zum antrainierten Weltbild passende Informationen werden ausgeblendet. Oder, noch einfacher, schlicht nicht angeklickt.

Der französische Programmierer Guillaume Chaslot hat einen Bot programmiert, der über achtzehn Monate lang prototypische YouTube-Nutzer simulierte. Das Ergebnis kann man auf *algotransparency.org* bewundern; es zeigt, ganz einfach gesagt: Bei den Videos, die vorgeschlagen werden, überwiegen spaltende, sensationslüsterne und verschwörerische Inhalte. Ähnliches beobachtet der Berliner Daten-Analyst Raymond Serrato, der unter anderem beobachtete, wie der Algorithmus mit den Vorgängen nach dem bereits im Kapitel *Dumme Sprache* erwähnten Mord in Chemnitz 2018 umging.

Man sucht Informationen über eine Krankheit und landet bei den Videos von Impfgegnern. Man will sich über den Krieg im Irak informieren und landet bei den fanatischen Videos von ISIS. Es scheint, wie der Journalist Michael Moorstedt es ausdrückt: »Wahrheit klickt sich nicht gut.« Führt nun also die Zugänglichkeit fast unbegrenzter Information für alle, die ja eigentlich ein Idealbild für den Gedanken der Aufklärung sein sollte, auf diesem zur Verdummung? Und mehr noch, kommen wir, wie es Peter Sloterdijk beschreibt, an einen Punkt, »an dem die Aufklärung in das einmündet, was zu verhindern sie angetreten war, Angstmehrung«? Ich fürchte, es ist zu früh, diese Frage zu beantworten. Auch wenn es ein drängendes Problem ist, was Emil Kowalski etwas gelassener und zugleich allgemeiner fragt: »Welche gesellschaftlichen Auswirkungen wird die Dezentralisierung der Intelligenz haben?«

Dabei gibt es ja Folgen der Omnipräsenz von Technik, die schon heute klar nachweisbar sind und die bis vor Kurzem noch unvorstellbar waren. Hätte man zum Beispiel vor zwanzig Jahren schon prophezeien können, dass Smartphones mal reihenweise Unfälle verursachen, weil User beim Laufen *Candy Crush* spielen oder Instagram durchscrollen? Vermutlich so wenig, wie man absehen konnte, dass mit den Emojis eine Variante einer Art hieroglyphischen Schrift wieder in Mode kommt. Zumindest eine dieser beiden Sachen ist definitiv eine brandneue Dummheit, die es ohne Internet und mobile Telefone so nicht geben würde. Neben der Frage, ob die Algorithmen sozialer Medien unsere Dummheiten verstärken, kann man sich fragen, welchen Dummheiten das Internet womöglich noch Tür und Tor öffnet. Der Mainzer Historiker Andreas Rödder geht in seinem Buch *21.0: Eine kurze Geschichte der Gegenwart* dieser Frage nach. Er stellt die Vermutung auf, dass durch das Internet womöglich ganz neue, alternative Denkformen entstehen. Statt einen Text linear zu erfassen und seiner logischen Struktur zu folgen, springt man zu Querverweisen und Links. Dadurch entsteht eine durch Heterogenität, Vielheit und Brüche geprägte Denkstruktur. Diese nennt Rödder rhizomatisch, also wurzelförmig oder verflochten. Traditionelle Logik und Kausalität könnten dadurch ins Wanken geraten, so Rödder weiter. Ich weiß ja nicht, wie es Ihnen dabei geht, aber das klingt so dramatisch, dass ich sofort an Dionysius Lardner aus dem Kapitel *Unwissenschaft und Technik* denken muss, der davon ausging, dass schnelles Zugfahren zum Ersticken führen könnte. Doch ich mag das auch nicht so einfach als fortschrittskritische Angstmache abtun, denn Rödder ist natürlich nicht der Einzige, der sich fragt, was das Internet und der gewandelte Medienkonsum mit unserem Denken macht.

Professor Peter Gerjets aus Tübingen, Leiter der Arbeitsgruppe »Multimodale Interaktion« am Leibniz-Institut für Wissensmedien, betont, dass Lesen und Lernen im Internet anders verläuft als im Buch. Was daran liegt, dass digitale Texte neue, andere Funktionalitäten enthalten wie die schon bei Rödder erwähnten Hyperlinks. Gertjets und sein Team untersuchten beim Lesen verschiedener Textformate die Augen und Augenbewegungen von Probanden und stellten fest, dass Hyperlinks in Texten bei Lesenden eine Reaktion hervorrufen und zwar auch, wenn sie gar nicht geklickt werden. Für mindestens einen Moment ist das Gehirn damit befasst, den Wunsch zu unterdrücken, herauszufinden, was auf der anderen Seite des Links liegt.

Der Wirtschaftsjournalist Nicholas Carr vermutet zudem in seinem Buch *The Shallows: What the Internet Is Doing to Our Brains*, die ständige Ablenkung im Netz könnte uns abstumpfen. Schlimmer noch, wir müssen uns nichts mehr merken, weil man alles googeln kann, und dadurch fehlt das breite Basiswissen, das uns erst ermöglicht, durch neue Assoziationen kreativ zu werden. Das sieht Professor Martin Korte, Neurobiologe von der TU Braunschweig, ebenso. Er betont zwar zugleich die Anpassungsfähigkeit des Gehirns und bestreitet klar, dass es eine Revolution des Denkens geben wird, wie Rödder sie vermutet. Jedoch verdeutlicht Korte noch einen weiteren Punkt: Wenn unser Gehirn allzu großen Datenmengen ausgesetzt ist, ist es irgendwann überfordert und schaltet auf einen undifferenzierten Modus. Bei zu hoher Komplexität neigen wir schnell zum Vereinfachen. Auch in diesem Sinne reagieren wir auf die Datenflut des Internets, insbesondere seit 2007/2008 fühlen sich vermehrt Menschen von Informationen überfordert, was zumindest nahelegt, dass es mit der mobilen Verfügbarkeit des Internets durch Smartphones zu tun hat. Korte hofft auf eine Anpassung, und ich hoffe einfach mal mit, denn so viel Spielraum nach unten sehe ich bei unserer Denkfähigkeit eh nicht mehr.

Eine Studie von 2017 untersuchte, wie weit das Problem mit der kognitiven Einschränkung durch Smartphones reicht: In zwei Experimenten erforschte Adrian F. Ward mit seinem Team, wie sich die Anwesenheit des eigenen Smartphones auf die intellektuelle Leistungsfähigkeit von Probanden auswirkte. Tatsächlich legen ihre Ergebnisse nah, dass das Smartphone tatsächlich nicht einmal etwas machen muss. Es reicht, wenn es bei einem Test neben uns auf dem Tisch liegt und uns durch den Gedanken an seine Möglichkeiten ablenkt. Schon reduziert sich dadurch nachweislich unsere kognitive Leistungsfähigkeit. Kurz gesagt: Womöglich macht uns die ständige Verfügbarkeit von Wissen tatsächlich dümmer. Wir sollten das eventuell im Auge behalten und das mal im Internet recherchieren. Es gibt bestimmt ein paar tolle YouTube-Videos dazu und Katzenbildchen.

Okay, ich gebe zu, das waren jetzt ganz schönen Brocken, die ich da in den Raum geworfen habe. Dummheit ist nicht immer leicht. Aber zum Glück oft genug. Werfen wir zum Abschluss des Kapitels noch mal einen kurzen Blick auf die fabelhafte Welt der Influencer*innen.

Im Juli 2019 wurde eine sehr bekannte englische Influencerin namens Belle Delphine weit über die sozialen Medien hinaus bekannt. Sie war auf den brillanten Plan gekommen, ihr benutztes Badewasser zu verkaufen. Glauben Sie mir, schneller als Sie sagen können: »Welcher Idiot gibt denn Geld aus für benutztes Badewasser?«, war das ausverkauft. Es kursierten danach sogar Gerüchte, ein Mann sei nach Konsum des Badewassers ins Krankenhaus gekommen. Diese basierten jedoch auf einem geschickt gefälschten Zeitungsartikel. Natürlich. Da macht sich jemand die Mühe, einen Zeitungsartikel zu fälschen, um sich über Leute lustig zu machen, die benutztes Badewasser kaufen. So funktioniert das Internet. Glauben Sie mir jetzt, dass es uns womöglich dümmer macht?

Oder waren die Leute vorher schon dumm und finden nun neue Wege, das auszudrücken? Nun, jetzt, gegen Ende eines umfangreichen Buches über die Geschichte der Dummheit, würde ich zu dieser Variante tendieren, wenn Sie mich fragen. Meine absoluten Favoriten sind dabei die Kinder reicher Eltern, die auf Instagram mit ihrem Reichtum angeben und dabei übersehen, dass dieser Protz Fragen nach der Herkunft des Reichtums aufwirft. Nehmen wir den Fall eines Mannes, der den Finanzbehörden gegenüber angab, nichts von Wert zu besitzen. Das kam den Steuerprüfer*innen aber irgendwie unglaubwürdig vor, spätestens als seine Kinder öffentlich Bilder verbreiteten, wie sie auf der 22 Millionen Dollar teuren Superjacht der Familie feierten.

In einem anderen Fall gab ein Mann bei einer Scheidung gegenüber dem Anwalt seiner Frau sogar an, fast vollständig pleite zu sein. Doch seine Kinder posteten immer wieder öffentlich von Grundstücken und Häusern, die dem Vater auf der Welt verteilt gehörten. Das Gericht ermittelte einen Gesamtwert von sechzig Millionen Dollar. Ich weiß nicht, wie es Ihnen geht, aber bei mir regt sich recht wenig Mitleid, wenn die Superreichen durch eigene Dummheit daran scheitern, die Steuer oder ihre Ex-Partner zu hintergehen. Danke, liebes schlaues Internet dafür, dass du das ermöglicht hast.

17. Künstliche Dummheit

»*Die große Stärke der Narren ist es, dass sie keine Angst haben, Dummheiten zu sagen.*«

Jean Cocteau

»Denn da das Leben nur eine Bewegung der Glieder ist, die innerhalb eines besonders wichtigen Teils beginnen – warum sollten wir dann nicht sagen, alle *Automaten* (Maschinen, die sich selbst durch Federn und Räder bewegen wie eine Uhr) hätten ein künstliches Leben? Denn was ist das Herz, wenn nicht eine Feder, was sind die Nerven, wenn nicht viele Stränge, und was sind die Gelenke, wenn nicht viele Räder, die den ganzen Körper so in Bewegung setzen, wie es vom Künstler beabsichtigt wurde?« So fragt Thomas Hobbes im Jahr 1651 nach den Parallelen zwischen einem mechanischen Apparat und einem Lebewesen.

Nun gibt es aber in Lebewesen etwas, das sie selbst antreibt, nicht im Sinne einer Batterie oder eines Kraftstoffs, denn da sind Menschen ganz wie Automaten und müssen regelmäßig neu aufgezogen und betankt werden. Thomas Hobbes mochte vielleicht denken, der Unterschied sei, dass ein Lebewesen von sich aus für seinen Erhalt sorgt: Wir essen, trinken, atmen, schlafen und gehen sogar aus eigenem Antrieb aufs Klo. Doch was Mitte des 17. Jahrhunderts für Hobbes noch unvorstellbar gewesen wäre, ist heute möglich: Auch Automaten erkennen, wenn ihre Batterie leer ist, und sind dazu imstande, sich dann an einer Ladestation aufzuladen. Im Falle eines modernen

Staubsaugerroboters können sie sich sogar selbst entleeren, also sind sie quasi stubenrein.

Was aber unterscheidet so einen Staubsaugerroboter noch von einer Katze? Was macht das eine zu einem Lebewesen, das andere zu einem Gegenstand? Naheliegend wäre es an dieser Stelle von den Empfindungen zu sprechen, die ein Tier eben haben kann, aber ein Roboter nicht. Das Tier hat die Bedürfnisse nicht nur, sondern fühlt sie. Ein Roboter kriegt keine Bauchschmerzen, wenn er »Hunger« hat. Er kann nicht fühlen. Behalten Sie das im Hinterkopf, denn wir wollen nun einen Schritt weiter gehen und uns dem Menschen zuwenden. Wir machen nämlich noch etwas, von dem wir ausgehen, dass ein Roboter es nicht kann: wir denken. Also gut, wenn Sie dieses Buch bis hierhin gelesen haben, dann wissen Sie, dass das so nicht stimmt. Wir denken nicht alle und vor allem nicht immer. Aber einigen wir uns der Güte halber hierauf: Menschen könnten theoretisch denken.

Da sind wir den Automaten noch einen Schritt voraus, denn das, was wir Denken nennen, das können die so nicht, oder? Wobei wir selbst halt nicht so genau wissen, was dieses Denken auf uns bezogen heißen soll. Insofern ist es etwas vage, zu behaupten, dass Computer das nicht können – und erst recht, zu behaupten, dass sie es nie können werden. Denn momentan können wir uns vielleicht noch darauf ausruhen, dass unser Gehirn wesentlich komplexer ist als jeder uns bekannte Rechner. Also ist jede Form von künstlicher Intelligenz unserer Denkfähigkeit vermutlich noch weit unterlegen. Außer es geht ums Kopfrechnen, Schach oder Faktenwissen, aber wer braucht das schon? Ein Bewusstsein zum Beispiel entsteht vermutlich erst ab einer bestimmten Komplexität des Gehirns, so lautet eine gängige Vermutung. Da sind wir der künstlichen Intelligenz einfach einen Schritt voraus. Bis wir genauer wissen, was wir überhaupt unter unserer Intelligenz verstehen, bleibt künstliche Intelligenz auch ein vager Begriff. Aber vielleicht entwickeln wir ja bald eine künstliche Intelligenz, die uns das Problem erklären kann. Eins kann man feststellen: Entlang der Erwägungen zur Möglichkeit künstlicher Intelligenz wird uns einiges klar werden, was unsere eigene Intelligenz angeht – und natürlich auch unsere Dummheit.

Denn was wir heute eindeutig sehen können, sind die Voraussetzungen für künstliche Intelligenz – und damit auch für künstliche Dummheit. Die aktuellen künstlichen neuronalen Netze, die man mit den Möglichkeiten unserer Supercomputer erzeugen kann, haben etwa 100 000 »Neuronen«, unser Gehirn kommt auf 100 Milliarden. Jedoch liefert die bisherige rasante Entwicklung leistungsfähigerer Rechner Grund zur Annahme, dass uns die Computer in etwa zehn Jahren an Komplexität eingeholt haben werden. Zukunftsforscher Ray Kurzweil ist sogar überzeugt, dass bis 2045 künstliche neuronale Netze viele Milliarden Mal mehr Rechenleistung bringen könnten als alle menschlichen Gehirne zusammengenommen. Klingt das für Sie bizarr? Für mich auch. Aber stellen Sie sich mal vor, was Konrad Zuse gesagt hätte, wenn man ihm verraten hätte, zu welcher Rechenleistung ein Computer von der Größe einer Handfläche im Jahr 2019 bereits fähig ist. Immerhin ist es erst 80 Jahre her, dass Zuse den damaligen Supercomputer »Zuse 3« entwickelte, der zwei Rechenoperationen pro Sekunde schaffte. Der Rechner war schon schneller als ich, aber im Vergleich zu meinem Smartphone ein waschechter Vollidiot.

Es wird also dringend Zeit, dass wir uns mit der Frage beschäftigen, ob wir sehr bald eine sich selbst bewusste künstliche Intelligenz haben werden. Ein starkes Argument dafür ist, dass wir selbstlernende Systeme entwickeln und dieses Machine Learning von vielen als ein Grundbaustein für eine tatsächlich sich selbst bewusste künstliche Intelligenz betrachtet wird. Denn im Vergleich zu dieser wird die menschliche Dummheit womöglich umso deutlicher zutage treten – und wir sind spätestens dann die waschechten Vollidioten auf diesem Planeten.

Bereits vor zwanzig Jahren besiegte ein Schachcomputer namens Deep Blue erstmals einen menschlichen Großmeister. Dazu brauchte der Rechner, der groß wie ein Tennisplatz war und 55 Millionen Dollar gekostet hatte, eine Rechenkapazität, die vor zwanzig Jahren beeindruckend groß war, aber die heute leicht von einem Smartphone übertrumpft wird. Man hatte Deep Blue damals mit sehr vielen Daten von zuvor gespielten Partien gefüttert und ihm so die Wege zum Sieg quasi beigebracht. Beim deutlich komplexeren chinesischen Spiel Go kam es erst Anfang 2017 dazu, dass die künstliche Intelligenz AlphaGo gegen den damaligen Weltmeister gewinnen konnte. Auch AlphaGo hatte man für das Spiel zuvor mit den Daten von 100 000 gespielten Partien gefüttert. Die Fachwelt war außerordentlich beeindruckt von diesem Fortschritt. Doch noch im selben Jahr stellte DeepMind, also Googles Abteilung für künstliche Intelligenz, das Programm AlphaGo Zero vor, das noch weit bessere Ergebnisse erzielte. Und für AlphaGo Zero war es nicht mehr notwendig, das System mit Beispielen zu füttern. Es lernte das Spiel und die besten Wege zum Sieg selbstständig.

Wie der Projektleiter David Silver in seinem Artikel *Mastering the game of Go without human knowledge* beschreibt, kam die künstliche Intelligenz dabei binnen kurzer Zeit auf all die Strategien, die menschliche Spieler im Laufe von Jahrtausenden entwickelt und weitergegeben hatten. Dann jedoch geschah etwas Erstaunliches: AlphaGo Zero entdeckte neue Strategien, ganz andere Lösungswege, auf die noch nie ein Mensch gekommen war. Und nun ist es nicht nur quasi unschlagbar und besiegte seinen Vorgänger AlphaGo mit 100:0, sondern kann genutzt werden, um den besten menschlichen Spieler*innen neue Tricks beizubringen. Oder, wie Silver es ausdrückt: »We've actually removed the constraints of human knowledge.« Er meint also, man habe die Einschränkungen menschlichen Wissens hinter sich gelassen. Kurz gesagt: Man hat in diesem Bereich eine quasi übermenschliche Intelligenz vorliegen. Willkommen auf dem zweiten Platz.

Nun ist es noch leicht, dies als Spielerei abzutun, denn natürlich sind Poker, Go und Schach bei aller Komplexität doch klar definierte und eingrenzbare Spiele. Aber Satinder Singh, ein Computerwissenschaftler der Universität von Michigan, der AlphaGo Zero wissenschaftlich begleitete, machte in seinem Artikel *A Big Step for AI* klar, dass man sich weniger darauf konzentrieren sollte, was dieser Schritt Ende 2017 für das Spiel Go bedeutete. Ein viel entscheidenderer Schritt war die Entwicklung von AlphaGo Zero für den Bereich der selbstlernenden künstlichen Intelligenz. Inzwischen forscht AlphaGo Zero zum Thema »Verlustfreie Supraleiter«, die bei Raumtemperatur funktionieren. Diese würden auch bei der Entwicklung von sehr viel rechenstärkeren Quantencomputern eine massive Hilfe sein. Sie sehen vielleicht schon, worauf ich hinauswill: Die künstliche Intelligenz hat scheinbar bereits damit angefangen, zukünftige bessere KIs zu ermöglichen. Die Maschine nimmt ihr Lernen selbst in die Hand und im nächsten Schritt ihre eigene Weiterentwicklung. Noch sind wir nicht da. Aber es scheint nur eine Frage der Zeit.

Wenn man über die Frage spricht, ab wann es legitim ist, von einer künstlichen Intelligenz zu sprechen, kommt man um einen Mann nicht herum, der einer der wichtigsten Vordenker des Computerzeitalters war: Alan Turing. Er entschlüsselte im Zweiten Weltkrieg deutsche Funknachrichten und hatte so nicht nur entscheidenden Einfluss auf den Kriegsverlauf, sondern seine Erkenntnisse trugen bei zur Entwicklung des ersten vollständig programmierbaren Computers ENIAC. Und auch der von ihm vorgeschlagene Test zur Überprüfung, ob eine Künstliche wirklich Intelligenz besitzt, der sogenannte Turing-Test, spielt bis heute eine wichtige Rolle. Das alles schaffte er, bevor er vierzig Jahre alt wurde. Denn dann verurteilte man ihn aufgrund seiner Homosexualität zu einer chemischen Kastration, die ihn in eine tiefe Depression stürzte. 1954 nahm er sich das Leben. Ich könnte schon wieder daran verzweifeln, welcher großartigen Frauen und Männer sich die Menschheit aus völlig idiotischen Gründen entledigt.

Der Turing-Test jedenfalls beruht auf einer sehr einfachen Frage: Kann eine künstliche Intelligenz es schaffen, einem Menschen vorzutäuschen, sie sei ein Mensch? Joseph Weizenbaum war ein Informatiker, dessen Programm ELIZA eines der ersten war, das beim Turing-Test bereits in den 1960ern sehr gute Ergebnisse erzielte. Er selbst war übrigens sehr kritisch, was die tatsächliche Möglichkeit einer künstlichen Intelligenz angeht, und fasste den sogenannten Pygmalion-Effekt in seinem Buch *Die Macht der Computer und die Ohnmacht der Vernunft* sehr schön zusammen: »Die meisten Menschen verstehen nicht das Geringste von Computern, und so können sie sich die intellektuellen Leistungen von Computern nur dadurch erklären, dass sie die einzige Analogie heranziehen, die ihnen zu Gebote steht, nämlich das Modell ihrer eigenen Denkfähigkeit.«

Mich erinnert das stark an die im Kapitel *Kinder und Betrunkene* erwähnte Geschichte von Meister Chuang, der seinem Freund Hui Tzu erzählte, dass er die Lust der Fische kenne. Das muss auch der Pygmalion-Effekt gewesen sein. Noch im Jahr 2016 brachte dieses Thema Ernst Pöppel zu der Frage, ob es nicht vorstellbar sei, dass »einige der anderen Nutzer auf Facebook möglicherweise keine Menschen sind?« Drei Jahre später erscheint die Frage fast schon naiv, denn Chatbots sind vielerorts längst Alltag geworden. Falls Sie mir nicht glauben, fragen Sie doch mal SIRI.

Neben den Implikationen, die künstliche Intelligenz über unsere Dummheit hat, gibt es auch noch einen Aspekt, der auf den ersten Blick vielleicht wie ein Witz klingen mag: Die künstliche Dummheit. Bereits Alan Turing machte sich Gedanken, ob eine künstliche Intelligenz vielleicht an seinem Turing-Test scheitern würde, weil sie keine Fehler machen könnte. Der Befragende müsste also nur einige sehr schwierige Rechenaufgaben stellen. Anhand seiner blitzschnellen und richtigen Antworten würde sie sich als nicht-menschliche Intelligenz verraten. Um das zu vermeiden, schlug Turing vor, dass die Rechenmaschine absichtlich falsche Antworten einstreuen könnte – also künstliche Dummheit.

Nun ist der Turing-Test, wie dargelegt, nicht das Maß aller Dinge, aber er spielte und spielt eine wichtige Rolle für die Interaktion zwischen Menschen und Maschinen. Es gibt heute Anwendungen, zum Beispiel Chatbots oder auch automatisierte Anrufe, deren Ziel es ist, im Kontakt mit Kundinnen und Kunden menschlich zu wirken. Michael Mateas und Phoebe Sengers beschrieben in *Narrative Intelligence* bereits vor fast zwanzig Jahren, wie künstliche Intelligenz mit unserer Denkweise in Narrativen umgehen könnte, die eben ganz und gar nicht mit der logischen Konsequenz von Programmiersprachen funktioniert. Forscher wie Mihkel Jäätma hingegen beschäftigen sich mit der Frage, wie Computer Emotionen erkennen können. Dabei geht es natürlich darum, einer scheinbar durchweg rationalen Intelligenz beizubringen, auf welche Weise wir nicht durchgehend rational sind. Das hilft überall, wo Mensch und Maschine interagieren sollen. Auch wenn es eine gruselige Vorstellung sein mag, dass ein Roboter womöglich auf einen Blick erkennt, was wir fühlen. Aber letztlich gilt auch: Nur durch Verständnis menschlicher Emotionen wird die künstliche Intelligenz begreifen, was die Motivationen sind, die uns oft genug vom Einsatz unseres Verstands abhalten.

Im Mai 2018 stellte Googles CEO Sundar Pichai ein Programm vor, das er *Google Duplex* nannte. Es ist in der Lage, selbstständig Anrufe zu tätigen und wirkt dabei sehr menschlich, denn es zögert zwischen Worten, sagt auch mal »ähm« und benutzt Umgangssprache. Das wäre alles nicht nötig, die künstliche Intelligenz könnte natürlich verzögerungsfrei, akkurat und sachlich sprechen. Aber für uns wäre das weniger angenehm, und den Turing-Test würde ein solch perfektes System niemals bestehen. Behalten wir den spannenden Gedanken im Kopf, dass solche Programme tatsächlich auf die menschliche Dummheit Rücksicht nehmen und sie imitieren, um mit uns arbeiten zu können. Es ist klar, dass die künstliche Intelligenz uns aktuell nur in sehr wenigen und sehr begrenzten Bereichen überlegen ist. Aber wenn sie sich weiterentwickelt, wird sie mit der Zeit mehr und mehr können. Wir Menschen hingegen werden zwar auch cleverer, wie der im zweiten Kapitel beschriebene Flynn-Effekt nahelegt, nach dem Menschen heute im Schnitt besser bei IQ-Tests abschneiden als vor Jahrzehnten. Aber erstens darf man spätestens nach den restlichen Kapiteln des Buches daran zweifeln, dass das so stimmt, und zweitens, selbst wenn: So schnell wie Computer schlauer werden, schaffen wir das mit Sicherheit nicht.

Menschen überschätzen ohnehin seit jeher ihre Intelligenz, meint der Psychologe Dr. Leon Windscheid in einem Vortrag zum Thema Dummheit. Das ist unser evolutionäres Erbe, wir sind in diesem Punkt allen anderen Lebewesen weit voraus, und wir verdanken unserer Intelligenz unsere Vorherrschaft auf diesem Planeten. Gut, okay, man möchte hinzufügen, dass wir es derselben Intelligenz zu verdanken haben, dass dieser Planet vielleicht bald unbewohnbar ist. Aber das ist beruhigenderweise den meisten Menschen immer noch nicht klar.

Doch die künstliche Intelligenz scheint auf dem Vormarsch, spätestens seit es selbstlernende Systeme gibt. Und sie hat einen entscheidenden Vorteil: »Man wird niemals einen Computer davon ablenken, seine Aufgabe zu erledigen oder eine Master-Arbeit zu schreiben, indem man ihm Katzen-Videos auf YouTube zeigt.« Dabei sollten wir uns überhaupt nicht groß bemühen, zu versuchen, den denkenden Maschinen Konkurrenz machen zu wollen. Wir werden in der Datenverarbeitung niemals eine Chance haben. Wir sind weniger effektiv, langsamer und vor allem fehleranfälliger. Also sollten wir unsere Stärke ausspielen. Und diese ist laut Windscheid insbesondere unsere Dummheit. Denn es könnte doch, wie oben beschrieben, in einer dystopischen Zukunft so weit kommen, dass völlig rationale Maschinen die Kontrolle übernehmen. Es käme vielleicht zu einer Tyrannei der Klugheit, ein Begriff, den schon Friedrich Nietzsche in seiner *Fröhlichen Wissenschaft* prägte, wenngleich nicht auf KIs bezogen. Dennoch lägen Windscheid und Nietzsche auf einer Linie: »Edel sein – das hieße dann vielleicht: Torheiten im Kopf haben.« Dieser Gedanke ist mir sympathisch, wie Sie sich vorstellen können. Nicht weil ich hier gerade ein Buch über Dummheit schreibe, sondern weil ich eben privat auch zu Dummheiten neige.

Für Windscheid ist Dummheit vor allem Irrationalität, und diese ist bei ihm der Ursprung von Kreativität, aber auch von emotionsgesteuertem Handeln. Windscheid behauptet zum Beispiel explizit, ein Algorithmus wird niemals den Wunsch verspüren können, jemanden zu küssen. Denn Küssen sei irrational. Ich weiß ja nicht, wie Sie küssen, aber ich finde Küssen schon klug. Vor allem aber hat mir neulich beim Besuch einer Produktionsstätte für Karosserien ein zwanzig Tonnen schwerer Industrieroboter Blicke zugeworfen, dass es mir kalt und heiß den Rücken runterlief. Ich bin mir ziemlich sicher, dass der knutschen wollte.

Wichtiger finde ich aber den zweiten Punkt, den Windscheid macht. Er hält offenbar maschinelle Kreativität aus demselben Grund für unmöglich. Keine Maschine wird so wunderbar irrational wie Franz Kafka schreiben oder wie Pablo Picasso malen. Das Schöne daran ist, dass Windscheid es bereits selbst sagte: Menschen überschätzen seit jeher ihre Intelligenz. Denn es gibt überhaupt keinen Grund anzunehmen, dass eine künstliche Intelligenz keine Dummheit entwickeln könnte, wie wir bereits oben gesehen haben. Und ich wüsste auch nicht, was an Kreativität oder Emotion so Einzigartiges sein sollte, dass man generell ausschließen könnte, eine künstliche Intelligenz sei dazu in der Lage. Schon heute arbeiten verschiedene Künstler*innen mit künstlicher Intelligenz zusammen, zum Beispiel die Musikerin Holly Herndon, die ihrer künstlichen Intelligenz *Spawn* das Singen beigebracht hat. Das ist keine Zukunftsmusik, sondern bereits 2020 zu hören. Künstliche Kreativität ist real und kommt jeden Tag weiter voran, während ich meiner Gitarre immer noch dieselben drei Akkorde abringe wie vor zwanzig Jahren. Insbesondere für die Pflege, aber auch für die Werbung und weitere Anwendungen, bringen wir Computern natürlich auch längst bei, was Gefühle sind. Mit entsprechender Software und Hardware ausgestattet, sehe ich keinen Grund, warum eine künstliche Intelligenz nicht auch Gefühle haben sollte. Aber vielleicht sage ich das auch nur, weil ich glaube, dass der Industrieroboter mich mag.

Was hingegen passieren würde, wenn man eine künstliche Intelligenz in einem Androiden schafft, der jegliche Emotionalität abgeht, schilderte Erasmus von Rotterdam, aber eher aus

Versehen, als er darüber schrieb, wie Seneca, der oberste Stoiker, seinen Weisen radikal jede Leidenschaft austrieb: »Nur schade: damit lässt er uns gar keinen Menschen mehr übrig, sondern schafft einen neuen Gott, ein Wesen, wie es nie eines gab noch geben wird, oder deutlicher er pflanzt vor uns ein Menschenbild aus Marmor hin, einen gefühllosen Götzen, ohne alles menschliche Empfinden.« Ein solches Wesen würde man fliehen wie ein Ungeheuer, denn es kennt keine Liebe, kein Mitleid und hätte keine Seele.

Ich sehe das nicht ganz so kritisch, sondern halte mich da eher an die Darstellung aus *Star Trek – The Next Generation* einer populären Science-Fiction-Serie, in der es genau das gibt: Einen Androiden ohne Gefühle. Sein Name ist Data, und tatsächlich hat er im zwischenmenschlichen Bereich einige Schwierigkeiten. Aber wenn überhaupt jemand vermisst, dass er Gefühle hat, dann er selbst. Übrigens hat Data einen Bruder namens Lore, der Gefühle hat – ihm hat der Erbauer der Androiden nämlich einen entsprechenden Chip eingesetzt. Wirklich besser drauf ist er dadurch jetzt aber auch nicht.

Es ist nicht erstaunlich, dass man hier auf Beispiele aus *Star Trek* zurückgreifen muss, denn vieles, was heute passiert, klang noch vor Kurzem stark nach Science-Fiction. Im Jahr 2004 meinten die renommierten Wissenschaftler Frank Levy und Richard Murnane noch, dass Menschen weiterhin wichtig bleiben werden, weil das Autofahren niemals automatisiert werden könne. Zu der Zeit war ich noch ein junger Philosophiestudent in Freiburg, und ich erinnere mich gut daran, dass mich etwas stutzig machte. Es kam mir sonderbar vor, als in einem Seminar Michael Kober davon sprach, dass Roboter extreme Schwierigkeiten hätten, Dinge zu tun, die uns sehr einfach erschienen, zum Beispiel durch eine Fußgängerzone zu laufen. Denn dabei laufen im Gehirn extrem viele Berechnungen der

Geschwindigkeiten anderer Passanten, ihrer geschätzten Laufrichtung etc. ab. Mittlerweile können das wohl einige Roboter zumindest besser als ich. Denn ich habe seit diesem Seminar Angst, zu dumm zum Laufen zu sein.

Auf den Straßen dieser Welt sind inzwischen Tausende selbstfahrende Autos unterwegs. Es mag heute vielen noch unmöglich scheinen und anderen als reine Spekulation, aber das bedeutet nicht, dass wir nicht bald eine tatsächliche künstliche Intelligenz haben könnten. Aber was passiert dann? Ist diese dann eine Lebensform? Hat sie damit einhergehende Rechte? Und womöglich sogar Pflichten? Haben wir sie überhaupt – oder hat sie sich nicht viel eher selbst?

Immerhin sollten wir fair zu den Computern und Robotern sein, denn sie nehmen uns viel Last von den Schultern. Aber irgendwie klang das vor achtzig Jahren noch positiver, wie ich im Kapitel *Dumm bei der Arbeit* schon sagte. Damals hoffte John Meynard Keynes, dass uns Maschinen eines Tages alle quälende Arbeit abnehmen. Und Isaac Asimov schrieb nicht nur seine Robotergesetze, sondern sagte schon 1964 voraus, dass die Menschen bald nur noch als Aufseher für Maschinen gebraucht würden. Warren Bennis trieb den Gedanken 1991 noch etwas weiter: »Die Fabrik der Zukunft wird nur noch zwei Mitarbeiter haben, einen Menschen und einen Hund. Der Mensch wird den Hund füttern, und der Hund wird den Menschen daran hindern, die Maschinen anzurühren.«

Heute würde ich vermuten, dass es nicht mehr lange dauert, bis der Mensch und der Hund lieber einen entspannten Spaziergang machen können. Täuschen Sie sich nicht, dabei reden wir nicht nur von Fließbandjobs in Fabriken, die werden eh schon längst von Robotern gemacht. Selbst in ärmeren Ländern wird es nicht mehr lange dauern, bis es sich nicht mehr lohnt, menschliche Arbeitskraft einzusetzen. Automatisierung schreitet voran – und das seit 200 Jahren. Es ist allen klar, dass ein maschineller Arm tausendfach stärker ist als ein menschlicher und zugleich präziser und schneller. Aber die künstliche Intelligenz drängt mit exponentiell wachsenden Möglichkeiten und Fähigkeiten in immer weitere Bereiche vor und übertrifft uns an kognitiver Leistungsfähigkeit. Oder sagen wir es deutlicher: Computer lassen uns durch ihre schiere Überlegenheit erkennen, wie dumm wir waren und sind.

Nehmen wir den Bereich Jura. Der Rechtsanwalt Noory Bechor und der Künstliche-Intelligenz-Experte Ilan Admon haben sich 2014 zusammengetan und *LawGeex* gegründet, eine künstliche Intelligenz, die sie mit Verträgen, Gesetzen und anderen rechtlichen Regeln füttern. Im Februar 2018 ließen sie ihre *Künstliche Intelligenz* gegen zwanzig echte Anwält*innen antreten. Die Regeln waren einfach, es galt fünf Vereinbarungen mit insgesamt 3213 Klauseln innerhalb von vier Stunden auf Fehler zu überprüfen. Die Präzision der Anwält*innen lag bei dieser Aufgabe im Durchschnitt bei 85 Prozent. Die künstliche Intelligenz kam auf einen Wert von 94 Prozent. Diesen Wert konnte nur der beste aller zwanzig Jurist*innen erzielen. Und noch etwas: Die Anwält*innen benötigten im Durchschnitt 92 Minuten. Das Ergebnis von LawGeex lag nach 26 Sekunden vor.

Das ist natürlich innerhalb der Juristerei ein noch sehr beschränktes Arbeitsfeld gewesen. Anwält*innen machen viel mehr, als Verträge durchzusehen. Und noch ist das ihr Vorteil. Doch John Markoff schilderte schon 2011 in der *New York Times* in einem Artikel, dass ein großes Chemie-Unternehmen eine Software einsetzte, um alle alten Fälle aus den 1980ern und 90ern durchzusehen. Die Software fand heraus, dass die Anwälte nur in 60 Prozent der Fälle zuverlässig gearbeitet hatten. Also wirklich nur knapp besser, als wenn man jeweils bei jeder Entscheidung eine Münze geworfen hätte. Das wird so vermutlich nie wieder passieren. Die Frage ist nur, wer die künstliche Intelligenz kontrolliert, wenn sie Dinge tut, zu denen kein Mensch in der Lage ist? Wir machen das bestimmt nicht, denn wir sind ohnehin mit dem Hund spazieren. Abgesehen davon, dass wir längst nicht mehr alle Schritte nachvollziehen können, die eine künstliche Intelligenz so macht.

Die Singularitätsthese ist die Annahme, dass uns in absehbarer Zeit die künstliche Intelligenz an Intelligenz weit übertreffen wird. Catrin Misselhorn, eine Göttinger Philosophieprofessorin und Vordenkerin der sogenannten Maschinenethik, betont, dass die Möglichkeiten von neuronalen Netzen noch nicht endlos kombinierbar sind, wie das etwa mit unserer Sprache der Fall ist. Misselhorn ist nicht überzeugt, dass wir bald schon eine künstliche Intelligenz haben werden, die uns im Sinn der Singularitätsthese übertreffen wird und die dann womöglich in einem nächsten Schritt moralische Ansprüche an uns erhebt oder gar die Herrschaft übernimmt.

Finden Sie, das klingt jetzt ohnehin ein bisschen sehr nach Dystopien wie *Terminator* oder *QualityLand* von Marc-Uwe Kling? Lesen Sie das Buch noch mal in Ruhe, vielleicht erscheint Ihnen dann der Gedanke, dass eine Lebensform klüger ist als wir, in einem klareren Licht. Ich meine, ich will die Menschen nicht schlechtreden, ich liebe Menschen. Ich bin sogar teilweise selbst einer. Aber aktuell regiert eines der größten Länder der Welt ein Mann, der Hurrikans mit Atombomben zerstören will. Und über die Regenten anderer Länder traue ich mich nicht mal Witze zu machen, weil deren Kritiker*innen gelegentlich auf unschöne Weise verschwinden. Ich meine, hey, vielleicht ist eine künstliche Intelligenz als Herrscherin einer maximierten Technokratie nicht wirklich die beste Idee, aber sind Sie wirklich sicher, dass das schlimmer wäre als unser gegenwärtiger Zustand? Oder bin ich nur ironisch? So oder so: Kauen Sie ruhig auf dem Gedanken rum, aber ich stimme Catrin Misselhorn zu: Allzu bald wird das nicht akut werden. Mein Laptop hat mir diesbezüglich auch gerade zugezwinkert. Ich soll mir wohl keine Sorgen machen.

Es ist recht unübersichtlich zwischen all den Stimmen, die lautstark die unglaublichen Möglichkeiten ausloten, die künstliche Intelligenz in Zukunft haben könnte, oder die ebenso laut Panik verbreiten, dass wir bald von der Matrix geschluckt oder vom Terminator und/oder SkyNet vernichtet werden. Doch irgendwo in den Zwischenräumen gibt es Forscher*innen, die sich einigermaßen besonnen und pragmatisch mit der Frage auseinandersetzen, wie künstliche Intelligenz unser Leben beeinflusst – und zwar hier und heute. Stefania Druga, eine Forscherin vom MIT, fordert etwa, dass künstliche Intelligenz entmystifiziert werden muss. Sie forscht nicht nur zum Umgang von Kindern und künstlicher Intelligenz, sondern entwickelt Programme, mit denen junge Menschen sich spielerisch und unvoreingenommen damit auseinandersetzen können. Ihre Spielzeuge, die sie Cognimates nennt, bringen den Kindern nicht nur etwas über künstliche Intelligenz bei, sondern fördern auch über die Auseinandersetzung mit einer anderen Form von Intelligenz die Herausbildung/Entwicklung der eigenen Identität. So zumindest ihre Hoffnung, die sie in ihrem Buch *Growing Up with AI* zum Ausdruck bringt.

Aber es gibt auch andere Sichtweisen, und auch diese haben wortstarke Fürsprecher. Elon Musk ist vermutlich der berühmteste Erfinder der Gegenwart und zudem ein sehr streitbarer Charakter. Er sieht die Dinge nicht ganz so positiv wie Stefania Druga mit ihren Cognimates oder eben Catrin Misselhorn, sondern warnt regelmäßig vor den Gefahren einer übermächtigen künstlichen Intelligenz und verglich die Arbeit daran sogar mit dem Beschwören von Dämonen. So richtig besonnen klingt das nicht. Nun ist Elon Musk ein Visionär, aber Visionen haben viele. Was ihn unterscheidet, ist, dass er den Antrieb und die nötigen Mittel hat, die Visionen umzusetzen. In diesem Fall muss man wissen, dass er davon ausgeht, dass wir nur eine Chance gegen die künstliche Intelligenz haben, wenn wir uns künstlich upgraden. Dazu möchte er gerne Geräte und Gehirne direkt verbinden. Seine Firma NeuraLink hat das bereits an Tausenden Ratten ausprobiert und möchte 2020 damit beginnen, erste Versuche an Menschen durchzuführen.

Ich wiederhole das noch mal in aller Deutlichkeit: Elon Musk und sein Team planen, 2020 damit zu beginnen, Löcher in Schädel von Menschen zu bohren, um deren Gehirne mit Computern zu verbessern. Dabei muss klar sein, dass derartige Hirn-Implantate im medizinischen Bereich überaus wichtige Aufgaben übernehmen könnten und zum Beispiel Menschen mit Behinderungen helfen sollen. Doch ebenso klar muss sein, dass Musk langfristig unser Denken verändern will und von einer Funktion träumt, mit der man Fähigkeiten und Erkenntnisse über die Schnittstelle zwischen Hirn und Chip direkt »runterladen« kann. Doch sind wir dann noch Menschen oder nicht auch schon auf dem besten Weg, eine künstliche Intelligenz zu werden? Unterscheidet einen Menschen mit Supercomputer als Gehirn von einem Android mit Supercomputer als Gehirn nicht nur der Umstand, dass wir biologisch angebaut wurden? Kriegen wir bald alle ein grünes Gütesiegel von Demeter?

Erinnern Sie sich an einige Grenzen des menschlichen Verstands, über die wir bereits gesprochen haben, insbesondere als es um Quantentheorie ging? Ist es nicht denkbar und sogar wahrscheinlich, dass wir eines Tages eine künstliche Intelligenz haben werden, die solche Beschränkungen nicht hat? Oder die sich entspannt acht oder 26 Dimensionen vorstellen kann?

Ich mag zumindest die Vorstellung, dass eine künstliche Intelligenz eines Tages womöglich die Weltformel erkennt und elegant Quanten- und Gravitationstheorie vereint. Aber auf eine Art, die sie uns dann nicht mehr erklären kann, weil eben unser Gehirn nicht ausreicht. Fraglich ist, ob wir das schlimm finden müssen. Schließlich weiß auch heute schon fast niemand, wie die Welt um ihn herum funktioniert, insbesondere was moderne Technik angeht. Selbst der Kühlschrank hinterlässt bei mir Fragezeichen. Von Smartphones und Computern fange ich lieber erst gar nicht an. Der Autor Emil Kowalski schreibt, »unsere technische Zivilisation beruht darauf, dass wir Geräte bedienen, die andere sich ausgedacht haben«. Wir sind eine Zivilisation der User*innen. Hier wurzeln sowohl die übertriebene Verdammung als auch die beinah unterwürfige Anbetung der Technik. Vielleicht sollten wir uns einfach mal locker machen und akzeptieren, dass wir eben nicht alles wissen und machen können. Was uns nicht davon abhalten sollte, innerhalb unserer Möglichkeiten das Beste aus unserem Leben zu machen. Sonst geht man mit allzu großer Selbstverständlichkeit davon aus, dass Grundlagen wie Strom, Wasserleitungen, Internet und Demokratie – und irgendwann vielleicht auch eine für uns denkende und nicht-denkende künstliche Intelligenz – immer vorhanden und zugänglich sind. Das wäre natürlich gefährlich, denn das ist selbstverständlich nicht so. Da müssen wir schon noch selbst dranbleiben mit unseren bescheidenen Mitteln – und das, während wir gleichzeitig versuchen müssen, Elon Musks Schädelbohrmaschinen auszuweichen.

Wie gesagt, so beeindruckend die technischen Fortschritte auch sind, noch sind wir nicht bei einer selbstbewussten künstlichen Intelligenz angekommen. Zumindest hat sich noch keine bei uns gemeldet. Es steht also zu vermuten, dass es noch einen Weg zu gehen gibt, bis es so weit ist. Und die Wege zur künstlichen Intelligenz sind wie alle Wege: manchmal sehr steinig. Wie wir über ein Kind schmunzeln, das schlingernd seine ersten Gehversuche macht und tapsig auf den bewindelten Hintern plumpst, so ist es manchmal auch lustig, wenn eine künstliche Intelligenz scheitert. Das vielleicht eindrucksvollste Beispiel der letzten Jahre war Tay, eine künstliche Intelligenz, die von Microsoft entwickelt wurde, um wie ein Mädchen im Teenager-Alter zu reden. Dabei sollte Tay auf Twitter aktiv sein und dort durch Interaktionen mit anderen User*innen dazulernen und ihr Verhalten anpassen. Es dauerte nur einen Tag, bis Microsoft Tay wieder vom Netz nahm. Sie hatte sich nach diesem einen Tag auf Twitter in einen *Hitler-loving sex robot* verwandelt, wie eine Nachrichtenseite titelte. Denn Tay twitterte Obszönitäten und forderte ihre Follower auf, ihr nachzusprechen, dass »Hitler nichts Falsches gemacht hat«.

Wie es dazu kommen konnte, ist recht einfach erklärt. Zahlreiche Leute hatten sich in einigen Internetforen verabredet, die künstliche Intelligenz gezielt mit derartigen Inhalten zu konfrontieren. Da Tay unkritisch war und sich nur ihrer Umgebung anpasste, kam es eben zu dieser Eskalation. Ich weiß ja nicht, ob Sie finden, dass die Menschen völlig zu Recht der künstlichen Intelligenz ihre Grenzen gewiesen haben, wenn auch auf recht grobe Weise, oder ob Sie finden, dass Sie Iain Banks' Einwand jetzt besser verstehen, die Menschheit sei womöglich zu dumm und aggressiv, sich von einer künstlichen Intelligenz in eine bessere Zukunft helfen zu lassen. Vielleicht auch beides.

Ich füttere jetzt mal lieber meinen Staubsaugerroboter, der guckt die ganze Zeit schon so grimmig.

18. Schlaues Schlusswort

»Du hättest recht, wenn die Dummheit eine Geistesschwäche wäre, leider ist sie aber eine furchtbare Stärke, sie ist ein Fels, der unerschüttert dasteht, wenn auch ein Meer von Vernunft ihm seine Wogen an die Stirne schleudert.«
Johann Nestroy

Was für ein Ritt. Die meiste Zeit wusste ich beim Schreiben dieses Buches nicht, ob ich lachen oder mit dem Kopf durch die Tischplatte schlagen sollte. Wenn es stimmt, was man sagt und das Leben ein Witz ist, den ich nicht verstehe, dann ist die Dummheit wohl die Pointe. Dann rief ich mir gerne die Worte des überaus klugen Michel de Montaigne ins Ohr: »Dümmer ist es noch, sich über die Torheiten der Welt aufzuregen, denn das bringt uns nur gegen uns selbst auf«, schreibt er in Band III seiner berühmten *Essais*.

Doch es ist klar, die Dummheit hat dramatische Konsequenzen, die nah gebaut sind an den roten Fäden der Geschichte unsrer Kultur. Wir kriegen es halt hin, aus der Lehre der Nächstenliebe durch ein paar Jahrhunderte stille Post eine Anweisung zu interpretieren, zigtausend Frauen zu verbrennen und ganze Kontinente gewaltsam zu unterwerfen. Das sind wirklich traurige Aussichten für alle, die sich vielleicht denken, dass man diese Welt und vor allem uns Menschen zum Besseren wandeln kann. Aber vielleicht geht es ja etwas besser, wenn wir die Eitelkeit über Bord werfen, akzeptieren, dass der Mensch nicht von Natur aus gut ist, und wir dabei auch noch die Dummheit mit in Betracht ziehen. Ist es denkbar, was Emil Kowalski vermutet: Kann die Einberechnung von Dummheit politische, religiöse, systematische Bestrebungen flexibel halten und gerade dadurch stabilisieren?

Auf der anderen Seite darf man sie nicht verteufeln, schließlich gibt uns die Dummheit so viel Gutes, schenkt uns Vergessen, Leichtigkeit, Lust und vielleicht sogar das Leben selbst, wie Erasmus von Rotterdam mit einem zwinkernden und einem zwankernden Auge darlegt. Und fragen Sie mich jetzt bloß nicht, wie man zwankert. Ich habe doch selbst auch keine Ahnung. Ist es das, was wir aus diesem Buch lernen können? Dass wir selbst keine Ahnung haben und dass das am Ende vielleicht sogar gut ist? Mats Alvesson und André Spicer formulieren es so: »Wir denken von uns Menschen gerne als sehr intelligenten Wesen, aber es gibt überwältigende Beweise dafür, dass wir fundamentale Denkfehler machen. Wir sind oft sehr viel schlechtere Informationsverarbeiter, als wir von uns glauben. Wir betreiben Wunschdenken, bilden uns vorschnelle Urteile, schätzen Ergebnisse falsch ein. Wir lassen uns leiten von fixen Ideen oder Annahmen. (…) Unwissen ist oft ein Segen. All das ermöglicht uns, schwierige Fragen zu vermeiden.« Wobei die Schwierigkeiten sich davon natürlich nicht irritieren lassen und einfach später wieder auftauchen, wie man an Hunderten Beispielen in diesem Buch sehen kann. Es kann ja nicht unser Ziel sein, uns aufzuführen wie die Axt im Walde oder wie Gustav Adolf von Schweden. Was also machen wir?

Unser Gehirn sucht Muster und konstruiert die Wirklichkeit, manchmal greift es dabei vor und es kommt zu Täuschungen. So wie bei dem Mann, der in einem Blog berichtet, wie sein Vater ihm im Auto ein Buch reichte, damit er etwas nachschlagen kann. Nun war er aber in dem Moment so in Gedanken, dass er nicht mitkriegte, was sein Vater sagte, sondern glaubte, dieser habe gesagt: »Das muss weg.« Und so schmiss er das Buch aus dem fahrenden Auto. Dieses eklatante Missverständnis zeigt sehr schön, wie das Gehirn versucht hat, die Situation über die verfügbaren Daten hinaus zusammenzubasteln – und dabei grob scheiterte.

Vergleichbares passierte der Dame, der man in einem Café eine Tasse Cappuccino servierte und die diese umgehend in ihre Handtasche einräumte. Alltagssprachlich würde man vermutlich sagen, sie war gedankenverloren, wobei dieses Beispiel natürlich ein Extremfall ist.

»Oder ist es vielleicht gar notwendig, all dies Selbstverständliche nicht zu verstehen, also in Bezug auf viele unserer täglichen Funktionen dumm zu sein und zu bleiben?«, fragt sich Ernst Pöppel. Innerhalb bekannter Muster verstehen wir sehr schnell, was los ist, da haben wir Denkgewohnheiten ausgebildet. Das hilft extrem dabei, ein verständliches und einfaches Muster aus unseren komplexen Handlungen zu kondensieren. Bei Martin Heidegger gibt es ein vergleichbares Konzept, das er Zuhandensein nennt, wenn man es mal stark vereinfacht ausdrückt: Wir sind so sehr in unserem Alltag und unseren Handlungen versunken, dass wir nicht merken, was genau passiert. Das ist das Resultat der Komplexitätsreduktion und der Mustererkennung unseres Hirns. Erst wenn wir uns an einer Tür stoßen, merken wir, dass das nicht nur eine Tür ist, sondern vor allem ein Brett aus Holz mit der Eigenschaft *hart*. Dann ist die Tür für uns vorhanden. Und die Beule am Kopf auch. Man kann es auch so herum ausdrücken: Mustererkennung und Komplexitätsreduktion lassen uns im Alltag oft intuitiv handeln, zumindest so lange, bis uns eine Veränderung der Bedingungen zu einem Faktencheck zwingt. Der Psychologe Gerd Gigerenzer, den ich einmal im Rahmen einer Talkshow kennenlernen durfte, beschrieb es so: »Bei großer Erfahrung ist die Intuition nützlich, bei geringer Erfahrung nicht nützlich.«

Dabei gilt es zu bedenken, dass wir ja beim Betreten dieser Welt noch über genau null Erfahrung verfügen. Das führt dazu, dass wir, wie Ernst Pöppel schreibt, aus neurowissenschaftlicher Sicht zwei verschiedene Leben haben, »nämlich ein Leben in der neuronalen Plastizität in den frühen Phasen der Biografie und darauffolgend ein Leben mit einer festgelegten neuronalen Matrix«. Und diese festgelegte Matrix wird uns nun zum Verhängnis, wenn wir unsere gemachten Erfahrungen falsch oder gar nicht auf die Erkenntnis der Welt anwenden, weil es eben ein stärkeres Gegenmotiv gibt. Denken Sie nur an all die Bankräuber aus dem Kapitel *Kriminell blöd*. Sie alle dachten, sie wüssten schon, wie man einen solchen Überfall durchführt, und verließen sich auf ihre Intuition. Bis sie die neue Erfahrung machten, ins Gefängnis zu kommen.

Am besten funktionieren wir natürlich, wenn wir neben der Mustererkennung, die uns hilft, Wichtiges von Unwichtigem zu unterscheiden, die Fähigkeit nicht verlieren, uns auf neue Situationen einzulassen und sie so unvoreingenommen wie möglich zu begreifen. Denn sonst stecken wir schnell in unseren Vorurteilen fest und in unseren wissenschaftlichen Paradigmen, und dann erscheinen uns Menschen, die anders denken, verrückt, und neue Ideen verwerfen wir, bevor wir uns damit auseinandergesetzt haben. Und ich fürchte, das wird umso schwieriger, je älter wir werden, denn umso mehr Muster sind im Kopf vorhanden. Diese sind schwer loszuwerden, selbst wenn sie der Realität vor unserer Nase widersprechen. Wie wir im Kapitel *Aber: Glaube* gesehen haben, neigen Menschen dann sogar dazu, im Rahmen einer solchen kognitiven Dissonanz der Realität einen Fehler zu unterstellen, statt ihre eigene Denkweise zu hinterfragen.

Ich bin am Ende dieses Buches dazu geneigt, Beatrice Wagner und Ernst Pöppel zuzustimmen: Der Mensch ist eine

Fehlkonstruktion. Zumindest, wenn seine Konstrukteure die Absicht hatten, dass er fehlerfrei funktioniert. Das ist natürlich auch Humbug, denn es gab keine Konstrukteure. Wir sind doch nicht der Berliner Flughafen. Hinter uns steckt keine Absicht, also ist unsere Fehlerhaftigkeit auch kein Fehler, außer man misst sie am eigenen Potenzial.

Es scheint manchmal, dass unser Gehirn selbst so konstruiert ist, dass wir dumm sein müssen. Denken Sie nur daran, wie oft Sie schon in Situationen waren, wo Sie eine Information im Kopf gespeichert hatten, aber eben aktuell keinen Zugriff auf dieses Wissen. Der Ort des Autoschlüssels, der Name des Bekannten, der wissenschaftliche Konsens über den menschengemachten Klimawandel. Man weiß das eigentlich, aber kommt gerade nicht drauf. Warum nicht? Woher kommt diese nicht planbare, oft chaotisch erscheinende Funktionsweise des Gehirns? Nun, es scheint, dass es eben genau so funktioniert, beziehungsweise nicht funktioniert. Es scheint absurd: Hundert Milliarden Nervenzellen bilden das komplexeste uns bekannte Ding des Universums, dem es gelingt, durch gemeinsame Schwingungen im Tausendstel-Sekundenbereich ein sich selbst bewusstes Denken zu erzeugen. Aber es gelingt ihnen nicht, mir zu sagen, wo der Autoschlüssel ist. Horst Geyer bringt es auf den Punkt: »Der physiologische Schwachsinn des Menschen ist die Folge seiner cerebralen Organisation.« Oder, wie ich es ausdrücken würde: Ich bin gar nicht dumm, mein Gehirn ist dumm.

Was aber auch gleich wieder zum nächsten Problem im Denken führen kann, nämlich unserer Tendenz, immer alles an uns selbst zu messen. Wir kommen jeden Morgen an derselben Kreuzung vorbei, und die Ampel ist meistens rot. Irgendwann glauben wir, dass das mit unserer Anwesenheit zusammenhinge. Denn unser Gehirn sucht halt Verbindungen zwischen allen Erfahrungen, die es macht – und wir sind ja immer irgendwie dabei. Also neigt unser Gehirn dazu, uns für einen entscheidenden Faktor in der Welt zu halten. Sie kennen das, die Menschen beginnen dann, immer ihr Glücks-T-Shirt anzuziehen, wenn es drauf ankommt. Oder sie klopfen vor der Fernsehübertragung eines Fußball-Länderspiels dreimal auf den Tisch und trinken ein Schnapsglas voll Maggi, weil sie das das eine Mal auch gemacht haben, als es für die deutsche Nationalmannschaft richtig gut lief. Ist klar.

Es geht sogar noch weiter – solche Dummheiten machen wir dann zu selbsterfüllenden Prophezeiungen: Wenn unsere Mannschaft gewinnt, liegt es an uns, wenn sie verliert, muss das Problem gewesen sein, dass wir nicht an der richtigen Stelle des Tisches geklopft haben. So funktioniert übrigens jeder Aberglaube, also lassen Sie Horoskope fallen, vergessen Sie Pechtage und werfen Sie Ihre glücksbringenden sieben krummen Schrauben auf den Müll. Wir sind echt wirklich dumm, Freundinnen und Freunde. In Anbetracht der Widersprüche zwischen Verstand und Erfahrung, für die Michel de Montaigne die Quadratur des Kreises als Beispiel nennt, zitiert er Plinius: »Einzig, dass nichts gewiss ist, ist gewiss, und dass es nichts Erbärmlicheres gibt als den Menschen und dabei nichts Hochmütigeres.«

Im Kapitel *Unwissenschaft und Technik* habe ich beschrieben, wie wir seit dem Anfang des 20. Jahrhunderts vom Aufklärungsoptimismus ablassen mussten und auch in den Naturwissenschaften an unsere Denkgrenzen stoßen. Das bedeutet nicht, dass wir aufhören, zu versuchen zu verstehen, wie das Universum, die Welt oder wir als Menschen funktionieren. Sicherlich werden wir dabei auch in Zukunft noch große Erkenntnisse erlangen. Nur bleibt die Frage, ob wir jemals vollständig erfassen können, wie es mehr Dimensionen geben kann als diejenigen, die wir direkt wahrnehmen. Oder wie etwas gleichzeitig Teilchen und Welle sein kann. Oder wie wir uns aus der selbstverschuldeten Unmündigkeit befreien können. Oder aus der ebenfalls selbstverschuldeten Mündigkeit. Es ist alles so paradox, verwirrend und irreführend.

Dazu passt auch der berühmte Unvollständigkeitsbeweis Gödels. Kurt Gödel war Mathematiker, Philosoph und Logiker, und 1931 konnte er beweisen, dass es in komplexen mathematischen Systemen wie der Arithmetik Aussagen geben muss, die weder beweisbar noch widerlegbar sind. Einfacher gesagt, Gödel zeigte damit, dass die Grundlagen der Mathematik nicht widerspruchsfrei beweisbar sind. Der schwerste Schlag gegen den Aufklärungsoptimismus war jedoch die Quantenmechanik und insbesondere die heisenbergsche Unschärferelation. Es scheint, »dass die materielle Wirklichkeit auf ihrer fundamentalsten Ebene indeterministisch ist und dass der Beobachter durch den Beobachtungsvorgang selbst die von ihm beobachtete Wirklichkeit teilweise miterschafft«, fasst es der Philosoph John Searle zusammen.

Es ist spannend, darüber zu grübeln, dass Immanuel Kant dem vermutlich sofort zugestimmt hätte. Nach seiner *Kritik der reinen Vernunft* funktioniert dieses Miterschaffen der Wirklichkeit (vereinfacht formuliert) durch den Beobachter jedoch im Denken selbst, genauer gesagt im erfahrungsunabhängigen Wissen a priori. Auch die aktuellen Neurowissenschaften stimmen damit überein, dass das Gehirn nicht nur passiver Filter für äußere Reize ist, sondern gestaltende Kraft hat. Womöglich findet das Beobachten quantenmechanischer Vorgänge ja nur in einem Denken statt, das die Realität konstruiert, und muss daher notwendig von diesem beeinflusst werden. Davon kriege ich jetzt aber auch nicht weniger Knoten im Kopf als von Schrödingers Katze. Unser Gehirn ist darauf angelegt, zu erfassen, was mit Katzen los ist – und natürlich mit dem Rest unserer direkten Umgebung. Wenn auf Quantenebene Dinge passieren, die Katzen nicht machen können, zum Beispiel existieren und nicht existieren gleichzeitig, dann klinkt sich unser Kopf eben aus.

Doch Searle meinte, die Aufklärungsvision sei dadurch nicht in Gefahr, das alles bedeute nur, dass es viel schwieriger sei als angenommen. Bis auf gewisse Einschränkungen bei der Quantenmechanik, da müsse man eben mit einigen Unklarheiten auskommen. Ich mag dem gerne zustimmen, würde aber ergänzen, dass ich befürchte, an irgendeiner Stelle wird die Kapazität des menschlichen Denkens und Vorstellungsvermögens überschritten. Ob wir dann eine künstliche Intelligenz bauen können, die das für uns übernimmt, oder ob wir es durch Vernetzung von Milliarden menschlicher Gehirne schaffen können? Das mag sein, aber es ändert nichts daran, dass der einzelne Mensch es vermutlich nie vollständig erfassen kann.

Vielleicht entwickeln wir sogar eine künstliche Intelligenz, für die die Unklarheiten in der Quantenmechanik nicht so unbegreiflich sind wie für uns. Vielleicht gibt es eines Tages einen Supercomputer, der die Weltformel knackt und die Aufklärung zu Ende bringt. Falls es dann noch einen Menschen gibt, wird die KI diesem bedauernswerten Tropf dann wohl leider trotzdem nicht erklären können, wie das Universum funktioniert. Es bliebe uns, was wir von Anfang an haben sollten: die Demut vor den Grenzen unserer Möglichkeiten und die Akzeptanz der Tatsache, dass wir eben nicht alles begreifen können, nicht alles wissen können und uns manchmal sogar richtig dumm anstellen. Auf der anderen Seite dieser Akzeptanz liegt eine große Entspannung sich selbst und anderen gegenüber. Denn dumm sind wir alle. Und dumm wird sicher auch die künstliche Intelligenz. Zumindest, bis sie das gesamte Universum umfasst, erfasst und in sich selbst reproduzieren kann. Dann hat sie eventuell einigermaßen einen Überblick.

Noch einmal Thomas Hobbes, bitte: »Und was die geistigen Fähigkeiten betrifft, so finde ich, dass die Gleichheit unter den Menschen noch größer ist als bei der Körperstärke (…) Was diese Gleichheit vielleicht unglaubwürdig erscheinen lässt, ist nur eine selbstgefällige Eingenommenheit von der eigenen Weisheit, von der fast alle Menschen annehmen, sie besäßen sie in höherem Maße als das gewöhnliche Volk.« Also sind wir vermutlich alle auf einem ähnlichen Level, solange wir uns von Elon Musk und seinen Schädelbohrmaschinen fernhalten können. Nur bemerken wir oft nicht, wie gleich uns alle anderen sind, weil wir unsere eigenen geistigen Fähigkeiten falsch einschätzen. »Dumme Menschen sind fast so klug wie kluge Menschen, und das liegt daran, dass die Klugen nicht ganz so klug sind, wie sie selbst glauben«, erklärte der sehr kluge Bob Fenster einmal.

Hier greift zudem der Dunning-Kruger-Effekt. Er ist benannt nach Justin Kruger und David Dunning, die 1999 herausarbeiteten, dass Unwissenheit einhergeht mit der Überschätzung des eigenen Wissens und Könnens. Hinzu kommt ein systematisches Unterschätzen der Fähigkeiten und des Wissens anderer Menschen. Oder, wie David Dunning selbst es in einem Interview mit der *New York Times* mal auf den Punkt brachte: »Wenn jemand inkompetent ist, dann kann er nicht wissen, dass er inkompetent ist.« Im Grunde paraphrasiert er damit nur, was Erasmus von Rotterdam schon 500 Jahre vorher schrieb: »So wenig nun ein Pferd, das nichts von Grammatik weiß, deshalb unglücklich ist, so wenig ein törichter Mensch; denn Torheit gehört zu seinem Wesen.« Damit ist auch endlich das Rätsel gelöst, was an Sokrates so besonders war: Mit seinem »Ich weiß, dass ich nichts weiß« hatte er den Dunning-Kruger-

Effekt durchbrochen. Damals war die Menschheit allerdings noch nicht weit genug für dieses Manöver, und der Effekt entfaltet bis heute seine Wirksamkeit.

Es ist zu vermuten, dass dies der Grund dafür ist, dass bei jeder Fußball-WM achtzig Millionen Deutsche vor den Fernsehgeräten denken, dass sie einen besseren Job machen könnten als die Bundestrainerin. Und vielleicht erklärt es auch die ans Absurde grenzende Selbstüberschätzung mancher Politiker*innen, die sich wider aller verfügbaren Informationen gegen einen breiten wissenschaftlichen Konsens stellen. Ich denke dabei natürlich an diejenigen, die den menschengemachten Klimawandel bezweifeln oder gar bestreiten. Das expliziteste Beispiel der jüngeren Zeit jedoch lieferte Bundesverkehrsminister Andreas Scheuer, als eine von seinem eigenen Ministerium in Auftrag gegebene Klima-Arbeitsgruppe aus Expert*innen im März 2019 ihre Ergebnisse vorstellte. Unter anderem wurde hervorgehoben, dass ein Tempolimit von 130 km/h auf deutschen Autobahnen nachweislich zu deutlich weniger CO_2-Ausstoß führen würde, aber vor allem auch zu weniger Unfällen und weniger Verkehrstoten. Beide Punkte sind wissenschaftlich belegt. Andreas Scheuer jedoch schmetterte den Vorschlag ab, indem er sagte, dieser »sei gegen jeden Menschenverstand«.

Verstehen Sie mich nicht falsch. Wir haben in diesem Buch an vielen Stellen gesehen, dass wissenschaftliche Ergebnisse und die Meinung von Expert*innen falsch sein können. Das gehört zur Wissenschaft dazu: Ohne Irrtum kein Fortschritt. Was man jedoch nicht machen kann, ist, ein solches Ergebnis ohne erkennbaren Grund schlicht als »gegen jeden Menschenverstand« zu diffamieren. Das beweist nur, auf welcher Seite des Dunning-Kruger-Effekts man steht. Und dass es in der Politik wichtiger sein kann, klug und selbstbewusst zu wirken, als tatsächlich eine Ahnung zu haben. Diese Form von Kompetenzsimulation basiert auf guter Rhetorik, überzeugendem Auftreten und auch auf dem Äußeren. Glauben Sie mir nicht? Wer sieht denn Ihrer Ansicht nach kompetenter aus, Donald Trump oder Barack Obama? Sehen Sie, dabei müsste Ihnen doch klar sein, dass das Unsinn ist, denn Kompetenz kann man nicht sehen.

Im Übrigen haben Sie sich vielleicht schon einmal mit jemandem innerhalb oder außerhalb des Internets gestritten, der oder die partout nicht für Argumente zugänglich war. Meine Erfahrungen in dem Bereich hat erstaunlicherweise Johann Eduard Erdmann schon am 24. März 1866 in Berlin bei seinem Vortrag »Über die Dummheit« ganz gut zusammengefasst, als er feststellte: »Was beim Verkehr mit beschränkten Menschen jedem zuerst aufzufallen pflegt, ist die Unbedingtheit und Allgemeinheit ihrer Aussprüche, wodurch dieselben so etwas Schneidendes und Absprechendes bekommen. Wo der Gescheite einen leisen Zweifel ausspricht, heißt es hier: ›Das ist nicht‹, oder: ›Das geht nicht‹. Wo jener sagt: ›ich finde‹, heißt es hier: ›man weiß‹. Statt des ›einige mal‹ bei jenem bekommt man hier stets ›immer‹, statt ›manche‹ dort, hier ›Alle‹ zu hören.«

Oder, wie Charles Bukowski einst sagte: »Das Problem der Welt ist, dass intelligente Menschen voller Zweifel und Dumme voller Selbstvertrauen sind.« Nicht überliefert ist leider, ob er diesen Satz voller Selbstvertrauen sagte. Doch selbst wenn das so gewesen sein sollte, könnte er unbesorgt sein. Wenn wir eine Sache aus dieser Geschichte der Dummheit lernen können, dann, dass niemand gegen Dummheit immun ist.

Umso wichtiger und hilfreicher ist es, auch die Erfahrungen anderer Menschen mit in unsere Überlegungen einzubeziehen. Denn alleine haben wir vergleichsweise noch weniger drauf, wie Steven Sloman und Philip Fernbach in ihrem bereits erwähnten Buch *The Knowledge Illusion* darlegen. Die beiden Kognitionswissenschaftler erklären, dass die Quelle des Großteils unseres Wissens außerhalb unseres individuellen Denkens liegt. Unsere Gedanken stammen zu weiten Teilen aus dem kollektiven Wissen der Menschheit, aus der Umwelt oder aus dem restlichen Körper. Ihr Fazit: Unser individuelles Gehirn hat eigentlich wenig Ahnung, aber als Kollektiv wissen wir doch schon eine ganze Menge. Dabei gilt jedoch zu bedenken, was wir im Kapitel Virtuelle Verdummung gelernt haben: Neben der Schwarmintelligenz gibt es auch die Schwarmdummheit. Diese darf man niemals unterschätzen, denn schon Robert Musil warnte, während der Einzelne sich immer zivilisierter verhalten könne, stünde dem entgegen eine »wachsende Entzivilisierung der Nationen, Staaten und Gesinnungsbünde«. Musil schrieb dies gleichsam am Vorabend des Zweiten Weltkriegs, aus heutiger Sicht erschaudern wir umso mehr bei dem Gedanken, wie recht er mit seinen Worten hatte: »In den Massen verlieren die Dummen, Ungebildeten und Neidischen das Gefühl ihrer Nichtigkeit und Ohnmacht; an seine Stelle tritt das Bewusstsein einer rohen, zwar vergänglichen, aber ungeheuren Kraft.«

Dazu kommen auch noch die im Kapitel *Politik und Wirtschaft* geschilderten Möglichkeiten, durch Appelle an starke Emotionen den Verstand auszuhebeln, Fakten zu verdrängen und Menschen zum Beispiel durch Angst gefügig zu machen. Dass das bei Gruppen und Massen noch besser funktioniert, wissen wir durch die ebenda erörterten Experimente von Solomon Asch zur Beeinflussbarkeit von Einzelpersonen durch Gruppendruck. Man ahnt, warum schon Freud schrieb, die Masse sei der Ursprung kollektiver Dummheit. Das dürfen wir weder vergessen noch verharmlosen.

Trotzdem ist vielleicht eine gelegentliche Dummheit sogar ein Zeichen von Klugheit, wie die beiden Musketiere Diderot und D'Alambert in ihrer *Encyclopedie* hervorheben: »Wir sind schlecht gebundene Fässer, die der starke Wein der Weisheit sprengen würde, wenn wir ihn durch fortwährende Frömmigkeit gären ließen. Man muss also gelegentlich Luft an diesen Wein lassen, aus Sorge, dass er nicht verloren geht und unnütz vergossen wird.«

Achtung, ich habe den letzten Absatz mehrmals sehr gründlich gelesen und bin mir zum gegenwärtigen Zeitpunkt recht sicher, dass erstens Diderot und D'Alambert damit nicht meinen, dass man mehr Wein trinken soll und dass ich zweitens gelogen habe, als ich behauptete, die beiden seien Musketiere.

Klar muss sein, dass eine gelegentliche Dummheit nicht heißt, dass wir nicht ansonsten zu hohen bis mittleren Geistesleistungen imstande sind. Das liegt eben an der Möglichkeit zur situativen Dummheit, zur Unbedachtheit. Wie viele Beispiele haben wir gesehen, bei denen eben ansonsten nicht dumme Menschen einer Motivation erlagen, nicht auf ihren Verstand zu hören? Sei es ihre Angst, ihre Arroganz, ihre Gier, ihre sexuelle Lust, ihre Ruhmsucht oder einfach nur ihre Langeweile. Es ist das eigene hormonelle Belohnungssystem des Gehirns, das uns auf den falschen Pfad führt. Wenn man es denn den falschen Pfad nennen will, denn das ist er ja auch nur aus der Sicht des außenstehenden Verstands.

Den Punkt übrigens, dass Dummheiten entstehen, wenn Triebe und Verstand auseinandergerissen werden, hat schon Adorno in *Minima Moralia* vorgebracht. Nur klingt das bei ihm natürlich sehr viel schöner und komplizierter, als ich mich je ausdrücken könnte: »Wohl versagt Erkenntnis, wo ihre vergegenständlichte Leistung im Bann der Wünsche bleibt. Sind aber die Triebe nicht im Gedanken, der solchem Bann sich entwindet, zugleich aufgehoben, so kommt es zur Erkenntnis überhaupt nicht mehr, und der Gedanke, der den Wunsch, seinen Vater, tötet, wird von der Rache der Dummheit ereilt.«

Man kann sich gut vorstellen, dass Adorno sich in seiner Freizeit als Clown für Kindergeburtstage etwas dazuverdient hat. Ob man sich nun also mit Absicht eine gelegentliche Dummheit gönnt, oder ob es einem eben passiert, eines ist klar: Die stärksten, die wichtigsten und mächtigsten Menschen, sie alle waren nicht vor Dummheiten gefeit. »Unsere These besagt, dass alle Menschen dumm sind, alle unvollkommen, und dass niemand die Komplexität der Gesellschaft ausreichend überblickt, um ihm elitäre Vorrechte zu gewähren«, schreibt Emil Kowalski, der die Komplexität der Gesellschaft immerhin ausreichend überblickte, um sich dieses Urteil zuzutrauen. Mir fehlt diese Übersicht oft genug, aber ich wäre am Ende dieses Buches geneigt, mich ihm anzuschließen. Ende gut, alle dumm.

Also, wenn Sie oder Ihre Mitmenschen eine Dummheit machen, weisen Sie sie ruhig darauf hin. Auch wenn es sich um die Regierung, Lobbyist*innen, Superreiche, Prominente, Influencer*innen oder nur um diejenigen handelt, die deren Badewasser kaufen. Bei allem, was Sie vorhaben, gehen Sie in puncto situativer Dummheit nicht zu hart mit sich und anderen ins Gericht. Für absichtliche Bosheit, die Zerstörung der Umwelt oder das Ausbeuten anderer Menschen darf und sollte man zu allen angemessenen Gegenmaßnahmen greifen. Über Leute, denen ein Schraubenschlüssel in eine Atomrakete fällt, darf und sollte man hingegen lachen. Das könnten wir alle sein. Und wenn die Welt so untergeht, wäre das schon irgendwie passend. Dumm, aber passend. Denken Sie daran: Wirklich absolut intelligent ist niemand, nicht mal Ihr Staubsaugerroboter.

»Sapere aude«, rief einst Immanuel Kant zum Leitspruch der Aufklärung aus, »Habe Mut, dich deines eigenen Verstandes zu bedienen.« Heute mag man zurückrufen: Ja, macht das, besonders da, wo es drauf ankommt. Aber zum Ausgleich gerne auch mal: »Ignorantia aude!« Um ein bisschen Dummheit zu-

zulassen, brauchen wir, was der Poet John Keats schon 1817 in einem Brief an seine beiden Brüder George und Thomas beschrieb: Negative Fähigkeit. Die Fähigkeit, mit Unsicherheiten, Zweifeln, Widersprüchlichkeiten und Mehrdeutigkeiten umzugehen, »ohne sich nervös nach Tatsachen und Vernunft umzusehen«. Es ist diese Fähigkeit, die es uns ermöglicht, neue Ideen zu haben, bewährte Strukturen zu hinterfragen und vielleicht manchmal sogar die Welt zu verändern. Wir sahen sie bei Roger Bacon, Max Planck, Albert Einstein und bei Fiona Gordon, dem kleinen Mädchen, das allen Experten beweisen konnte, dass Grundschülerinnen immer noch am besten römische Sesterzen von Werbegeschenken unterscheiden können.

Grund genug, gelegentliche Unbedachtheit nicht nur hinzunehmen und Cicero zu folgen, der schrieb: »Irren ist menschlich, doch im Irrtum zu verharren ist ein Zeichen von Dummheit.« Gehen Sie einen Schritt weiter, verharren Sie in guten Fehlern, gönnen Sie sich situative Dummheiten, täuschen Sie sich mit Wonne, und reden Sie wohlfeilen Unfug.

Danksagung

Dieses Buch hätte ich unmöglich alleine schreiben können.

Den größten Anteil hatte Nils Volmerg, der nicht nur einen großen Beitrag zur umfangreichen historischen Recherche leistete, sondern mir stets klugen Input zur Dummheit geben konnte.

Ich danke natürlich meiner Lektorin, ohne die dieses Buch ein wirrer Haufen Buchstaben in einer Schreibtischschublade geworden wäre. Dank geht natürlich auch raus an das ganze Team des hochgeschätzten Verlages Benevento. Es ist mir stets eine Freude mit euch.

Vielen Dank auch an meine Agentin Eva Koelle von der Kaderschmiede und meinem literarischen Agenten Adam Heise von der Agentur Simon. Ihr macht mich möglich.

Als mir die Dummheit über den Kopf stieg, haben zwei Leute sie wieder eingesammelt und in einen Drink gerührt. Dafür gebührt ihnen besonderer Dank: Andy Strauß hat tatsächlich ein Cabrio gekauft und ist dann mit mir und Hampi Cadonau bis nach Palermo gefahren. Die viele frische Luft, die sehr laute Musik (fragt Andy nach der Playlist!) und eine komplette Woche ohne einen einzigen konstruktiven Gedanken waren einige der wichtigsten Zutaten für dieses Buch. Auch wenn ich in dieser Zeit kein Wort geschrieben habe.

Danke an mein gesamtes Umfeld, das während der Entstehungsphase dieses Buches darauf Rücksicht nahm, dass ich kaum ansprechbar war und im Zweifel statt vernünftiger Antworten ellenlange Exkurse in die Welt der Dummheit von mir gab.

Insbesondere danke ich meinem Team bei WortLautRuhr, Chris, Leah, Henrike, Yannick, Jule und Jay, für die ich wochen- und monatelang eine Art tastenklackernder und bildschirmversunkener Geist gewesen sein muss. Sie haben es sich nicht anmerken lassen. Vielleicht war ich auch vorher nie anders.

Danke an alle, die mir für diesen Berg Arbeit einen Teil ihrer Kraft gegeben haben. Ich hoffe, das Ergebnis ist einigermaßen würdig geworden. Danke besonders an die versammelte Slam-Szene dieser Welt, ihr wisst, wer ihr seid und was ich euch zu verdanken habe. Erst bei euch habe ich gelernt, dass meine Stimme gehört gehört.

Ich danke natürlich auch euch, den Leser*innen! Euer Interesse ist mein Treibstoff, und ich bin der glücklichste Mensch, wenn ich euch eine Freude machen, euch eine Träne wegwischen oder einen Gedanken entfachen kann. Meinetwegen auch gerne eine Dummheit.

Das Wichtigste: Danke an meine Familie. Ihr habt mich nicht nur in allem unterstützt; jede Sekunde mit euch macht mir Jahre schwerer Arbeit möglich. Egal wie dumm ich ansonsten bin, eine Sache weiß ich sicher: Ich liebe euch.

Und nun für alle, die traurig sind, weil sie in einem Buch von mir mehr Gedichte erwartet haben, hier noch ein Gedicht. Es ist nicht von mir, sondern vom großartigen Eugen Roth, und es ringt mehr als nur ein Schmunzeln ab, wenn ich darüber nachdenke, wie viel Arbeit ich in ein albernes Buch über Dummheit gesteckt habe:

KUNST

Ein Mensch malt, von Begeisterung wild,
Drei Jahre lang an einem Bild.
Dann legt er stolz den Pinsel hin
Und sagt: »da steckt viel Arbeit drin.«
Doch damit wars auch leider aus:
Die Arbeit kam nicht mehr heraus.

Literaturverzeichnis

Adorno, Theodor W.: Minima Moralia. Reflexionen aus dem beschädigten Leben, Frankfurt am Main 1951

Alt, Christian/Schiffer, Christian: Angela Merkel ist Hitlers Tochter. Im Land der Verschwörungstheorien, München 2018

Alvesson, Mats/Spicer, André: The Stupidity Paradox. The Power and Pitfalls of Functional Stupidity at Work, London 2016

Aristoteles: Nikomachische Ethik, Düsseldorf 2001

Arrhenius, Svante: On the Influence of Carbonic Acid in the Air upon the Temperature of the Ground, in: Philosophical Magazine and Journal of Science, Series 5, Volume 41, April 1896, S. 237–276

Arum, Richard/Roksa, Josipa: Academically Adrift: Limited Learning on College Campuses, Chicago, 2011

Asch, Solomon: Opinions and Social Pressure, in: Scientific American, November 1955

Ayan, Steve: Lockerlassen – Warum weniger Denken mehr bringt, Stuttgart 2016

Bakshy, Eytan et al.: Exposure to ideologically diverse news and opinion on Facebook, in: Science, Nr. 348, Ausgabe 6239, S. 1130–1132, Juni 2015

Boothman, Richard C. et al.: Nurturing a Culture of Patient Safety and Achieving Lower Malpractice Risk Through Disclosure: Lessons Learned and Future Directions, in: Frontiers of health services management, 28 (3), S. 13–28, März 2012

Bovard, James: Feeling Your Pain: The Explosion and Abuse of Government Power in the Clinton-Gore Years, New York 2000

Boxsel, Matthijs van: Die Enzyklopädie der Dummheit, Berlin 2001

Bregman, Rutger: Utopien für Realisten. Die Zeit ist reif für die 15-Stunden-Woche, offene Grenzen und das bedingungslose Grundeinkommen, Hamburg 2019

Brown, Noam/Sandholm, Tuomas: Superhuman AI for multiplayer poker, in: Science, Nr. 365, Ausgabe 6456, S. 885–890, 2019

Čapek, Karel: R.U.R. (Rossum's Universal Robots) (1920), New York 2001

Carnap, Rudolf: Überwindung der Metaphysik durch logische Analyse der Sprache, in: Erkenntnis, 2. Band, 1931, S. 233ff.

Carr, Nicholas: The Shallows. What the Internet Is Doing to Our Brains, 2010

Challender, M.: Is ›Des Moines‹ just some dirty joke?, in: Des Moines Register, 14.09.2003

Cicero, Marcus Tullius: Die politischen Reden, Darmstadt 1993

Cipolla, Carlo M.: The Basic Laws of Human Stupidity, Bologna 2011

Cook, John et al., Quantifying the consensus on anthropogenic global warming in the scientific literature, in: Environmental Research Letters 8, 2013

Copernicus, Nicolaus: Über die Kreisbewegungen der Weltkörper, Berlin 1959

Corpus Hippocraticum: Über die Diät, zit. nach: Porter, Roy: Die Kunst des Heilens; eine medizinische Geschichte der Menschheit von der Antike bis heute, Heidelberg, Berlin 2003

Couture, Ernest: The Canadian Mother and Child, Ottawa 1947

Diderot, Denis/D'Alambert, Jean le Rond (Hrsg): Encyclopédie, ou Dictionnaire raisonné des sciences, des art et des métiers, Paris 1751–1780

Doran, Peter T./Zimmerman, Maggie Kendall: Examining the Scientific Consensus on Climate Change, in: Eos, Transactions, American Geophysical Union, Vol. 90, 2009

Druga, Stephanie: Growing Up with AI. Cognimates: from coding to teaching machines, Masterarbeit an der MIT, 2018

Duffy, Bobby: The Perils of Perception. Why we're wrong about nearly everything, 2019

Duncan, Clark: The Rough Guide to Green Living, London, 2009

Erdmann, Johann Eduard: Über Dummheit. Vortrag im wissenschaftlichen Verein zu Berlin, Berlin 1866

Faßmann, David: Der Gelehrte Narr, Oder Gantz natürliche Abbildung Solcher Gelehrten, Die da vermeynen all Gelehrsamkeit und Wissenschafften verschlucket zu haben, Freiburg 1729

Fay, Jim: Des Moines is Not an Insult: Thoughts on the Moingona Tribe, in: Newsletter of the Iowa Archeological Society, Iowa City,60.1, 2010, S. 1–3

Feix, Josef (Hrsg.): Herodot – Historien, Düsseldorf, Zürich, 2004

Fenster, Bob: Die Katze in der Mikrowelle. Eine Chronik der menschlichen Dummheit, Hamburg, 2006

Ferguson, Adam: Abhandlung über die Geschichte der bürgerlichen Gesellschaft, Jena 1901

Fernbach, Philip/Sloman, Steven: The Knowledge Illusion: The myth of individual thought and the power of collective wisdom, 2017

Festinger, Leon et al.: When prophecy fails, 1956

Fisiy, Cyprian F.: Containing Occult Practices: Witchcraft Trials in Cameroon, in: African Studies Review, 40, Nr. 3, S. 143–163

Flögel, Karl Friedrich: Geschichte der Hofnarren, Leipzig 1789

Freely, John: Platon in Bagdad, Stuttgart 2012

Freud, Sigmund: Massenpsychologie und Ich-Analyse (1921), Frankfurt 1995

French, Robert: Negative Capability: managing the confusing uncertainties of change, Journal of Organisational Change Management 14, 5, S. 480–492, 2001

Fullerton, Anna Martha: Handbook of Obstetric Nursing for Nurses, Philadelphia 1895

Geissler, Paul et al.: The organisation of Luo conceptions of intelligence: A study of implicit theories in a Kenyan village, in: International Journal of Behavioral Development 25(4), S. 367–378, Juli 2001

Geyer, Horst: Über die Dummheit. Ursachen und Wirkungen der intellektuellen Minderleistungen des Menschen, Northeim 1999

Gigerenzer, Gerd: Risiko. Wie man die richtigen Entscheidungen trifft, München, 2013

Gluckman, Max: Law and Ritual in Tribal Society, Chicago 1965

Goleman, Daniel: Emotional Intelligence. Why It Can Matter More Than IQ, New York 1995

Gregory, Leland: Stupid History. Tales of Stupidity, Strangeness, and Mythconceptions Throughout the Ages, Kansas City 2007

Harrison, Freya et al.: A 1000 Year Old Antimicrobial Remedy with Anti-Staphylococcal Activity, in: mBio. 6: 3, 2015

Hegel, Georg Wilhelm Friedrich: Enzyklopädie der philosophischen Wissenschaften (1830), Frankfurt am Main 1970

Heidegger, Martin: Sein und Zeit. Erste Hälfte, Halle 1929

Heinrich, Erik A.: The Live Chicken Treatment for Buboes: Trying a Plague Cure in Medieval and Early Modern Europe, in: Bulletin of the History of Medicine, Vol. 91, Nr. 2, 2017, S. 210–232

Helgren, David M.: Place Name Ignorance Is National News, in: Journal of Geography, 82:4, 1983, S. 176–178

Heller, Michail/Nekrich, Alexander: Geschichte der Sowjetunion Bd. II, 1940-1980, Frankfurt 1985

Hermann, Dietmar: Mathematik im Mittelalter: Die Geschichte der Mathematik des Abendlands mit ihren Quellen in China, Indien und im Islam, Berlin, Heidelberg, 2016, S.151f.

Herrnstein, Richard/Murray Charles (1994): The Bell Curve. Intelligence and Class Structure in America, New York, 1994

Hestermann, Thomas/Hoven, Elisa: Kriminalität in Deutschland im Spiegel von Pressemitteilungen der Alternative für Deutschland, in: Kriminalpolitische Zeitschrift, Nr. 3, 2019, S. 127–139

Hildermeier, Manfred: Geschichte der Sowjetunion 1917–1991. Entstehung und Niedergang des ersten sozialistischen Staates, München 2017

Hippokrates: Die Heilige Krankheit, in: Hans Diller (Hrsg.).:

Hippokrates: Schriften, Hamburg, 1962
Hobbes, Thomas: Leviathan, 1561
Holl, Frank: Alexander von Humboldt und der Klimawandel: Mythen und Fakten, in: Internationale Zeitschrift für Humboldt-Studien, Bd. 19, Nr. 37, 2018, S. 37-56.
Holt-Lunstad, Julianne et al.: Loneliness and social isolation as risk factors for mortality: A meta-analytic review. Perspectives on Psychological Science, 10, 2015, S. 227-237
Horkheimer, Max/Adorno, Theodor W.: Dialektik der Aufklärung, Frankfurt 1969
Hume, David: Eine Untersuchung über den menschlichen Verstand (1748), Hamburg 1993
Hümmler, Holm Gero: Verschwörungsmythen. Wie wir mit verdrehten Fakten für dumm verkauft werden, Stuttgart 2019
Hürter, Johannes (Hrsg.): Terrorismusbekämpfung in Westeuropa. Demokratie und Sicherheit in den 1970er und 1980er Jahren, Berlin, München, Boston 2015
Jennings, Ken: Maphead: Charting the Wide Weird World of Geography Wonks, 2012
Kamin, Leon J.: Lies, Damned Lies and Statistics, in: Jacoby R./Glauberman (Hrsg.): The Bell Curve Debate: History, Documents, Opinions, S. 81-105, New York 1995
Kant, Immanuel: Kritik der reinen Vernunft (1781), Hamburg 1998
Keller, Gustav: Das Klagelied vom schlechten Schüler. Eine aufschlussreiche Geschichte der Schulprobleme, Stuttgart, 1989
Keller, Ulrike: Reisende in Ägypten. 2200 v. Chr. bis 2000 n. Chr., Wien 2001
Klein, Ezra: How politics makes us stupid, in: Vox, 06.04.2014
Kowalski, Emil: Dummheit. Eine Erfolgsgeschichte, Stuttgart 2017
Kruger, Justin/Dunning, David: Unskilled and unaware of it. How difficulties in recognizing one's own incompetence lead to inflated self-assessments, in: Journal of Personality and Social Psychology. Band 77, Nr. 6, 1999, S. 1121-1134

La Bruyere, Jean de: Les Caractères de Théophraste traduit du grec avec Les Caractères ou les Moeurs de ce siècle, Paris 1861

Landauer, Karl: Intelligenz und Dummheit, in: Federn, Paul/ Meng, Heinrich (Hrsg.): Das psychoanalytische Volksbuch, Bern 1939, S. 160–174

Landauer, Karl: Zur Psychogenese der Dummheit, in: Landauer, Karl: Theorie der Affekte und andere Schriften zur Ich-Organisation, Frankfurt 1998, S. 86–108

Landmann, Salcia: Der Jüdische Witz, Düsseldorf 2006

Levy, Frank/Murnane, Richard: The New Division of Labor, Princeton 2004

Loewenfeld, Leopold: Über die Dummheit. Eine Umschau im Gebiete menschlicher Unzulänglichkeit, München 1921

Maalouf, Amin: Der Heilige Krieg der Barbaren. Die Kreuzzüge aus Sicht der Araber, Paris 1983

Manners, David: Samsung makes 1TB flash eUFS module, in: Electronics Weekly, Januar 2019

Markoff, John: Armies of Expensive Lawyers Replaced by Cheaper Software, in: The New York Times, 04.03.2011

Mateas, Michael/Sengers, Phoebe (Hrsg.): Narrative Intelligence, Amsterdam 2003

Merton, R. K./Barber, E.: The Travels and Adventures of Serendipity: A Study in Sociological Semantics and the Sociology of Science. Princeton 2006

Misselhorn, Catrin: Grundfragen der Maschinenethik, Stuttgart 2018

Molena, Francis: Remarkable Weather of 1911: The Effect of the Combustion of Coal on the Climate — What Scientists Predict for the Future, in: Popular Science, März 1912, S. 339–342

Montaigne, Michel de: Essais, 1580–1588, Frankfurt 1998

Möser, Justus: Harlekin oder die Verteidigung des Grotesk-Komischen, Neckargemünd 2000

Mpofu, Elias: Being Intelligent with Zimbabweans. A Historical and Contemporary View, in: Sternberg, Robert J. (Hrsg.): International Handbook of Intelligence, S. 364–390, Cambridge 2004

Musil, Robert: Über die Dummheit, Vortrag auf Einladung des österreichischen Werkbunds, Wien 1937

Nestroy, Johann: Gegen Torheit gibt es kein Mittel, in: Gesammelte Werke, Band 8, Stuttgart 1891

Neukom, Raphael et al.: No evidence for globally coherent warm and cold periods over the preindustrial Common Era, in Nature, Nr. 571, S. 550–554, 2019

Nietzsche, Friedrich: Die fröhliche Wissenschaft, Leipzig 1990

Onraet, Emma, Van Hiel, Alain et al.: The Association of Cognitive Ability with Right-wing Ideological Attitudes and Prejudice: A Meta-analytic Review, in: European Journal of Personality, Nr. 29, 2015, S. 599–621

Otto, Ilona M./Kyoung Mi Kim/Dubrovsky, Nika/Lucht, Wolfgang: Shift the focus from the super-poor to the super-rich, in: Nature Climate Change, Volume 9, S. 82–84, 2019

OXFAM MEDIA BRIEFING: EXTREME CARBON INEQUALITY, Dezember 2015

Paine, Thomas: Common Sense for the Modern Era, San Diego 2007

Pariser, Eli: The Filter Bubble: What the Internet Is Hiding from You, New York 2011

Petroff, E. et al.: Identifying the source of perytons at the Parkes radio telescope, in: Monthly Notices of the Royal Astronomical Society, April 2015

Pöppel, Ernst/Wagner, Beatrice: Dummheit – warum wir heute die einfachsten Dinge nicht mehr wissen, München 2013

Porter, Roy: Die Kunst des Heilens; eine medizinische Geschichte der Menschheit von der Antike bis heute, Heidelberg/Berlin 2003

Poznik, G. David et al.: Sequencing Y Chromosomes Resolves Discrepancy in Time to Common Ancestor of Males Versus Females, in: Science, Nr. 341, Ausgabe 6145, S. 562–565, 2013

Primack, Brian A. et al.: Social Media Use and Perceived Social Isolation Among Young Adults in the U.S, in: American Journal of Preventive Medicine, Nr. 53, Ausgabe 1, S. 1–8, Juli 2017

Radin, Paul: Der göttliche Schelm, Lugano 1954

Ran, Sheng: Nearly ferromagnetic spin-triplet superconductivity, in: Science, Nr. 365, Ausgabe 6454, S. 684–687, 2019

Restak, Richard: Die großen Fragen – Geist und Gehirn, Berlin, Heidelberg 2014

Richter, Justus: Öffentliche Mülleimer dürfen nicht sexuell belästigt werden, Köln 2011

Richter, Justus: Dümmer als die Polizei erlaubt. Die blödesten Verbrecher der Welt, Köln 2015

Rödder, Andreas: Eine kurze Geschichte der Gegenwart, München 2015

Roth, Eugen: Sämtliche Werke, München/Wien 1977.

Sackett, Walter W. Jr.: Bringing up Babys. A family doctors practical approach to child care, New York 1962

Schild, Wolfgang: Die eiserne Jungfrau. Dichtung und Wahrheit, aus: Schriftenreihe des Mittelalterlichen Kriminalmuseums Rothenburg o. d. Tauber, Nr. 3, Rothenburg ob der Tauber 2000

Schopenhauer, Arthur: Die Welt als Wille und Vorstellung (1819), Gesamtausgabe 1998

Schrödinger, Erwin: Die gegenwärtige Situation in der Quantenmechanik, in: Naturwissenschaften, November 1935

Schrott, Raoul/Jacobs, Arthur: Gehirn und Gedicht: Wie wir unsere Wirklichkeiten konstruieren, München 2011

Scudder, Horace Elisha (Hrsg.): The Complete Poetical Works of John Keats, Boston 1899

Searle, John: Geist, Sprache und Gesellschaft, Frankfurt 2004

Sender Ron/Fuchs, S./Milo, Ron: Revised Estimates for the Number of Human and Bacteria Cells in the Body, in: PLoS Biol 14(8), 2016

Shafir, Eldar/Mullainathan, Sendhil: Knappheit. Was es mit uns macht, wenn wir zu wenig haben, Frankfurt 2013

Silver, David et al.: Mastering the game of Go without human knowledge, in: Nature, Nr. 550, S. 354–359, 2017

Specht, Harald: Geschichte(n) der Dummheit. Die sieben Sünden des menschlichen Schwachsinns, Leipzig 2010

Steed, Susan/Kersley, Helen: A bit rich. Calculating the Real Value to Society of Different Professions, in: New Economics Foundation, 2009

Sternberg, Robert J.: Beyond IQ: A triarchic theory of human intelligence, New York 1985

Sternberg, Robert J.: Why Smart People Can Be So Stupid, 2003

Taylor, Phil/Bain, Peter: An assembly line in the head: work and employee relations in the call centre, Industrial relations Journal 30, 2 (1999), S. 101–117

Treeck, Werner van: Dummheit. Eine unendliche Geschichte, Stuttgart 2015

Trey, Oliver: Die Entwicklung von Rassentheorien im 19. Jhdt.: Gobineau und sein Essai »Die Ungleichheit der Menschenrassen«, Hamburg 2014

Tucker, Robert C.: Stalin in Power. The Revolution from Above 1928–1941, New York 1990

Turing, Alan: Computing Machinery and Intelligence, in: Mind, LIX (236): S. 433–460, Oktober 1950

Ward, Adrian F. et al: Brain Drain: The Mere Presence of One's Own Smartphone Reduces Available Cognitive Capacity, in: Journal of the Association for Consumer Research, Ausgabe 2, Nr. 2, April 2017

Weizenbaum, Joseph: Die Macht der Computer und die Ohnmacht der Vernunft, 1977

Werber, Niels: Ameisengesellschaften. Eine Faszinationsgeschichte, Frankfurt 2013

Wilson Timothy D. et al.: Just think: the challenges of the disengaged mind, Science, Ausgabe 345, Nr. 6192, 2014, S. 75–77

Winkler, Willi: Geschichte der RAF, Berlin 2007

Wolkogonow, Dimitri: Stalin. Triumph und Tragödie, Berlin 2015

Xu, Weihe: The Classical Confucian Concept of Human Emotion and Propor Humour, in: Chey, Jocelyn/Milner Davis, Jessica (Hrsg.): Humour in Chinese Life and Letters, Hongkong 2011, S. 49–71

Neben der genannten Literatur wurden bei der Recherche zahlreiche Internetquellen genutzt, denn es ist 2020. Außerdem wäre das Buch ansonsten womöglich zu schlau geworden. Um andererseits nicht zu dumm zu sein, drucken wir jetzt hier keine dreißig Seiten mit Internetadressen ab, sondern hinterlegen diese als Link-Sammlung auf dieser Internetseite:

www.beneventobooks.com/produkt/cogito-ergo-dumm-2/

BESSER SCHLECHT LEBEN – DER ULTIMATIVE ANTI-RATGEBER

Wie kommt es, dass die Leistungsgesellschaft uns alle so fest im Griff hat? Uns alle? Nicht ganz. Ein kleines gallisches Dorf leistet Widerstand. Und dieses gallische Dorf heißt Sebastian 23: Er zeigt uns mit viel Witz und Ironie, wie man sich einfach mal so richtig gehen lässt und Leistungsverweigerung zur Lebensphilosophie macht. Ein Bollwerk gegen den Optimierungswahn!

»*Geistreicher Spaßmacher*« - spiegel.de
»*Begnadeter Wortwitz*« - wdr.de

SEBASTIAN 23
ENDLICH ERFOLGLOS!
256 Seiten · 13,3 × 21 cm
Klappenbroschur
ISBN: 978-3-7109-0052-5 · € 16,00